Notes critiques

DU MÊME AUTEUR
CHEZ LE MÊME ÉDITEUR

Théorie critique
Crépuscule. Notes en Allemagne (1926-1931)
Éclipse de la raison
Les Débuts de la philosophie bourgeoise de l'histoire

Max Horkheimer

Notes critiques
(1949-1969)
Sur le temps présent

Traduit de l'allemand et préfacé
par Sabine Cornille et Philippe Ivernel

Petite Bibliothèque Payot

Retrouvez l'ensemble des parutions
des Éditions Payot & Rivages sur

www.payot-rivages.fr

La première édition de ce livre a été publiée
aux Éditions Payot dans la collection « Critique de la politique »
dirigée par Miguel Abensour.

Titre original :
NOTIZEN 1949-1969
Gesammelte Schriften, Bd. IV
(Francfort-sur-le-Main, S. Fischer Verlag)

PRÉFACE

Depuis la création à Francfort, en 1924, de l'Institut de recherches sociales, toute l'activité de Max Horkheimer jusqu'à sa retraite à Montagnola, en Suisse, fut étroitement liée à cette entreprise, y compris à travers les vicissitudes de l'exil aux États-Unis et du retour dans l'Allemagne postnazie de 1949. Ainsi, une bonne partie des écrits d'Horkheimer ont paru d'abord dans la revue de l'Institut, la *Zeitschrift für Sozialforschung* (*Revue de recherche sociale*, 1932-1941), sous forme de grands articles. Parmi ceux-ci, « Théorie traditionnelle et théorie critique » (1937), conçu à un moment où s'accélère la crise mondiale, prend valeur de texte programmatique, ne fût-ce que par son titre. « Le terme de critique, précisait l'auteur, n'est pas tant à comprendre au sens de la critique idéaliste de la Raison pure qu'à celui de la critique dialectique de l'économie politique. Il désigne une qualité essentielle de la théorie dialectique de la société[1]. » De là découlaient un minimum de principes nécessaires au développement conséquent de ce qu'il est convenu d'appeler aujourd'hui l'École de Francfort. Encore cette appellation, avec ce qu'elle comporte de relents dogmatiques, rend-elle mal compte

1. *Cf. Zeitschrift für Sozialforschung*, Jahrgang 6, 1937 (reprint), édité par Max Horkheimer, Munich, 1980, p. 261.

de ce qui fut bien plutôt un réseau de pensées plurielles[1]. Si elles présentent un trait commun, c'est de s'établir en deçà ou au-delà du clivage entre sociologie et philosophie sociale, afin de promouvoir, en tout état de cause, les objectifs de l'émancipation humaine – à commencer par l'émancipation de l'intelligence. « L'esprit est libéral, écrivait Horkheimer dans ce même essai de 1937, il ne supporte aucune contrainte extérieure, aucune adaptation des résultats qui sont les siens à la volonté d'un quelconque pouvoir. Mais il n'est pas détaché de la société, il ne se place pas au-dessus d'elle. Dans la mesure où lui est immanente l'orientation vers l'autodétermination, vers la maîtrise des hommes sur leur propre vie comme sur la nature, il a la faculté de reconnaître cette tendance comme une force active dans l'histoire. Considérée isolément, la constatation de la tendance paraît neutre ; mais de même que l'esprit ne peut la reconnaître sans intérêt, il ne peut non plus l'amener à la conscience générale sans combat réel. Dans cette mesure, l'esprit n'est pas libéral[2]. »

Ces déclarations, empreintes de l'esprit pugnace des Lumières, rappellent que leur auteur conçoit le matérialisme dialectique comme la réalisation de la philosophie classique allemande. Quand, dix ans après « Théorie traditionnelle et théorie critique », Horkheimer publie, avec son ami Theodor W. Adorno, *Dialectique de la raison* (achevé aux États-Unis en mai 1944), c'est maintenant pour faire porter l'accent sur l'autodestruction de la Raison, instrumentalisée dans la société industrielle avancée : « Sous la domination de l'abstraction nivelante suivant laquelle toute

1. Il s'agit plutôt, selon M. Abensour, d'« un cercle ou, mieux, d'un mouvement, au sens où l'on parle d'un mouvement d'avant-garde » (*cf.* M. Abensour, « La théorie critique : une pensée de l'exil », *Archives de philosophie*, t. 45, cahier 2, avril-juin 1982).

2. *Zeitschrift für Sozialforschung*, Jahrgang 6, 1937, p. 275-276.

chose, dans la nature, est reproductible, et sous la domination de l'industrie pour qui l'abstraction organise cette reproductibilité, les hommes libérés devinrent eux-mêmes ce "troupeau" dont Hegel dit qu'il est le produit de la raison[1]. » Lorsque les biens culturels eux-mêmes font l'objet d'une production industrielle à l'instar des biens matériels, dans un ordre régi par l'économie marchande du Capital, c'est la mystification des masses qui se prépare, étayée par diverses techniques de suggestion. Tout se passe comme si l'esprit ne pouvait survivre qu'en s'exhaussant davantage pour s'excepter d'un mouvement général de dégradation.

Demeurent les grandes tâches de la théorie critique, dont le nom dit bien qu'elle est en principe réfractaire à tout projet de systématisation ; mieux, qu'elle s'ancre – un paradoxe ! – dans le sans-fond d'une crise entendue au sens objectif, qui est aussi une crise de la raison, exposée à tous les soupçons. Dans l'introduction qu'ils fournissent au volume intitulé, justement, *Théorie critique*, Luc Ferry et Alain Renaut résument les grandes tâches de celle-ci, à l'origine, dans les termes suivants : faire prendre conscience à toute théorie de l'intérêt social qui l'anime et la détermine (contre la prétention du système à l'autonomie et à l'achèvement, en un mot à la clôture) ; émanciper par la rationalisation du réel ; déconstruire le devenir de la raison pour en distinguer les différentes figures[2]. C'est à l'obscurcissement de ces tâches qu'ils réservent la deuxième partie de leur étude, consacrée à l'évolution de la théorie critique amorcée depuis *Dialectique de la raison.*

1. M. Horkheimer, Th. W. Adorno, *Dialectique de la raison*, Paris, Gallimard, 1983, p. 31.
2. *Cf.* Max Horkheimer, *Théorie critique*, Paris, Payot, 1978 (rééd. 2009), « Présentation ».

Les *Notes critiques* qu'on va lire, quant à elles, couvrent justement cette dernière période ouverte par la *Dialectique de la raison.*

L'éditeur S. Fischer ayant réussi, non sans mal, à obtenir l'autorisation et la collaboration de Horkheimer pour leur publication, nous sommes en possession d'un document incomparable qui nous fait entrer, en quelque sorte, dans le détail de sa pensée dernière, document extrêmement précieux pour éclairer l'homme et le philosophe de l'École de Francfort dans leur relation au temps présent.

À deux reprises, Horkheimer a rassemblé des *Notes* qui se trouvent éditées dans le même volume posthume, paru en 1974. La première série, écrite de 1926 à 1931 et parue en 1934 en Suisse sous le pseudonyme de Heinrich Regius, avec comme titre *Crépuscule. Notes en Allemagne*, est reprise telle quelle dans ce volume de 1974, précédée de la sévère remarque préliminaire dont l'auteur l'accompagnait déjà en février 1933. Hâtives, en désordre, présentant maintes répétitions et contradictions, ces notes, disait-il alors à peu près, ne sont cependant pas dépourvues d'une certaine unité dans les thèmes et abordent toujours de façon critique les valeurs qui avaient cours dans cette période du capitalisme. « Mais, ajoutait-il, comme elles appartiennent à la période précédant la victoire du national-socialisme, elles concernent un monde aujourd'hui dépassé. Des problèmes comme ceux de la politique culturelle social-démocrate, de la littérature bourgeoise sympathisant avec la révolution, du traitement du marxisme par les universitaires constituaient une atmosphère intellectuelle maintenant disparue. » Si, paradoxalement, il les a publiées quand même, sans y rien changer, c'est pour le motif qu'il donne en conclusion : « Mais peut-être les idées de l'auteur, individualiste dans son mode de vie, ne serontelles pas tout à fait dépourvues de signification plus tard aussi. »

C'est finalement encore le même motif qui va lui faire accepter la publication de la deuxième série de *Notes*, écrites de 1949 à 1969. Mais l'opération s'avère beaucoup moins aisée. Werner Brede, qui a eu le privilège de la mener à bien avec Horkheimer, en fait un récit émouvant. Une fois la résistance au projet vaincue par la persuasion de Mme Ilse Grubrich-Simitis, l'envoyée de Fischer, le travail sur les manuscrits a commencé à Montagnola en mars 1972. Le déchiffrage de ces petits carnets entièrement couverts d'une minuscule écriture très serrée, grossièrement datés, n'était que la première étape. Le travail de sélection, d'agencement, de titrage de ces aphorismes (à l'instar de ceux de *Crépuscule*) s'est déroulé pendant des soirées prolongées tard dans la nuit, selon le rythme de travail d'Horkheimer lui-même, aux heures où ces *Notes* avaient sans doute aussi été écrites. Werner Brede évoque le plaisir de leur redécouverte par leur auteur, qui les retrouve toujours aussi accordées à sa perception de la société et de son évolution à l'époque de l'obscurcissement de la raison. Le plaisir de retrouver ces formulations et le désir de communiquer ses observations l'emportent sur ses dernières réticences.

Horkheimer, déjà très malade, a donc consacré toutes ses forces, dans la dernière année de sa vie, à préparer la publication de ces *Notes*, qui s'arrêtent avec celle intitulée « *Pour le non-conformisme* » (certains titres encore manquants ont été complétés par W. Brede).

C'est sous ce signe du non conformisme que l'homme privé, livrant ses observations et ses réflexions dans une écriture si personnelle, dépouillée à l'extrême, rigoureuse et cependant elliptique, voire énigmatique, rejoint directement l'homme public, le philosophe, et l'éthique du directeur de cet Institut de recherche sociale auquel son nom est indissolublement attaché.

En effet, si, dans la *Dialectique de la raison*, la

philosophie est appelée à renforcer la capacité de l'individu à ne pas se conformer au monde tel qu'il est, et signifie l'effort de résister à la « suggestion », le souci d'exercer sa véritable liberté intellectuelle, le discours de réouverture de l'Institut en 1951 situe la tâche de façon bien concrète, non sans pathétique. La connaissance sociologique doit contribuer à l'autonomie d'individus éclairés qui aspirent à un monde meilleur ; pour cela, il est besoin d'« allier de larges points de vue à un travail responsable et rigoureux dans le détail ». Cette connaissance n'est évidemment pas sans retombées, clairement annoncées : « Une certaine attitude critique est, pour ainsi dire, partie intégrante du métier de théoricien de la société et cette attitude critique, découlant de ce qu'il y a de plus positif, de l'espoir, rend justement le sociologue impopulaire. Éduquer l'étudiant à supporter la tension avec le monde tel qu'il est, le rendre social au vrai sens – ce qui implique qu'il doit aussi pouvoir supporter d'être seul –, telle est peut-être la finalité dernière de la formation telle que nous l'entendons. »

La théorie critique entre Marx et Schopenhauer

Ces *Notes*, échelonnées de 1949 à 1969, s'organisent comme une sorte de journal, suffisamment régulier pour se répartir en années. L'élément philosophique d'un côté, l'élément politique de l'autre constituent les deux pôles entre lesquels il se développe, à travers de multiples champs d'observation et d'exploration. La forme journal privilégie le fragment tout en permettant, de l'un à l'autre, interférences et circulations, la recherche inquiète d'une totalité impossible, toujours en train de se faire et de se défaire. Ce mode d'écriture convient en principe à une pensée concrète qui, loin de se lover sur elle-même ou de se poster en surplomb, demeure ouverte à l'événement et aux situations, et tire sa vertu, son efficacité, d'un débat constant avec le présent, défini par sa mouvance.

Mais le débat prend ici l'allure d'un défi. Le présent dont traite Horkheimer, en effet, équivaut à une fin de l'histoire ou, pis, à la consécration permanente de l'inhumain. Chacune de ces notes réitère à sa manière la démystification du « progrès » que l'auteur avait entreprise, à l'issue de la Seconde Guerre mondiale et à l'aube de la reconstruction en Europe.

Ainsi, les chroniques annuelles de Horkheimer ne suivent-elles l'actualité que pour mieux en ruiner le concept : « l'époque automatisée », « l'ère de la suggestion de masse », « la société technicisée de masse », toutes ces formules désignant ici le point de fuite du progrès – évolution qui se mue en involution – n'annoncent rien de plus que « le retour au Moyen Âge à un degré supérieur ». À l'Ouest comme à l'Est se profile, sous des travestis variés, un même monde administré, soumis à la prépondérance de la fonction économique – production, business, consommation qui annexe et absorbe toutes les autres, y compris et surtout l'activité culturelle. La « société de monopole », loi du libéralisme euro-américain, et le « capitalisme d'État », loi du communisme établi en URSS et dans les démocraties populaires, tendent, guerre froide ou non, à converger au niveau le plus bas : jusqu'à ce point de régression où triomphe la loi du racket, dernier visage – chaotique celui-là – du monde administré, exprimant la rivalité entre les groupes dirigeants pour le contrôle et le pillage du troupeau dirigé. Le christianisme institué d'un côté, le « diamat » installé de l'autre ne sont là que pour mieux huiler les rouages de la machinerie – pour maintenir la cohésion sociale et garantir la nécessaire adaptation des individus à la généralité. L'analyse de Horkheimer débouche ici, quand la froideur cède à la fièvre, sur une vision des plus sombres, celle d'un grotesque à la dimension de l'histoire, ou plutôt de la non-histoire qui se déguise en progrès planétaire. Et on cherche en vain, dans la chronique de l'année 1968, la note différente, la note alternative s'inspirant d'un changement d'optique : le fragment intitulé « Sur le mouvement étudiant » n'éclaire celui-ci que sous l'angle de la révolte pubertaire. Quant au présent effondrement du système soviétique (qui n'a donc pas rattrapé le niveau industriel de l'Occident, comme Horkheimer lui-même a pu l'attendre à l'époque des taux d'industrialisation élevés), il ne dément pas le diagnostic de l'auteur : en effet, le nouveau surgissant de ce côté risque de revenir à l'ancien, à cette loi du marché assimilée à la loi du racket, l'idéologisation des droits de l'homme jouant alors un rôle similaire à celui du christianisme et du diamat dans l'autre contexte.

La vision politique de la société en route vers le monde administré comporte sa traduction philosophique. La figure de Schopenhauer avait toujours été présente dans la pensée de Horkheimer, fortement contrastée. Elle guide maintenant une remontée aux sources du pessimisme théorique, pour lequel il n'existe d'autre devenir que les cycles biologiques du vouloir-vivre aveugle. Comprendre l'histoire humaine comme une histoire naturelle, tel est le motif d'une note développée comme suit : « L'évolution démente de la technique résulte de l'indescriptible besoin de multiplication propre à cette race. La technique correspondante exprime simplement la brutalité à l'égard du reste de la nature. Les humains se veulent prépondérants. » C'est dire que l'espèce humaine, privée d'un sens raisonnable inhérent à son devenir ou le transcendant, se trouve réduite au rang d'une espèce animale mieux organisée que d'autres, mais aussi peu en état de s'élever au-dessus des lois de la *physis*, de l'égoïsme biologique. En termes globaux, Horkheimer reconnaît à Schopenhauer le mérite non seulement d'avoir saisi le caractère mécanique de chaque événement de ce monde – analyse qu'aussi bien il partage avec les empiristes, les sceptiques ou les rationalistes –, mais encore d'avoir expressément marqué la déréliction de l'ensemble. L'auteur des *Notes*, quant à lui, se montre plus radical, s'il se peut, que le maître du pessimisme, en détectant chez lui un dernier reste d'optimisme métaphysique.

Dans la mesure où la théorie critique se rapproche de Schopenhauer, elle semblerait vouée à s'éloigner de Marx, mais pas au point de lui signifier son congé. Les principales objections qui lui sont portées visent l'« automystification idéaliste » à laquelle il succombe en restant partiellement tributaire de la philosophie hégélienne de l'histoire, de la croyance à l'autoréalisation du genre humain en tant que sujet absolu. Cette croyance se manifeste dans diverses versions de la révolution prolétarienne, qu'il s'agisse du messianisme héroïque – induisant que le prolétariat déshumanisé soit désigné par là même à passer à l'action historique – ou du progressisme prosaïque – voulant que la lutte pour de meilleurs salaires et un temps de travail réduit promette le renversement souhaitable. Une note datée de 1957-1958 énumère plus précisément « les trois fautes de Marx » : il confond l'histoire de quelques peuples euro-américains et du progrès économique bourgeois avec la société en soi, l'histoire en soi ; il semble que la conscience, une fois maîtrisées les conditions matérielles de l'existence, sera enfin libre, d'où aussi la disposition du marxisme à tout sacrifier sur l'autel de cette liberté à venir, comme on le fait avec un dieu païen ; enfin, il estime que la paix entre les classes signifie la paix avec les hommes et avec la nature. Chacune de ces remarques se rapporte à un travers de la pensée souvent dénoncé par Horkheimer : la tendance à hypostasier la théorie, d'où s'ensuivent les perversions de la pratique. Cela étant, poursuit l'auteur de façon surprenante et provocante, « le matérialisme de Marx, délivré de l'automystification idéaliste, est plus proche de Schopenhauer que de Démocrite ».

Entre autres, Horkheimer continue à faire fond sur les lois économiques découvertes par Marx. Si la révolution socialiste n'en découle pas, loin s'en faut, ces lois n'en gardent pas moins leur vertu analytique. Elles permettent de dégager les mécanismes de reproduction du capitalisme, poussé en avant par la nécessité de réguler ses contradictions : « La critique de l'économie politique représente une base hautement rationnelle pour comprendre l'évolution sociale. Parce que le libéralisme menait à des crises économiques dont il ne pouvait venir à bout lui-même, la centralisation et la concentration du capital allèrent si loin que les rackets dirigent le tout de façon plus ou moins planifiée, les rackets capitalistes à travers la confrontation entre eux et avec les syndicats, et ceux rassemblés dans la nation à travers la confrontation avec les autres nations. » Tel est donc le processus qui accentue la dépendance des masses, leur adaptation et leur intégration à un système d'autant plus clos que les techniques de suggestion, développées à la mesure des techniques de production, viennent renforcer la fonctionnalisation des individus au service de l'ensemble. Sous cet éclairage cru, tout se passe comme si l'humanité faisait retour à la nuit de la préhistoire, à la répétition sempiternelle du même dont Schopenhauer faisait le *leitmotiv* de l'existence biologique.

Cela dit, la double référence à Marx et à Schopenhauer ne vise nullement à reconstituer par en haut, concurrentiellement, un système clos de la pensée. Il s'agit bien plutôt de souligner les embarras de celle-ci, ses antinomies ou ses paradoxes dans la situation extrême où elle se trouve : la « rationalisation de la *ratio* » aboutissant à la disparition du sujet autonome – encore exhaussé dans la *Dialectique de la raison* – à l'heure même où il paraît se réaliser par la maîtrise de la nature. La perplexité qui découle d'un tel constat n'équivaut pas pour autant, par ailleurs, à une paralysie de la théorie critique. Au contraire, celle-ci trouve un second ressort en s'avisant de ses limites factuelles (lesquelles lui permettent moins que jamais de s'inscrire dans un sens de l'histoire), et en retournant sur elle-même, comme sur n'importe quelle théorie traditionnelle, la pointe de sa conscience historique privée des certitudes de l'utopie alternative.

Ce retournement n'équivaut pas non plus à une résignation pratique. Certes, le pessimisme théorique, conforme à l'état présent des choses, ne conçoit plus d'avenir humain à l'échelle de la généralité, qu'il s'agisse de la classe, de la nation ou de l'espèce. Certes aussi, l'individu différent est menacé d'effacement, comme cet « Autre » qui avait autrefois signifié pour lui l'opposition au monde tel qu'il est. D'où alors la faible marge de jeu laissée au « nominalisme » – réhabilitation du concret singulier – dont est souvent créditée la dernière pensée de Horkheimer. Rien n'est plus secouant, au fil des *Notes*, que les observations qui enregistrent non seulement la liquidation de l'individu classique (n'est-il pas une enflure bourgeoise ?), mais encore et surtout la fonctionnalisation des êtres jusque dans les ultimes replis de leur intériorité : en particulier, « l'époque des histoires d'amour et des tragédies » s'éloigne. L'individu n'est rien, mais ce rien en révèle un autre, celui du tout, si bien qu'il retrouve par là même un poids ; tel est le fondement de ce nominalisme déconcertant, acculé à ses dernières limites ; dans la langue de Horkheimer : *Ende nichts, alles nichts* (c'est-à-dire, sur le modèle de « tout est bien qui finit bien », « tout est rien quand tout finit en rien »). « Seul l'individu est quelque chose. Oui, nous sommes plus proches du nominalisme que du réalisme. Sans doute l'individu, pour autant qu'il se distingue simplement de l'autre, est-il, comme l'a dit Hegel, le fragile et l'irréel, sans doute aussi toutes les déterminations essentielles sont-elles sociales ; sauf qu'elles doivent leur caractère de détermination essentielle à cet individu impuissant et irréel, parce que dans l'impuissance et dans la nullité, le résultat, c'est-à-dire l'ensemble, se révèle pour ce qu'il est : non pas l'être mais le rien… Le réalisme aboutit forcément à l'affirmation d'un sens positif, à la légitimation du faire par un être en dernière instance achevé, ne fût-ce que comme une possibilité à réaliser. Or cela est toujours une façon d'hypostasier la théorie. »

Mais justement, le refus d'hypostasier la théorie entraîne pour le philosophe repenti une nouvelle exigence de la pratique. Horkheimer trouve dans la déréliction de l'espèce humaine le fondement strictement matérialiste d'une nouvelle solidarité avec les êtres. Elle emprunte beaucoup de ses traits à la pitié de Schopenhauer (pitié, « sentiment qui saisit à la vue des souffrances et qui porte à les soulager », dit Littré) : moins pour l'individu comme tel que pour la créature vouée à la souffrance. Toutefois, la pitié selon Horkheimer se montre d'autant plus active qu'elle inclut le sentiment de l'injustice, à l'œuvre dans la tradition marxiste. Et elle corrige suffisamment l'héritage direct de Schopenhauer pour reprocher à celui-ci le méchant pathos avec lequel il fustige la vie, comme si elle méritait ce qui lui arrive. Schopenhauer, un bourgeois : avare et frigide. La pitié, conclut Horkheimer, ne peut être ressentie que par qui est à même d'apprécier le bonheur. Partant de là, c'est la condamnation théorique du progrès dit moderne qui se trouve partiellement remise en question : chaque fois que ce progrès peut éliminer une souffrance, c'est un crime de ne pas faire appel à lui, écrit-il. Où la pratique met en croix, par un ultime détour, la théorie critique, obligée d'avouer une fois de plus les bornes de sa dialectique. « Antinomies de la théorie critique… Elle dénonce la dissolution de l'esprit et de l'âme, la victoire de la rationalité, sans nier simplement cette dernière. La théorie critique reconnaît que l'injustice est identique à la barbarie, que la justice en revanche est inséparable de ce progrès technologique par quoi l'humanité a évolué vers une espèce animale raffinée qui rabaisse l'esprit et l'âme au rang d'un phénomène propre à sa période infantile. » Le non-conformisme est là aussi, dans la distance qu'il prend avec lui-même pour éviter de s'installer, pour continuer à opérer.

Traversée du quotidien

Alternant avec les philosophèmes minutieusement réexposés et recreusés, le propre de ces *Notes* est aussi de livrer des éclairages sur la vie quotidienne, c'est-à-dire de montrer l'intrication de la réflexion socio-philosophique avec les menus gestes et pensées vécus et observés au quotidien. On y voit à l'œuvre, au niveau hypodermique en quelque sorte, l'être spirituel pratiquant, dans le concret, cette résistance de la pensée que le socio-philosophe a toujours prônée, notamment devant les étudiants en sociologie. Le menu fait concret est alors érigé en exemple pour l'exercice de la pensée non conformiste : celle qui n'hésite pas, apparemment détachée, dans ces textes, de tout autre contexte que le cas précis, à aller jusqu'au bout de sa propre démarche, s'exercer contre elle-même ; surtout ne pas se figer dans une quelconque certitude dogmatique, au risque de livrer à découvert ses propres contradictions, les apparentes et les bien réelles.

Si ces *Notes* représentent effectivement, à défaut du dernier livre projeté, que la mort aurait empêché leur auteur d'écrire, son « testament spirituel » (selon son éditeur Alfred Schmidt), la place qu'y occupe la réflexion sur les relations interpersonnelles (homme-femme ; jeunes-vieux ; médecin-malade ; enseignantenseigné, etc.), avec toutes les interrogations qu'elles peuvent susciter chez le lecteur, revêt alors une importance toute particulière pour la pensée de Horkheimer et la théorie critique dans ces années-là, en même temps que les quelques articles et exposés de cette dernière période.

Aisées ou malaisées à suivre, stimulantes ou choquantes au premier abord par leur contenu, les *Notes* ne peuvent surtout pas laisser indifférent : qu'il s'agisse de la douteuse « émancipation » de la femme, de la « jeunesse révoltée », des médecins et des pharmaciens, de l'espèce humaine ramenée au plan de n'importe quelle espèce animale, simplement plus prédatrice encore que les autres de par ses facultés rationnelles, de la « nullité de l'individu » sur qui pourtant tout repose, le lecteur est ballotté entre des situations concrètes, familières, où il aurait presque son mot à dire, et le traitement froid, maîtrisé, de ces mêmes situations familières par le regard de l'analyste exercé à voir au-delà des apparences. Mais les *Notes* sur le quotidien concret ne s'en tiennent pas, loin s'en faut, à une classique dichotomie de ce type. L'expression « rendre le pessimisme productif » de son article de 1971, « Le pessimisme aujourd'hui », est étroitement associée à la notion de *solidarité* telle que Horkheimer la définit désormais. Qu'on veuille y voir une trahison par rapport à celle qui unissait les antifascistes des années trente et à celle des êtres humains pensant et souffrant partageant les mêmes convictions et liés par la même aspiration à fonder une société juste, qu'on veuille en conséquence y voir « la notion de solidarité réintégrée dans le libéralisme bourgeois » (Luc Ferry et Alain Renaut) sur lequel Horkheimer avait pourtant déjà clairement tiré un trait définitif en 1933, une telle interprétation n'est possible qu'en isolant cette notion de solidarité du contexte de ces *Notes* et des écrits contemporains où elle est présente dans toute sa cohérence et son plein accord avec la théorie critique. « Aujourd'hui, écrit-il dans l'article de 1971, ne demeure, menacée par le progrès, que l'aspiration commune aux êtres humains qui sont conscients de la misère du passé, de l'injustice du présent et de la perspective d'un avenir dépourvu du sens du spirituel. Leur aspiration, si ces êtres se rencontraient, pourrait fonder une solidarité qui comporterait un élément théologique indépendant de toute espèce de dogme. Cette attitude, en dernier ressort négative, se relierait à ce qui est connu ici à Francfort sous le terme de “théorie critique”. [...] Sans certitude sur la vérité de leur propre jugement, [...] incapables de proclamer toute espèce de savoir comme vérité absolue [...], de ne rien affirmer concernant [...] Dieu et le salut [ils sauraient] répandre cette solidarité, c'est-à-dire définir – au vu de ce progrès si nécessaire et si cher payé – ce qui peut être changé ou préservé dans le but de soulager la souffrance. » Cet article à propos de Schopenhauer développe et délimite la notion – bien mise en évidence dans l'agencement des dernières *Notes* – de ce « pessimisme théorique » allié à un « optimisme pratique ». Malgré la prudence dans la formulation finale de l'article (« J'ai voulu montrer comment le pessimisme pourrait être rendu productif »), la logique discursive le fait se clore sur une perspective moins sombre que l'écriture symbolique et fragmentaire des *Notes*, où les « clairvoyants » sont plutôt destinés à descendre dans les catacombes.

En même temps, cette définition de la solidarité contient et révèle l'ambiguïté de sa conception pourtant sans appel du progrès, générateur d'inhumain et cependant indispensable pour soulager les souffrances inacceptables. Elle associe communion dans la souffrance (*Mitleid*) et communion dans le bonheur (*Mitfreude*) : seul celui qui est capable de bonheur est vraiment capable de solidarité, car il faut être conscient que son propre bonheur est au prix de malheurs et de souffrances dans le monde entier pour être réellement capable de bonheur. Cette pensée venue à travers Schopenhauer donne une tout autre coloration – une nouvelle dimension – à la vieille notion de solidarité : elle ne peut plus être celle qui lie les militants d'une même cause révolutionnaire ou les adeptes d'une même interprétation du monde ; elle se sépare tout autant de la solidarité si communément proclamée, réclamée, parmi la jeunesse engagée des années 1960 et 1970 en RFA, car elle récuse absolument toute espèce de dogme, cette forme de violence ; la solidarité ne peut plus être liée par un quelconque sens abstrait, partidaire, la capacité de jouir et de souffrir avec la créature, qui la fonde, étant au contraire étroitement associée à une rigoureuse lucidité concernant le passé, le présent et l'avenir.

Cependant, la lucidité envers l'état des choses existant ne se sépare pas d'une lucidité envers soi-même dans une démarche inspirée par la théorie critique : ce critère peut aider à situer la position de Horkheimer vis-à-vis de la « jeunesse révoltée ». En effet, si Alfred Schmidt signale l'impact qu'a pu avoir chez les étudiants des années soixante, en RFA précisément, le texte *Dämmerung* (*Crépuscule, notes en Allemagne, de 1926 à 1931*), les *Notes* de 1949 à 1969, elles, n'évoquent nommément le « mouvement étudiant » que pour décrire le geste pubertaire par lequel l'adolescent réalise son passage à l'âge adulte en demandant des comptes à son père au nom de la morale de celui-ci, et en rompant avec son état de dépendance grâce à la maturité de sa propre force – comme dans toute espèce animale –, mais aussi à la faveur des transformations survenues dans l'ordre social et familial. Cet éclairage particulier du phénomène ne doit pas faire oublier l'omniprésence, pourrait-on dire, de la pensée de la jeunesse dans les réflexions de Horkheimer : tous les discours et les articles de la période 1968-1971 en particulier, et même avant, soulignent la concordance entre les aspirations de la « jeunesse révoltée » et... les objectifs de la théorie critique aujourd'hui. Pour une évocation des jeunes absorbés par leurs motos et leurs machines – l'humanité sans âme, produit de la société techno-économique –, combien d'autres notations où la jeunesse, justement, ressent profondément le malaise de cette civilisation ; elle se révolte contre la perte de l'individu autonome, elle « pressent plus ou moins consciemment que l'esprit, l'imagination, l'autonomie sont aujourd'hui hautement menacés » (« Critique de la société actuelle », 1968), elle comprend l'inadaptation de l'enseignement aux besoins des citoyens à former, non pas pour être tous des spécialistes d'une science, mais pour être capables de penser de façon autonome (on sait quel retentissement la notion d'*autonomie* a eu dans le mouvement étudiant allemand, ses écrits, ses groupements) ; cette jeunesse pressent même que la relation médecin-malade n'est pas ce qu'elle devrait être (le motif exemplaire de la médecine est particulièrement sensible et récurrent chez Horkheimer). Bref, la jeunesse vivante pense avec lui, il « partage les aspirations et les pulsions des jeunes d'aujourd'hui » : « D'une certaine façon, tout ce que je dis est contenu dans la protestation de la jeunesse. Nous devons le faire passer dans les consciences. » Mais dans les textes autour de l'année 1968, là s'arrête toutefois la communauté de pensée. Car, régulièrement, dans les textes écrits autour de l'année 68, tout aussitôt il récuse « l'appel à la violence ». Dans un texte de 1969, « Du doute », plutôt centré sur la pensée religieuse, il reprend inopinément le problème à sa racine en quelque sorte : « Le refus de douter de ses propres convictions a toujours entraîné le fanatisme. » Et d'évoquer aussitôt l'exemple de la « jeunesse rebelle » qui, abandonnant tout romantisme, toute transcendance, devient fanatique.

Violence ou fanatisme, c'est ce qui se développe quand la critique de l'état existant ne s'accompagne pas d'une démarche du sujet pensant pour porter la critique sur sa propre pensée : la jeunesse n'y échappe pas plus que les autres. Dans les *Notes*, elle ne bénéficie pas, en somme, en tant que telle, d'une attention particulière, elle est présente sous des formes diverses et contradictoires, éclatées, tantôt intégrée à la société techno-industrielle sans âme, tantôt en marge, tantôt plus réaliste et plus lucide. Mais la rigueur de la pensée critique ne tolère ici aucune espèce d'idéalisation à son sujet. Dans ces fragments, elle n'apparaît – logiquement – de façon vraiment spécifique que dans la spécificité de son âge, la crise « pubertaire » du passage à l'âge adulte, terme qui ne contient pas ici de connotation ironique ou méprisante.

Le même souci de rigueur sans complaisance plane – pèse ! – sur les textes concernant la femme et sa problématique « émancipation ». Sur ce thème, au contraire, les occurrences sont d'emblée nombreuses. Un simple survol des titres donne déjà le ton (« Mauvaise façon de porter la culotte », « L'émancipation en tant qu'adaptation », « L'égalité des droits en tant qu'égalisation », « Adieu à la dame », etc.) ! La note quelque peu déroutante qui ouvre le recueil fait presque figure de provocation, sa place en tête peut difficilement être l'effet du hasard. Elle évoque deux pensées sur la femme que l'exilé de retour en Europe en 1949 semble avoir ruminées pendant la traversée : démystification d'un modèle de féminisme sûr de lui au point de renoncer à soigner son apparence (celui qu'à l'époque on serait, *en Europe*, tenté d'importer des États-Unis ?), cette assimilation de la dominée au « rôle dominateur de l'homme civilisateur » qui écrase la nature (la nature extérieure à l'homme comme sa nature intérieure, les deux vont de pair, il s'agit le plus souvent d'une double destruction). Ce refus, toutefois, et ceci est aussitôt précisé, n'est pas un retour au culte de l'amour à la Maupassant, tout aussi instrumentalisé de son temps déjà et donc déjà démystifié – l'érotique étant également absent de ces deux modèles. Même si, avec une belle constance, toutes les *Notes* traitant de la femme varient les angles d'approche et les éclairages pour enfoncer le même clou, nous devrions ainsi être, d'entrée de jeu, mis en garde contre la tentation de penser qu'il existe chez ce représentant de la théorie critique une sorte de nostalgie « rétro » pour laquelle l'utopie concrète ne serait pas devant mais derrière nous. Ce point est expliqué sans ambiguïté dans la note « Échange de rôles » : « Les descriptions du déclin de la culture dans la société de masse s'exposent vite au reproche de romantisme. Mais l'évocation de ce qui s'apprête à disparaître exprime plutôt le négatif de l'état présent, elle indique la misère de la réalité existante bien davantage qu'elle ne saurait prétendre à dépeindre l'éclat du passé. » Partant de là, pourquoi ne s'attarderait-on pas à dépeindre l'éclat de ce négatif pour présenter la misère de la réalité existante ? Ce qui touche à la femme touche au couple, à l'enfant, à la famille, à la profession, à la prostitution, à l'adaptation, etc. – à la société tout entière (d'où la masse des occurrences). L'émancipation de la femme « arrange bien ces messieurs » (le pouvoir existant), à chaque tournant, la dialectique – la ruse – de la raison la retrouve, l'utilise dans sa progression vers la « société administrée » ; et, par le biais de l'égalité des droits, jusque dans l'intimité de la chambre à coucher (ce qui peut amener à faire cause commune avec l'Église dans ses combats d'arrière-garde !). Pas plus que la jeunesse, la femme n'est donc en soi garante de l'avènement d'un Autre : si aujourd'hui elle n'appartient plus à l'homme, tous deux appartiennent… à la carrière. Mais la misère de cette réalité est aussi souvent décrite sous la forme de son négatif, celle d'un état antérieur reconstruit. Il arrive pourtant que celui-là soit tellement bien idéalisé qu'il s'exprime réellement en termes de nostalgie, par exemple pour évoquer le lent mûrissement de l'enfant – de milieu privilégié – parmi des êtres qu'il imite par imprégnation, et des objets aimés dans un cadre stable, ou pour évoquer la lente formation de deux individualités dans la longue interrelation d'une vie commune (ce qu'il appelle la « communauté jurée »). Ce tableau parfois à la limite de l'idylle renvoie à un schéma de la famille à la fin du XIXe siècle, de l'entrepreneur indépendant servant de modèle au fils qui en aura intériorisé toutes les vertus quand viendra l'heure de la crise pubertaire de rupture, tandis que l'amour de la mère ou de la personne qui en tient lieu assure la stabilité affective. Cette construction, manifestement présente en arrière-plan des *Notes*, revient avec insistance dans plusieurs articles traitant d'éducation, de société en transformation (« L'Être humain dans l'évolution depuis le tournant du siècle », 1960 ; « Réflexion sur l'éducation politique », 1963, etc.). S'il est plus libéré au moment où il quitte sa famille, on observe aujourd'hui, en revanche, chez le jeune être humain une perte grandissante d'intériorité et de capacité à l'autonomie. Or ce modèle de développement harmonieux sur lequel on insiste était précisément celui que le marxisme avait espéré voir s'étendre à un nombre de plus en plus grand d'individus. La faillite est immense.

Ce qui sous-tend toutes ces formes d'une aspiration se présentant très souvent avec la tristesse d'une nostalgie, qu'il s'agisse d'enfance, de relation interpersonnelle, de formation professionnelle, c'est toujours le facteur temps. La jeunesse – d'origine privilégiée s'entend – avait droit à une période de disponibilité pour s'occuper de son seul développement avant de songer à faire carrière, l'enfance durait plus longtemps (alors que de nos jours, « on est en passe de supprimer les enfants »), les relations interpersonnelles avaient le temps de permettre le développement de chacun, la formation professionnelle demandait une maturation qui n'a plus son emploi dans la rapidité indispensable aux décisions du chef d'entreprise aujourd'hui, etc. Bien pis, le temps gagné par la société grâce à sa technique est préorganisé pour l'individu en dehors de lui. Et dans les *Notes*, le temps gagné par la femme grâce au robinet qui lui épargne le chemin de la fontaine se dilue dans une quantité de petits gestes de ce genre… Durée, maturation contre la rationalisation de la *ratio*.

Une écriture fragmentaire

L'écriture fragmentaire des *Notes* implique à la fois présence et distance à soi du penseur. Les blancs du texte, ses silences ne comptent pas moins ici que ses pleins. Dans un passage intitulé « Niaiserie de la philosophie », Horkheimer livre sans doute une clé de son attitude en reprochant à Nietzsche de ne pas respecter entièrement le choix qu'il fait de la pensée aphoristique contre la pensée systématique, et cela en dépit de l'« élégante retenue » qui peut être la sienne. Cette retenue n'empêcherait pas, selon Horkheimer, que derrière le fragment se rétablisse encore trop souvent chez Nietzsche la prolixité du discours.

Horkheimer césure doublement le discours philosophique. Il s'attache tout d'abord, dans le prolongement naturel de la théorie critique, à déconstruire les systèmes, et plus encore les essentialismes de toute espèce, en les confrontant à la situation historique dans laquelle ils interviennent, donc à leurs conséquences sociales et politiques bien déterminées. Il est semblablement conduit à repasser par les grands héritages de Kant et de Hegel, de Hegel et de Schopenhauer, de Schopenhauer et de Marx, de Marx et de Freud, en les considérant comme autant de « stades de la pensée », par où celle-ci transite en quête de son actualisation. Ce mouvement de dépassement caractérise un type de vérité assurant sa propre temporalité, dont fait partie la visée d'une efficience historique, d'une relation productive entre théorie et praxis.

C'est ce type de vérité qui est bousculée à son tour, menacée dans son identité, quand n'est plus reconnu aucun sens à l'histoire (« Tout est à la fois hasard et nécessité, non point sens »). Horkheimer tourne autour de cette mort de la pensée, fût-elle critique, lorsque grandit l'écart entre le dire et le faire, à tel point que, ne faisant plus rien, la pensée ne dit plus rien non plus. Le mouvement de dépassement qui devrait l'actualiser est alors contrarié par un mouvement inverse qui la frappe d'inactualité. C'est dans ce tourbillon, source de vertige, que l'écriture fragmentaire commence par se perdre avant de se retrouver pour se perdre à nouveau.

Rien n'est plus mémorable que ses rétablissements. Ainsi lorsque Horkheimer s'en prend à Schopenhauer lui-même, ce négateur du sens, de l'histoire, et *a fortiori* du sens de l'histoire, en condamnant sa tristesse, son deuil, qu'en d'autres endroits il paraît partager : « La tristesse que la confusion de la nuit empêche de passer à l'ordre du jour [...] s'abolit lorsque, comme chez Schopenhauer, elle s'affiche en système. Il n'est de système que sous forme positive, à titre d'affirmation. Or le regard sur le monde ne saurait se convertir en assurance. » Ultime dépassement qui restaure, contre le pessimisme théorique de Schopenhauer, la possibilité d'un sens actif, d'un optimisme pratique. C'est de sa précarité même, semble-t-il, que ce dernier tire sa force. Et celle-ci demeure foncièrement négatrice : « La pensée, sans la tension qui l'oppose à la réalité, perd sa force ; isolée, soustraite à l'histoire, simple thèse, elle n'a pas part à la vérité. » Ce point d'arrivée n'est pas encore, pour le philosophe, un point d'arrêt. C'est dans l'ouverture à la totalité que la pratique du fragment trouve le meilleur recours à l'esprit de système et aux systèmes de l'esprit : « La logique est en soi mensongère... Il n'y a de vrai que le tout – lequel en dernier lieu se dérobe à nous, et par là rend le spirituel à la fois abstrait et mensonger, aussi vrai qu'il soit. »

On est tenté ici de se demander si l'écriture césurée – ou plutôt césurante – des *Notes* n'est pas spécialement appropriée au non-conformisme généralement professé par Horkheimer. Ne conviendrait-il pas alors de marquer leur différence avec les grands essais de Horkheimer, pour autant que ceux-ci sacrifient à une certaine discursivité linéaire ? Ils ont beau afficher leur anti-systématicité de principe, leur caractère d'intervention spécifique dans des situations historiques elles-mêmes spécifiques, ils n'en comportent pas moins, par leur forme même, le risque de constituer en doxas successives chaque nouvelle étape de la théorie critique.

Le dernier de ces grands essais, *La Théorie critique hier et aujourd'hui*[1], publié en 1972, appelle d'autant plus la comparaison avec les *Notes* qu'il en est substantiellement nourri. Ainsi leur est empruntée, entre autres, sa conclusion la plus renversante : « Le vrai conservateur est, sinon toujours, du moins dans bien des cas, plus près du vrai révolutionnaire que du fasciste, et le vrai révolutionnaire plus près du vrai conservateur que de ce qui se nomme aujourd'hui communisme. » Une formule à laquelle se trouve jointe aussitôt la postulation simultanée d'un pessimisme théorique et d'un optimisme pratique. Tout l'essai se veut apparemment une illustration de ces propos. Horkheimer explique en particulier « comment la nouvelle théorie critique en est venue à ne plus militer en faveur de la révolution » (sous-entendu : celle que professe le matérialisme dialectique). La première raison qu'il en donne est qu'une telle révolution, « après la chute du national-socialisme, conduirait aussi, dans les pays occidentaux, à une nouvelle forme

1 Max Horkheimer, *Théorie critique*, *op. cit.*

de terrorisme » – pronostic résumant toutes les craintes que peuvent inspirer à l'auteur non seulement le communisme selon Moscou, mais encore, plus généralement, tout extrémisme, tout activisme dont les méthodes évoquent par trop les recettes d'une vieille démagogie.

À cette première série de considérations se superposent celles qui soulignent les erreurs d'appréciation commises par Marx. Elles rappellent l'évolution de la classe ouvrière en dehors des schémas de la paupérisation absolue, ainsi que la capacité des sociétés modernes à atténuer les crises économiques par divers types de mesure.

C'est néanmoins un troisième type de réflexion qui, dans ce dernier essai d'Horkheimer, paraît nouer le moment le plus significatif. L'auteur estime qu'aujourd'hui, l'exigence de justice et l'exigence de liberté ne s'opposent pas moins qu'elles ne se relient, crucifiant ainsi la pensée socio-philosophique. La contradiction entre ces deux exigences de fond, que rien ne devrait séparer devant une raison éclairée, illustre les antinomies du progrès. Celui-ci peut assurer un bien-être matériel à beaucoup, donc une certaine justice, mais par le biais d'une fonctionnalisation accrue de l'existence, qui aboutit au monde totalement administré, donc à une redoutable perte de liberté. La théorie critique ayant pour tâche d'exposer ce qui est généralement occulté doit donc « attirer l'attention sur le prix du progrès, sur ce danger qu'il entraîne avec lui, jusqu'à la disparition de l'idée d'un sujet autonome, de l'idée de l'âme, parce qu'elle apparaît comme un rien face à l'univers ».

Inhérente aux antinomies du progrès est la menace d'une catastrophe toujours possible ou déjà réelle, sans qu'on puisse assigner à celle-ci un sens unique. La catastrophe est tantôt désignée comme ce qui pourrait interrompre le progrès, tantôt, à l'inverse, comme ce qui résulte de ce même progrès, c'est-à-dire des contradictions antérieures entre justice et liberté, accrues le cas échéant des contradictions intérieures à chacun des deux termes (ainsi, par exemple, cette allusion à la situation du tiers-monde : « Si en bien des lieux de la terre règnent l'injustice et l'horreur [...] c'est que le bonheur des heureux [...] repose sur le malheur d'autres créatures »).

La réponse à la catastrophe ambiante ne se simplifie pas lorsque Horkheimer fait appel à l'héritage de la religion, à un Dieu qui serait l'Autre. De cet héritage, la nouvelle théorie critique extrait deux éléments remaniés : la conception du péché originel, donc la conscience d'une culpabilité foncière pouvant briser l'égoïsme dominant et refonder une solidarité entre toutes les créatures, et d'autre part l'interdiction de se faire aucune image de Dieu, justifiant alors une « politique négative » à l'instar de la théologie négative (nous pouvons indiquer où est le mal, et donc le combattre, mais non où se trouve le bien absolu).

En tout état de cause, la position découlant de la situation engendrée par les antinomies du progrès ne peut que se révéler inconfortable, tant paraît disloquée la dialectique entre théorie et praxis (et du même coup aussi ébranlé chacun des deux termes constitutifs de cette dialectique). S'il fallait résumer cette position, toujours en partant du dernier grand essai de Horkheimer, qui résume lui-même le dernier stade de toute une pensée, on aboutirait à dire platement : l'objectif de la révolution risquant de conduire au pire terrorisme, mieux vaut ne pas arrêter le « progrès », malgré son ambiguïté irréductible, et sauvegarder autant que possible les acquis d'un mouvement d'émancipation qui remonte aux origines de la bourgeoisie, c'est-à-dire « préserver, dans ce qui est nécessaire et que nous ne pouvons empêcher, ce que nous refusons de perdre, à savoir l'autonomie de l'individu ».

Selon les cas, un tel discours semblera inspiré par

un libéralisme ou par un conservatisme plus ou moins poussé, mais tout aussi bien par un réformisme modéré inspirant des actions minimales de sauvetage, en attente d'un Autre qui s'est substitué à la révolution.

Les propos tenus dans *Théorie traditionnelle et théorie critique aujourd'hui* se retrouvent dans les *Notes* à l'état dispersé. Mais la différence est que celles-ci, justement, ne se laissent pas résumer commodément, que dans leur pratique du fragment elles relancent constamment le jeu grave des questions et des réponses. Si l'essai de 1972 risque, malgré son auteur, de se pétrifier en thèse, en un corps de doctrines, en une idéologisation de la pensée, cette pensée, dans les *Notes*, travaille plutôt par répétitions, variations et retournements. Elle assume mieux sa temporalité, qui l'oblige à un travail constant d'accommodation, et cela d'autant plus qu'elle s'aventure, en dehors de la sphère médiane du politique, dans des espaces difficiles à cadrer, qu'il s'agisse de l'infiniment petit de la vie quotidienne ou de l'infiniment grand de la nature et de l'univers. À cet égard, les notes les plus récentes, celles des années soixante, chronologiquement les plus proches de l'essai de 1972, ne sont pas nécessairement les plus homogènes, et on y relèverait de nombreux écarts. C'est aussi que, dans l'ensemble du recueil, la notion de vérité est constamment mise à l'épreuve, revue et corrigée par les distances que l'auteur ne cesse de prendre, y compris et surtout par rapport à soi. « Contrairement à l'opinion des philosophes, écrit-il quelque part, la vérité n'est pas ce qu'il y a de plus ferme, de plus solide, de plus fiable, mais me semble-t-il l'instant sur le point de disparaître, l'éclat de l'apparence » (le mot allemand, *Schein*, comporte ces deux sens à la fois). Ici et pas ailleurs se trouve la source d'un nouveau radicalisme, précaire et fragile, à ce titre émouvant au sens fort : mobilisant. Si, en particulier, ces *Notes* paraissent s'inscrire souvent sur un fond de noirceur accentué que tempère l'esprit relativement mesuré, plus étroitement politique de La *Théorie critique hier et aujourd'hui*, n'est-ce pas justement qu'un tel fond fait d'autant mieux ressortir l'éclat de l'apparence, en avivant la tension qui l'oppose à la réalité aussi massive que terne du temps présent ?

Sabine CORNILLE
Philippe IVERNEL

1949-1952

Mauvaise façon de porter la culotte. – Il y a deux choses que j'ai comprises sur le bateau pour la France. L'une et l'autre concernent la femme. D'abord, pourquoi je n'aime pas la mode des *slacks*[1] : la femme déambule maintenant comme un homme, cigarette aux lèvres, commissures tombantes, front plissé, tout comme le seigneur de cette civilisation qui foule aux pieds la nature. L'égalité avec l'homme est soulignée, lui dont le rôle civilisateur convient si mal à la femme. Celle-ci présente tous les maux de l'assimilation à l'oppresseur. L'érotique se trouve justement nié dans cette liberté sous licence – à l'opposé de l'ancienne façon de porter la culotte. Deuxièmement, j'ai compris que la désexualisation par la culture de masse prohibante, la *cover-girl* dans un monde sans *maisons de rendez-vous**, est la conséquence ultime du fait que la croyance utopique en un dieu a été remplacée dans l'ère bourgeoise par l'adoration de la bien-aimée. Une fois que l'élévation de l'amour au rang d'une espèce de culte, par la littérature ou par d'autres voies, a

1. Le texte de Max Horkheimer est parsemé de mots et d'expressions anglais dont la traduction ne s'impose pas systématiquement. *Slack* : pantalon grossier. Plus loin, on trouvera *tights*, collants. *(N.d.T.)*

* Les mots et expressions suivis d'un astérisque sont en français dans le texte original. *(N.d.T.)*

invalidé idéologiquement la proscription de l'amour, on aboutit nécessairement au « *mother wore tights* ». L'amour ne prospère pas en un siècle où les nouvelles de Maupassant deviennent de *famous bedtime stories*. Et Maupassant à qui, malgré tout, la célébration de l'amour servait encore de moyen, ne porte-t-il pas lui-même, dans son ambition littéraire, une part de culpabilité ? La cause qu'on plaide avec succès par la plume se banalise – tout comme les humains eux-mêmes, quand on les pousse au succès.

Paris. – J'ai mis une lettre dans la boîte du hall de l'hôtel – vers minuit. Une heure plus tard, je m'aperçus que j'aurais mieux fait de m'abstenir et décidai de la retirer au moment de la levée. Je demande alors au veilleur de nuit à quelle heure on vide la boîte : « Demain matin, dix heures ». C'était également écrit dessus. À neuf heures et demie, me voici dans le hall. Le gardien de jour me dit que la levée est faite depuis longtemps. La première étant à sept heures. Le courrier va ensuite dans le bureau de la rue Danton, d'où il part aussitôt à la poste centrale rue du Louvre. Impossible de récupérer la lettre : lui-même, une fois, s'était livré toute une journée à une tentative de cette sorte, en vain. J'allai rue Danton et montrai une enveloppe analogue à celle de ma lettre, qu'on me rendit sur-le-champ. Méchant Paris : l'information rassurante du veilleur de nuit n'est pas fiable. Elle te laisse en plan. Gentil Paris : l'information inquiétante du gardien de jour n'est pas davantage fiable. Et te voilà sauvé.

La bonne goutte. – Le banquier découvre dans un coin de son armoire à vin une bouteille de vieille *fine champagne** à moitié bue – il y a huit ans qu'elle est ici ; encore bonne – et même bonifiée. Son comptable avait lui aussi gardé une bouteille de cognac français, non débouchée, pour les jours de maladie. Elle est gâtée au moment où il l'ouvre. Elle avait été trop bien mise de côté.

Radicaux. – Pour les faiblesses de leur propre femme, ils ont toutes les compréhensions, mais l'humanité, elle, est censée accomplir le miracle dès demain. Serait-ce qu'ils n'ont pas assez d'amour pour l'humanité, ou qu'ils en ont trop ?

Difficulté avec le mal. – Que la philosophie anglaise soit plate, parce qu'elle part d'un être humain aspirant tout uniment à aller de l'avant, altruiste ou égoïste au bon sens du terme, cela est vrai. Mais insister, à l'encontre, sur la positivité du mal ou même simplement sur la profondeur de la nature humaine, c'est commettre directement un contresens. Tout discours est expression, profession de foi, témoignage et l'on ne peut tout de même pas *professer* le mal. En vérité, notre foi comporte nécessairement en elle à chaque phase un élément mal éclairé, un trait d'idolâtrie. Quand notre discours demeure conscient de cette vanité qui lui est propre, sans pour autant se dépouiller de la naïveté de la foi quel que soit le niveau atteint ; quand, en d'autres termes, sans cynisme et même avec toute l'inconditionalité de la conviction, il connaît son impuissance naturelle, c'est manière d'avouer à chaque fois la nécessité du mal. Ou bien l'affirmation de la bonté du mal est métaphorique, comme dans le christianisme où elle signifie à proprement parler que le mal *sert* au bien. Alors, hélas, elle est fausse. Ou bien elle mène au dualisme gnostique, lequel exige qu'on s'en tienne à la contradiction non résolue et qu'en plus on s'en trouve bienheureux.

Expression et douleur. – Écrire peut signifier soit que l'on dresse des constats, que l'on décrit des faits, contribuant ainsi à la maîtrise – soit que l'on s'exprime. Comme, ici, l'expression se sert de la parole, elle est nécessairement réfléchie : la douleur se plaint elle-même, un élément de souffrance narcissique en est inséparable, même lorsqu'elle pleure sur autrui. D'où cet élément narcissique dans presque toute poésie. Et existe-t-il une expression qui ne soit pas douloureuse ? Dans la littérature non scientifique reste le choix entre le mythe, le faux – et la lamentation, l'impuissance. C'est de ce dilemme que le positivisme tire sa force. La présente réflexion n'échappe pas non plus au même rapport, son sens a quelque chose d'une lueur vacillante.

Une sociologie kantienne. – Écrire comme Kant une critique de la raison, à ceci près que les facteurs au travail ici – le mécanisme par lequel se construit, partant du matériau, l'expérience « unifiée » – consistent non pas dans les formes pures de l'intuition et de l'entendement, mais dans le schématisme *social.* De plus, on pourrait même en conserver la disposition. L'esthétique transcendantale devrait traiter de la production matérielle qui structure directement le monde pour les humains : c'est d'elle que partent les modes de perception dominateurs, généraux et particuliers, et, au-delà, tout ce que Marx appelle l'apparence nécessaire. L'analytique transcendantale, ce seraient les médias de l'intellectualité sociale, depuis l'école jusqu'au cinéma. Et la sphère de la raison, la tendance de la société à s'adapter à des niveaux de plus en plus élevés – ce que Hegel appelle la ruse de la raison.

Au-delà du principe des sexes. – Dans sa théorie du complexe d'Œdipe, Freud a expliqué l'identification au père à partir de l'amour pour la mère. Elle appartient à l'homme fort, adulte, c'est pourquoi on se fait pareil à lui. Ce dernier peut opposer au concurrent, à l'enfant, qu'il faut être comme lui pour posséder la mère. Cependant il existe une explication bien plus simple, bien plus éclairante : on devient ce à quoi l'on pense. Le père – la réalité – exige, interdit, enseigne. L'immuable, le prohibant – que l'on voudrait pourtant bien changer – nous contraint à nous identifier à lui pour le supporter – c'est le principe de la pensée, peut-être même de toute culture. De là émane aussi la maîtrise (de la nature) ; l'identification est la condition de la maîtrise. Certes, dès que cette dernière se réalise, l'identification disparaît : devient objet ce qu'on maîtrise et cela seul. (Marx appelle le manque de régulation planifiée des relations économiques dans le capitalisme « réification » des rapports humains : c'est là une terminologie trompeuse. Il s'agit au contraire d'une mythologisation, d'une élévation au rang de divinités naturelles ; les lois du marché ne sont pas uniquement le jour, la nuit et le tonnerre de l'époque victorienne, mais la *moira*, le destin pur et simple. C'est seulement au XXe siècle qu'elles deviennent – par suite de cette identification – choses maîtrisables, objet de manipulation.) De la peur découle l'amour, de l'amour la domination. Il nous faut craindre pour apprendre à aimer, il nous faut aimer pour apprendre à connaître. Mais ce que nous connaissons, nous cessons de l'aimer et de le craindre. Telle est l'histoire de la civilisation. Chacun de ces *termini* contient les autres et le tout ; le terme intermédiaire, l'amour, est l'identification, la pensée. Bachofen, s'appuyant sur un passage de Plutarque, rapporte qu'en Lycie les hommes devaient revêtir des vêtements de femmes en cas de deuil, et il interprète cet usage comme une identification à la mère qui a mis au monde le défunt et l'a repris. Tout cet événement ne concerne que la mère. Elle seule y prend part, en fait. Penser à la mort signifierait par conséquent penser à la mère, et *penser* à la mère *faire* de soi la mère. L'enfant de la bourgeoisie fait de soi le *père*. Le processus est plus primitif que ce que décrit Freud ; il n'est pas aussi clairement compréhensible, nul besoin du détour par le désir sexuel envers la mère (induit par analogie avec la relation génitale des adultes) pour expliquer l'assimilation au père. La peur du père est la donnée originelle de la civilisation. Il est l'intrus dans la relation entre la mère et l'enfant : l'extérieur, la froideur de la réalité. Freud a très bien vu tout cela, ainsi que le lien étroit entre la mère, la patrie et la mort. Son préjugé (surtout dans ses premières phases) réside dans le postulat dogmatique du masculin et du féminin entendus comme puissances originelles séparées, alors que l'amour sexuel du garçon pour la mère n'est vraisemblablement qu'une conséquence de son assimilation à l'intrus. Depuis *Au-delà du principe de plaisir*, Freud a pressenti ces rapports. Peut-être faudrait-il dire « Au-delà du principe des sexes ». Alors le mythe classique de la naissance de l'amour à partir de la division de l'Un contiendrait la vérité sur l'aspiration extra-libidinale (la pulsion de mort) ne pouvant se réaliser que par la force du désir libidinal. À l'opposé du contraste freudien originel entre conservation de soi et éros masculin, les deux constitueraient ensemble (comme c'est aussi indiqué dans le *Malaise*) l'unité du principe créateur, en vertu duquel doit se réaliser l'utopie de la réconciliation, assurément exclue quand Éros et pulsion de mort s'opposent directement. On doit bien sûr se garder d'une harmonisation optimiste entre l'aspiration subjective axée sur la conservation de soi, et la satisfaction objective, tout autant que d'une assimilation par trop rapide entre la première et le principe masculin, entre le retour à l'origine[1] et le principe féminin. La mort où nous conduit la vie active de la civilisation n'est justement pas le pays natal mais l'abandon, elle n'est pas la paix mais la déchéance, ni le calme, mais le néant. Aussi la simple opposition freudienne entre le masculin et le maternel (paternel et maternel, comme Bachofen l'a bien vu, ne sont pas de véritables concepts alternatifs) ne contient-elle aucune médiation. En revanche, la philosophie

1. En allemand, *Heimkehr*, « retour au foyer » ; plus loin, *Heimat*, « pays natal », lui est évidemment apparenté. *(N.d.T.)*

de l'histoire de Hegel – où le subjectif, les pulsions, apparaissent essentiellement comme ruse de la raison, c'est-à-dire comme agents de l'identité, médiateurs de l'absolu au sens de l'immédiateté reconquise – ignore, dans son prodigieux optimisme, la possibilité des échecs, s'éprouve réellement comme l'esprit ayant déjà la réussite en poche. Cependant la possibilité d'échec semble, particulièrement à notre époque et du point de vue de l'Euramérique[1], ancrée dans la nature même du processus spirituel. La tendance de la connaissance à réduire à néant l'identification née de la peur va au-delà du but. Au lieu de transmettre l'immédiateté de l'implication sujet/objet en gardant à la mémoire le contenu de la médiation, elle s'oublie à tort elle-même, et prend la médiation, la pensée ou plutôt son résultat – la connaissance justement, la prétendue réalité des faits – pour l'originel. La naïveté par rapport à ce produit d'une part, et de l'autre la lucidité devant le non-élucidé, la positivité de l'esprit moderne ne sont qu'une nouvelle forme de la séparation dogmatique du sujet et de l'objet poussée à l'extrême ; la pensée scientifique unitaire, apparemment non problématique, n'est que l'ancien dualisme de la métaphysique bourgeoise. Carnap implique Descartes, l'empirisme logique la doctrine dualiste de la substance. « Il n'y a que des faits » signifie soit « tout est objet », soit « tout est sujet ». Liquidée la sphère de l'indivis et avec elle aussi la pensée de la vérité. Processus analogue à ce qui se passe en art : quand l'apparent est devenu (en apparence) si transparent à soi qu'il ne se prend plus lui-même que comme apparence et plus du tout comme réalité, quand disparaît sans laisser de trace toute la magie de l'art, tout ce qui est authentiquement illusion, alors disparaît l'art lui-même. Appliqué à la science : quand nous ne faisons

1. C'est la seule occurrence de ce terme, *Euramarika*, apparemment forgé par Horkheimer. *(N.d.T.)*

plus que porter un regard objectif sur la chose au lieu d'être cette chose, alors disparaît l'objectivité.

En avant. – Regarder de l'avant équivaut à se libérer de la mythologie, de la superstition – de la pensée des morts. Cela peut aussi vouloir dire se libérer de l'apitoiement sur soi, du narcissisme, de l'immobilisme buté. Toute fidélité tournée vers l'arrière est peut-être bien amour de soi.

Judaïsme, vérité, illusion. – Il y a dans l'attachement du judaïsme à sa foi ancienne un facteur de raidissement dans le moi – une angoisse de le perdre –, un moment de vanité. Ils ont payé un prix terrible pour cela – et vraisemblablement plus encore pour la vérité liée à cette obstination que pour l'illusion.

Trade marks. – Le monopole de ceux qui sont encore en mesure de penser. Ils bénéficient des situations élevées, hautement rémunérées (pourvu que leur connaissance soit exploitable). C'est là un des cas où un bien culturel dévalorisé possède encore une valeur marchande. Il en est ici comme des images du romantisme, l'amour et la mort : elles deviennent des *trade marks* de l'industrie – cinéma, parfums et pâte dentifrice.

Esprit et temps. – Dans toute proposition qui se veut vraie – donc dans toute proposition –, il est fait abstraction du temps. Car une proposition dont la vérité se laisse ronger par le temps n'est justement pas vraie. C'est de là que part Hegel dans la *Phénoménologie*. La dialectique des sens repose sur ceci que la proposition : « Maintenant il fait nuit » sera contredite demain matin par le jour. Cette proposition-là n'inclut pas le temps dans sa vérité. La question est de savoir s'il existe des propositions indépendantes du temps. On a tout d'abord pensé à la physique mathématique – la mathématique pure étant tout de même trop aérienne pour représenter la vérité. Mais Einstein n'a pas libéré la physique de tout soupçon à cet égard et sa critique de la mathématique et de la mécanique traditionnelles paraît lumineuse. Cependant la théorie générale de la relativité n'est nullement absolue. Quant à la *Phénoménologie*, elle accomplit dans sa démarche un saut à l'endroit décisif (comme elle se doit). Le temps n'est pas, dans la raison, surmonté raisonnablement, mais objectivé (sans médiation). Cela même – qui se répète avec chaque autre transition de la *Phénoménologie* – constitue dans la méthode le mystère du « saut ». Malgré les nombreux pas singuliers se donnant pour des médiations, l'esprit absolu ne cesse de se poser en absolu, irrationnellement. Ce sont les transitions qui marchent mal. Le terrible Feuerbach l'avait déjà vu. L'esprit n'est pas hors du temps, il ne peut se passer du *Verbe*, quel que soit son désir de le réduire au rang de métaphore. La mort n'est pas simplement *au-dedans* de lui, comme il dit, mais au-dessus de lui. Elle n'est pas vraie à proprement parler, selon lui. *Hic Rhodus !*

Après Voltaire. – La célébrité de l'écrivain au XIXe siècle lui conféra une sorte d'immunité. Il participait en quelque façon de la position du monarque absolu, au-dessus des lois. La liberté qu'il en tirait, il l'exerçait pour ainsi dire en tant que représentant de l'humanité – il pouvait être homme à part entière –, en lui la société s'honorait elle-même, surmontant, fût-ce inconsciemment et idéologiquement, l'infirmité spirituelle de ses membres. Dans la victoire de Voltaire sur l'absolutisme, contrairement aux massacres de Juillet, la majesté est conservée. C'est l'aspect positif du concept bourgeois de la grandeur, aujourd'hui dégénéré. Le XXe siècle, c'est l'abolition de la représentation – le parlementarisme à l'agonie. Les circonstances présentent une telle richesse que leur continuation n'est pensable que dans une dépendance non médiatisée des hommes. Chez les Russes, la grandeur se voit liquidée en même temps que le parlementarisme. Aucun être vivant, hormis l'épouvantail du dictateur, n'a droit à la grandeur, car le nouveau pouvoir ne tolère aucune immunité. La seule pensée d'un humain échappant à la contrainte et susceptible de lui dire « non », l'idée que pourrait exister un critère extérieur à son conventicule, lui est antagoniste. La seule grandeur est celle de sa marque de fabrique : le maréchal ogre des peuples. L'écrivain retourne au statut social du laquais. Le processus inverse de la gloire voltairienne.

Niaiserie de la philosophie. – La philosophie parlée ou même écrite, si profonde et avisée soit-elle, rend un son un peu niais, cela est manifeste, Nietzsche lui-même ne fait pas exception. Ce qui lui paraissait suspect dans tout système marque encore ses propres pensées. La perfection de l'aphorisme, l'élégante retenue ne le préservent pas de manquer de maîtrise, au point de discourir de Dieu et du monde, et de ses propres douleurs. L'homme du monde s'en tient au golf ; d'affaires, il discute rarement, et la philosophie est simplement une offre de commentaire, mais déjà en passe de devenir une interprétation du monde à l'usage des classes moyennes et d'aboutir en fin de compte dans les boutiques de foire, comme l'astrologie. Quand la vérité est en jeu, se taire est le seul moyen de ne pas manquer de maîtrise, toute parole est plainte bavarde, toujours malvenue.

[*Le poète et la mesure*]. – Les écrivains matérialistes ou autres esprits avertis devraient être prudents quand ils plaisantent le vrai, le beau et le bon. Lorsque, en fin de compte, ils rangent tous les concepts *ad acta*, comme pure idéologie, ils sont obligés pour leur propre justification de retourner chercher le dieu que les concepts devaient un jour relayer. À moins que, au service d'un gouvernement encore plus averti, ils ne se bornent à proclamer les mesures qu'il prend. Alors ils peuvent tranquillement lui en abandonner la justification. Seul le sceptique tombe sous le coup de la mesure.

La question de la philosophie. – « Si Dieu n'existe pas, je n'ai nul besoin de rien prendre au sérieux », argumente le théologien. L'acte de terreur que j'accomplis, la souffrance que je tolère, ne continuent à vivre, par-delà l'instant où ils se produisent, que dans la conscience de l'être humain qui se souvient, et ils s'effacent avec elle. Prétendre qu'ensuite ils sont encore vrais n'a aucun sens. Ils ne sont plus, ils ne sont plus vrais : cela revient au même. À moins qu'ils ne se conservent – en Dieu. Peut-on l'admettre et cependant mener sérieusement une vie athée ? Telle est la question que pose la philosophie.

L'art et le cinéma. – Le propre de tout art est de procurer la jouissance, sans pour autant commencer par rappeler les humains à la réalité, comme le fait le cinéma moderne. Ce dernier tire tout son intérêt de la vie réelle, et devient lui-même par là un instrument. Il communique quelque chose de l'existence des autres, parfois aussi, apparemment, de notre existence propre, l'existence moyenne. En vérité, il s'agit de plus en plus de la vie des stars : héros du football, hippies, grands compositeurs, et plus particulièrement de celle des acteurs eux-mêmes. Le lieu du spectacle devient alors le séjour des charlatans et des *fans*, un peu comme les grilles devant les grands studios où les curieux veulent apercevoir leurs célébrités, ou encore les entrées de restaurants à Hollywood tard le soir, d'où quelques grands s'apprêtent peut-être à sortir. Le spectateur devient voyeur, et l'atmosphère frelatée. L'art de masse est donc la caricature de l'art véritable en ceci que tous deux prennent parti pour la jouissance elle-même. Au cinéma, cette dernière paraît trop forte pour les gens ordinaires et on se contente du spectacle ; devant l'art, la plus forte jouissance paraît encore trop insipide pour la plus pauvre des créatures, sa vue lui ouvre le ciel. L'art aussi dépasse l'objet matériel dont est constituée l'œuvre particulière – pour renvoyer non à la réalité régnante, mais à l'absolu, qui est en quelque sorte garanti par l'achèvement interne de l'œuvre et son autonomie. Chaque œuvre témoigne d'un autre principe que celui du monde. L'art aussi se suffit à soi-même, comme le film avec ses stars qui ne signifient rien qu'elles-mêmes – mais l'art se suffit en ceci justement qu'il n'a pas besoin de comparaison avec la réalité. Et cependant on ne peut pas passer de la culture de masse à l'art et dans celui-ci – dans son harmonie ou sa dissonance – trouver la paix. Car l'art est identique à la vérité et celle-ci nous contraint à la praxis véritable, au combat sans fin et tellement inégal en faveur de la créature.

Tentation du philosophe. – Tentation du philosophe : renoncer à la pensée, qui serait toujours – indémontrable – une simple opinion – et s'adonner à la science saine. Échapper enfin à la sphère où l'on dit qu'il en « est » ainsi et qu'il peut pourtant en « être » autrement. Passer enfin du langage à la formule, comme le physicien. Même le *montage* des faits n'est pas contraignant, il est seulement plausible, pure et simple expression ; comme il est bon d'échapper au tourment continuel de devoir à chaque pas définir, en partant de soi tout en restant rigoureusement au plus près de la « chose », à la fois le but et la méthode, le thème et le style, l'objet et la direction de l'intérêt. Quoi de mieux que cette perpétuelle contrainte à l'exactitude, qui, par la voie sûre d'un critère externe, conduit à la connaissance scientifique ? S'il est vrai que la science elle aussi, à l'instant décisif, obéit à cette autre contrainte philosophique, son fonctionnement selon les solides critères adaptés à l'objectif de domination offre cependant tant de séduisante sécurité que le philosophe regarde quelquefois avec envie vers ce monde où la simple ingéniosité, l'application dans le travail et la bonne santé apportent le succès, tandis que le souci concernant la légitimité de l'entreprise est lui-même constamment laissé à « d'autres ».

Sur la connaissance de soi. – Faire de la nature un matériau inanimé n'est pas tant porter tort à la nature, que laisser le vivant, en l'être humain, s'abstraire de lui-même : faillir à la connaissance de soi. Encore faut-il entendre ce terme de telle sorte que la pratique y soit incluse.

La question défendue. – Les peuples du XXe siècle sont maintenus dans l'obscurité au sujet de la question de société la plus grave, susceptible d'entraîner la destruction de la civilisation. Ni dans la moitié occidentale, ni à plus forte raison dans l'orientale, les différents systèmes de société, entre lesquels les humains ont à choisir et pour lesquels ils seraient prêts à s'attaquer les uns les autres, ne font l'objet d'une représentation compréhensible, dépassionnée et exhaustive, appliquée à chaque pays, montrant les avantages et les inconvénients, les perspectives favorables et les dangers. En l'absence de cela, on peut se demander à juste titre dans quelle mesure les peuples sont effectivement maîtres de leur destin. On sait bien qu'en Russie et dans sa zone d'influence, ils sont maintenus dans une obéissance aveugle. Mais à cet égard, les choses ne sont-elles pas problématiques à l'Ouest aussi bien ? Le citoyen et le travailleur moyen ont-ils, à côté de l'image positive ou négative de la Russie actuelle, une idée des risques ou des chances véritables du socialisme, s'il était mis en route dans les pays occidentaux avec l'acceptation de tous ? Les gens ne disposent même pas d'informations adéquates sur l'expérience anglaise de ces dernières années. Ce n'est pas seulement la faute des masses, c'est avant tout celle de ceux qui possèdent les moyens intellectuels et matériels pour les éclairer. Les questions les plus importantes pour l'humanité restent taboues, sont refoulées et – précisément parce que les individus sentent que l'on devrait en parler raisonnablement – engendrent la haine envers celui dont ils supposent qu'il le fait. Viennent alors cette rage intérieure contre la vie telle qu'elle est, l'obligation de chanter louange, et ce fanatisme contre tout ce qui est autrement. L'« échange » d'étudiants, de professeurs et autres privilégiés, au sein des pays occidentaux, ne constitue vraiment pas une solution. Devant la disparition des différences entre leurs propres pays, les échangés partagent le plus souvent la foi en la supériorité de leur commun système de société. Exprimé ou non, cela donne ensuite cet *a priori* dans les relations, que la circulation ne fait que renforcer.

[*Association philanthropique*]. – Toutes ces manifestations « *intercultural* » et de « *good-neighbour* » par lesquelles les gens d'aujourd'hui, n'ayant pas de religion, s'abstiennent de s'engager dans un carnage réciproque : elles remplacent la religion et sont même – en tout cas sur de longues périodes – moins sanglantes que les religions auxquelles on croit réellement. Les associations philanthropiques sont payées par les intéressés. C'est indiciblement triste, parce que les collaborateurs appointés, eux aussi, tout ce grouillement de « *professionals* » associatifs depuis la femme de ménage jusqu'à l'homme de loi qui se fait sa propre réclame en fournissant des fonds –, tous croient qu'ils n'y croient que parce que cela leur rapporte de l'argent. Sans parler des Juifs autochtones qui, à juste titre, ont pour religion que les autres respectent la paix. Toute cette éducation a ses mérites, mais elle est négative. Elle s'impose parce que l'on ne trouve plus le bonheur dans l'identification même, dans l'immédiateté. Les humains sont enfermés dans une coquille, et leurs sentiments contraints de s'y confiner. C'est si désespérant qu'on en vient à regretter l'absence de haine. Oh, ce discours « humoristique », selon lequel ce « cher argent », il est bien nécessaire, pour l'association justement. Parce que complètement incapables de se sentir en communion avec rien ni personne, ils atteignent une sorte de paix, très peu différente de la mort et de l'odeur de mort.

De l'ontologie. – L'être est la catégorie la plus universelle. Mais l'universel est-il donc plus essentiel que le particulier ? Sommes-nous véritablement *davantage* concernés par les convictions des philosophes que par celles du prochain, de l'individu ? La question est analogue à celle concernant la société : les fonctions au sommet de la pyramide, le ministre, sont-ils plus essentiels que le gardien de la paix au carrefour ? Les grandes décisions d'ordre économique sont-elles plus importantes ou plus insignifiantes que le règlement d'une querelle d'auberge ? La croyance en l'universel n'est-elle pas simplement la légitimation de la puissance supérieure, conformément à la division entre le commandement et l'exécution ? Au fond, le dépassement[1] de cette opposition logique constituait le thème de la philosophie hégélienne, de la dialectique. Chez lui, l'opération finit par se résoudre, peut-être trop bien. Dans la pratique, c'est le problème de la rotation des fonctions étatiques de telle sorte que la servante puisse pour un temps devenir policier – ou ministre – et inversement. Aucun doute, la servante finirait par y parvenir – mais le ministre ?

La psychanalyse comme source de sa propre nécessité. – La thérapie de la psychanalyse consiste à procurer aux affects « bloqués » la possibilité de s'exprimer. Elle veut écarter la menace que représentent

1. La traduction ici adoptée du terme hégélien *Aufhebung* demeure la plus courante. *(N.d.T.)*

la porte ou le couvercle refermés sur le tumulte des affects. Mais cette porte n'exerce-t-elle pas l'effet de compression uniquement parce qu'elle est faite d'un mauvais matériau – à savoir d'interdictions auxquelles on ne croit plus ? Et l'innocente assurance avec laquelle le thérapeute se sent appelé à écarter l'obstacle ne prouve-t-elle pas justement l'absurdité de l'interdiction qui – tout autant que sa puissance (puissance et absurdité ne sont-elles pas finalement une seule et même chose ?) – détermine la névrose ? La rationalité est une catégorie qui ne relève pas de la forme mais du contenu. La raison est le nom de ce qui est raisonnable. En fournissant au sujet la liberté discrétionnaire de rompre le douloureux amour filial ou conjugal, l'analyste nie un tabou déjà bien entamé par la progression de la décadence bourgeoise ; avec une dangereuse insouciance, tel un petit Nietzsche, il pousse encore ce qui est en train de tomber – et poignarde en plein cœur le partenaire de son patient. Ce qu'il appelle guérir, c'est encourager l'absence de scrupules si actuelle, sur ce versant du conflit familial où il lui est possible de présenter la note. Cependant, le tabou plus solide, l'interdiction toujours entière de l'inceste et de la perversion, demeure : le désir de le briser est « analysé ». La raison de l'analyste reflète les rapports de domination dans la société, elle nie, comme relevant de la superstition, tout ce que l'on pourrait objecter aux puissants, excepté le reproche que – n'étant pas encore tous soignés – ils ont parfois mauvaise conscience. Elle prive même ceux qui sont durement frappés par la vie de l'espoir que cette vie puisse ne pas être le juge suprême, car la vie est bien à ses yeux le juge suprême. Et au mourant pris dans les affres, tout ce qu'elle saurait dire, c'est qu'il n'est pas venu à temps se faire analyser.

Après le cinéma. – Nous n'acceptons pas tel ou tel film – par référence à l'art, et d'abord à celui du spectacle. Cela dit, même en sortant d'un film qui ne contredit pas trop grossièrement cette exigence, voire d'un bon spectacle, nous éprouvons bientôt la tristesse coutumière. Ou bien nous n'avons eu qu'un rapport purement historique au contenu – car, c'est vrai pour Iphigénie comme ça l'était pour Nora, la situation, quant au sens, est en porte-à-faux avec notre propre existence ; ou bien nous avons eu un rapport direct avec le contenu, et alors nous sentons que notre existence est en porte-à-faux avec la vie réelle. D'une manière comme de l'autre, cet espoir absolu, dans lequel la marque la plus certaine de l'œuvre d'art est de nous conforter, se voit réprimé ; ce n'est pas lui que nous éprouvons, mais son éloignement, et le sentiment d'abandon nous pénètre encore plus profond qu'auparavant.

Pragmatisme des religions. – La fadeur des religions universelles, voire des philosophies renommées, consiste en ceci que toutes sans exception, qu'on les prenne dans leur acception secrète ou même pas si secrète, ont non seulement fonctionné comme des instruments de domination sur les peuples – chose bien connue –, mais furent en outre conçues dès l'origine en vue de les tenir en laisse. C'est avec les plus pauvres et les plus naïfs d'entre les croyants que cela joua le moins, peut-être encore avec Jésus de Nazareth. Chez les Bouddha et les Mahomet, il en va déjà autrement, en tout cas l'observateur non prévenu est surpris par le profond pragmatisme au cœur même des religions universelles, par l'absence d'illusion qui – en dépit de toutes les différences marquées dans les légendes et les appareils cultuels fait de ces religions universelles des constructions qui se ressemblent à s'y méprendre. Au fond, elles sont toutes déjà aussi synthétiques, artificielles, manipulatrices que les sectes kitsch à la *Christian Science*. Peut-être pourrait-on inscrire à la gloire du temps présent que, de nos jours, même les croyants ont quelque pressentiment de cela, et que l'adepte le plus sincère prend la religion sous l'angle pragmatique. On ne peut assurément pas écarter le soupçon envers les martyrs d'être déjà allés à la mort avec le sentiment que, sans religion, les humains seraient ingouvernables. Étaient-ils au bout du compte des martyrs – du progrès ?

Note sur la dialectique. – Dans la dialectique, toute opposition revient en fait à une seule et même contradiction fondamentale, mieux, toute contradiction déterminée, au cours de l'évolution, n'est qu'une forme de cette contradiction décisive. Les problèmes philosophiques liés au concept de la dialectique, prise en un tout, telle la question de la réconciliation à l'intérieur de l'histoire ou, au-delà, celle de la relation entre histoire et raison, logique, nature et esprit, entre dialectique close ou non close, se rapportent en dernière instance à cette contradiction-là et ne peuvent être saisis qu'à partir d'elle. C'est la contradiction entre la vérité et son accomplissement. L'absolu concorde-t-il avec le but auquel aspirent tous les êtres, le bien avec l'utopie ? Cela demeure si profondément indéterminé que sa détermination ne coïncide qu'avec la réalisation du système tout entier. Dans la logique hégélienne, la question est tranchée d'avance – dans le sens de la culture chrétienne ; le système hégélien part de l'hypothèse que la réconciliation est certaine, et l'être en même temps bon : il part du concept chrétien de Dieu. Chez Marx encore, qui nie ce concept, le caractère théologique de l'histoire, l'unité entre l'intelligence théorique et son application politique – ou plutôt la certitude de son applicabilité – constituent l'*a priori* de sa pensée. Nous, cependant, ne pouvons d'un geste aussi sûr passer outre à la mort de la créature, insignifiante pour d'aussi grands penseurs ; la dialectique n'est pas pour nous un jeu dont l'issue serait sûre. Elle est sérieuse. Si la contradiction ne se résout pas, nous savons que tout l'effort de la pensée aura été vain. Et nous voilà suspects de nous rapprocher du concept banni de la « tâche infinie ». Hegel n'aurait-il acheté sa propre cohérence qu'avec le coup de force de cette « hypothèse », de sorte qu'en fin de compte l'honnête « postulat » et l'idée régulative seraient des expressions mieux adaptées à notre situation que le concept réconcilié avec lui-même ?

Ligne descendante. – Cheminement de *l'Aufklärung*[1], illustré par le raccourcissement des noms. Cela, depuis l'insigne ornement que constitue la glorieuse lignée des ancêtres inscrite dans les noms, en allant jusqu'aux noms, et finalement simples prénoms bourgeois, dans lesquels pour faire court Robert doit devenir Bob. L'*Aufklärung* universalise ainsi dans la nomination les privilèges de la majesté : ce qui autrefois était réservé aux Louis avec un nombre cardinal, est valable maintenant pour tout un chacun – le saut de la qualité à la simple quantité marque le passage des monarques aux bourgeois. Entre les premiers et les détenus que l'on désigne aussi par des numéros, il existe une affinité propre aux figures marginales de l'ordre bourgeois.

Mythe et Aufklärung. – Nous pensons toujours que la mythologie – comparée au Dieu spirituel – est une fausse religion. Comparée au monde totalement sombre, au monde menaçant ou alors insignifiant des primitifs, elle contient tout de même un élément positif : à savoir ce qui confère du sens, en tout cas le commencement de la relativisation, de la négation.

1. Selon les contextes, le terme *d'Aufklärung* sera maintenu ou traduit par « la philosophie des Lumières », « les Lumières », « l'éducation éclairée », le « rationalisme » ou simplement « la raison ». Le fameux ouvrage d'Adorno et Horkheimer, *Dialektik der Aufklärung*, a été traduit dans l'édition française par *Dialectique de la raison. (N.d.T.)*

Raison d'État. – Le sens de l'étatisation, à notre époque, c'est peut-être que les humains ne peuvent s'élever au-dessus de l'État qu'après l'avoir bien ingéré, par l'effet de la pression qu'il exerce sur eux. Le libre citoyen est apparu lorsque le Moyen Âge eut suffisamment brisé les peuples des grandes migrations, grâce à la terrible discipline imposée par les pouvoirs religieux et séculier conjugués : en sorte que désormais l'individu porte au-dedans de lui, comme la dignité des humains, la dignité extérieure à laquelle il se soumettait. N'assistons-nous pas aujourd'hui, dans cette époque terrible, à un processus analogue, mais sur un plan supérieur, concernant l'homme tout entier et l'humanité tout entière ? Cela expliquerait l'accroissement de la souffrance en général, et en particulier le désespoir de ceux qui, déjà civilisés, vont maintenant encore une fois devoir être broyés.

Relativité. – Pour saisir la « relativité », surtout la conditionalité historique de notre existence spirituelle et de toutes ses idées, il suffit par exemple de s'abstenir pendant quelques mois d'écouter une musique, puis de recommencer à l'entendre comme pour la première fois, d'une oreille étrangère. Elle peut nous apparaître tel un monde lointain, totalement étranger et clos sur lui-même, susceptible de disparaître à nouveau – sans raison.

Tentation. – La tentation que la femme exerce sur l'homme, et *vice versa*, c'est toujours : leur étreinte ne va-t-elle pas transformer le monde, réaliser l'absolu ? On ne sait jamais si cette union ne va pas produire l'absolue nouveauté. C'est pourquoi l'amour est toujours – sacrilège.

Promotion de la science. – Observons les gérants de la science, les agents des *Foundations* : leur regard froid, amer ; et l'on apercevra, derrière, les mandants par qui ils sont étroitement tenus. L'union si contradictoire de l'immense pouvoir objectif avec l'incertitude subjective, dans la société d'aujourd'hui, se reflète chez ces gérants, qui haïssent le neuf et l'aventure comme la peste et s'en remettent, même sur le plan scientifique, aux grands congrès. C'est là qu'afflue l'argent des *Foundations*, ainsi va la science.

L'homme très occupé. – Je m'étonne parfois de voir les gens accepter si facilement un refus, en réponse à une demande, à une invitation ou à une offre professionnelle, quand il est motivé par le surmenage. La cause de ce phénomène réside dans le sentiment qu'un manque de temps dénote une haute qualification professionnelle, ou bien une grande fortune. Qui refuse ainsi montre qu'il n'a pas besoin d'autrui, cela suscite respect et amour. Je connais des gens qui, le sachant d'instinct, refusent, même quand ils n'ont absolument rien à faire. Ils se donnent ainsi un air d'importance et obtiennent au moins d'être sollicités une nouvelle fois et avec un empressement accru. Et même si ce n'est pas le cas, ils jouissent de la valeur sociale de leur propre personne. – Certes, je connais aussi des gens qui, malgré beaucoup de travail, ont tellement l'habitude de s'identifier à autrui qu'ils ne peuvent pas facilement dire « non », même si la demande est conventionnelle. (Cette réflexion, aussi bien, fait abstraction de l'intérêt matériel, qui règle de manière prépondérante les relations.)

Position. – Comme il faut tenir compte de la position ! Dans l'Allemagne d'aujourd'hui, le reproche d'américanophilie veut dire la même chose que ce que l'on désignait en 1923 par le terme de communiste, ou en 1940 – dans le Middle West – par Roosevelt.

Critique de Hegel. – La critique envers Hegel n'a pas à intervenir là où il détermine l'esprit, en lui assignant tout autant de ne pas être esprit. Précisément, ce qui n'est plus saisissable comme théorie, comme pensée (et donc pas davantage saisissable par la pensée), ce qu'on appelle le moment de la pratique, l'actif, le volontaire, participe de l'esprit quand ce dernier n'est pas conçu comme abstraction, comme élément séparé dans la division du travail. La juste critique envers Hegel porte bien plutôt sur sa résolution de justifier *a priori* l'action et ses résultats, dans la mesure où ils perdurent dans ce monde. C'est là justement que chez lui le pratique se résout une fois de plus dans le théorique, et la différence n'est pas dépassée[1] – comme cela se produit précisément dans l'action, pas seulement l'action de penser – elle est effacée, ou plutôt : implicitement raturée à nouveau. Entre le purement théorique et l'enfantin d'une part, et de l'autre le pratique, il y a une affinité analogue à celle qui existe entre le pratique et le paternel/maternel ; le théorique correspond à l'état protégé, le pratique à l'acte de protéger. La protection elle aussi doit encore être sauvée, sinon la raison ne voit dans le monde que régression, et devient fausse raison. – Dire cela paraît étrange dans un monde où les chefs et les magnats, l'adulte et la protection sont de toute façon vénérés. C'est pourquoi nous courons, nous, le danger d'hypostasier l'Autre. – L'esprit est réflexion, rapport à soi, comportant toujours un moment narcissique, infantile –, partout où elle s'arrête à soi ; y compris quand elle dit : j'ai honte d'être homme. Si tu avais honte – pourrais-tu t'en tenir à le constater ?

Reportage de guerre. – Opacité des guerres modernes. La Corée : signifie-t-elle le désir de se débarrasser d'armes vétustes, l'expérimentation d'armes nouvelles, l'évaluation de méthodes stratégiques ou autres, comme en Espagne ; ou est-elle seulement comme on la présente aux peuples ? On soupçonne que dans les pourparlers des plus hautes instances, il en va tout

1. *Cf.* note 1, page 49. *(N.d.T.)*

aussi simplement que dans leurs déclarations – en tout cas guère différemment.

[*Individualisme de la propriété*]. – Viendra un temps où l'on ne comprendra plus du tout qu'un particulier puisse faire de son bien ce qui lui plaît. Le *jus usus abususque*, pourtant accordé et maintenu par la société alors qu'il exprimait justement l'indifférence à son égard, apparaîtra comme une contradiction aberrante. Mais cette époque n'aura plus la moindre idée que ce droit faisait précisément de l'individu un roi – anticipation sans laquelle la société ne pourra jamais devenir une société humaine. Car être un humain, c'est être roi.

L'exclusivité spécifique de l'amour. – L'unité de l'universel et du particulier se manifeste dans l'amour. En aimant un être particulier, tu aimes ce qu'il y a en tous les humains, dans toutes les créatures, car aimer l'humanité ou plutôt la vie – aimer l'humanité exclusivement est une contradiction en soi –, cela ne peut se faire qu'à travers un individu concret. Il appert également ici que la séparation du corps et de l'âme est un acte d'abstraction auquel il faut renoncer, car on n'aime pas soit l'âme, soit le corps ou l'un plus l'autre, mais ce front et cette bouche et cette démarche, comme étant ceux d'un être déterminé. C'est dans cette limitation, si elle est en même temps consciente d'elle-même, que consiste l'amour du tout – pour ainsi dire dans une exclusivité brisée. Spinoza, à la fois plus sévère et plus doux que Bruno, se rapproche beaucoup de ce savoir, mais en tant que stoïcien il ne veut s'intéresser qu'à l'individu, *parce que* le tout s'y reflète, et ce « parce que » précisément la réflexion – pour ainsi dire comme condition, comme justification *a priori* de l'identification avec le particulier – enlève son poids à ce particulier, à l'éphémère. L'amour s'adresse alors de nouveau à l'universel, qui avec l'intellectualisation du particulier a justement perdu son contenu. Dans le christianisme, il n'en va guère autrement. L'exigence de l'amour du prochain « pour l'amour de Dieu » n'évite cette bien mauvaise contradiction qu'à condition de faire ce que fit toujours la grande théologie : émanciper si radicalement Dieu de sa création qu'il serait encore doté de toute la richesse du monde vivant, quand bien même le monde n'existerait pas. Dès que Dieu a besoin d'un seul regard de reconnaissance de la part d'un mortel pour être pleinement Dieu, le grand amour « pour l'amour de Dieu » n'est pas non plus l'amour de l'absolu. Le besoin dans lequel Dieu apparaît ainsi – ce qui aurait été stigmatisé à juste titre comme présupposé païen par la patristique – ces dieux qui ont besoin de sacrifices ! – se trouve reconnu dans le judaïsme à travers les affects divins, colère et tristesse, et dans le christianisme à travers la doctrine du Fils de l'homme. Dans les deux cas, la souffrance est posée, sauf que dans le christianisme, par la résurrection accomplie de toute éternité, le tout est décidé d'avance et on dirait même rendu théoriquement inoffensif. (D'où la solution d'Eckart.) Nous-mêmes éprouvons cette contradiction : d'une part l'amour de l'universel ne se réalise dans l'amour particulier que si nous renonçons à l'universel, et d'autre part, l'amour du particulier n'est sauvé que si nous éprouvons comme fortuites la limitation et l'exclusivité qui le séparent de l'universel – et aimons la vie dans cette vie présente. Sinon l'exclusivité est bornée. Parce que ce front et cette bouche sont uniques, justement, ils ne constituent qu'un exemple. Si je n'éprouve pas cela en eux, mon amour demeure – une erreur.

1953-1955

Liberté de pensée. – Dans la polémique contre l'État des veilleurs de nuit (Saint-Simon par exemple), il y avait sans doute quelque chose de juste, mais, depuis, le Léviathan est déjà devenu un monstre si monstrueux que là où il se présente lui-même encore pour l'instant comme un veilleur de nuit au service de la tranquillité du citoyen, nous n'avons plus non plus le droit de dire, d'écrire et de penser qu'il est un monstre. Ce n'est permis que de manière générale, par exemple si on laisse entendre simultanément qu'il est porté atteinte à la sécurité sociale. Vouloir être un individu, vouloir du temps pour penser calmement, et aussi la liberté de le dire – quand bien même cela va tout à fait à l'encontre des exigences de l'époque et non dans leur sens – paraît aujourd'hui déjà presque aussi pervers qu'il y a cent ans la promiscuité. Bien sûr, dans un tel état de choses, le simple fait d'affirmer sérieusement qu'il n'y a pas de liberté de pensée conduit au bannissement ou à piro. Car seuls certains abus de la liberté de pensée, à savoir l'estimation responsable de ce qui, dans tel ou tel cas, est proscrit par le monstre, peuvent évidemment mener à l'affirmation perverse que seul ce peu qui demeure précisément interdit mérite d'être une pensée protégée. Comme si la liberté de pensée ne consistait pas précisément à penser jusqu'au bout l'interdit au lieu de le refouler, le projeter avec tout ce qui en fait partie. Penser l'interdit, voilà ce que l'État devrait protéger, si depuis belle lurette il ne protégeait pas tout autre chose que l'humain. Mais qui oserait poursuivre de la sorte ? – Qui es-tu, toi, pour le prendre sur ce ton ? La méchanceté, la hargne sont sans importance ici. Non parce que tu es impuissant, mais parce que le ton du pouvoir sonne faux, dans la bouche du puissant *comme* de l'impuissant. La fausseté consiste en ceci que toi, qui te maintiens en vie, tu contribues à l'oppression de la liberté ; en ceci donc que l'on ne peut dénoncer méchamment la privation de liberté de pensée quand on y participe, quand on participe à tout ce qui l'accompagne : le fonctionnement du système, l'importance qu'on se donne, la viande qu'on bâfre. Tu étouffes trop de choses pour avoir le droit d'accuser. Tu désespères de ne pouvoir dire la vérité aussi facilement que tu le voudrais – prendre un ton critique, c'est bien trop facile – et tu mêles ton irritation personnelle à la défense de tout ce qui n'a pas les moyens de parler.

La fin de la parole. – Nous nous plaignons que l'on ne soit plus capable de parler. Les gens sont muets, quand bien même ils n'arrêtent pas de discourir. Cependant nous oublions beaucoup trop facilement que la langue meurt du fait que l'individu, s'adressant à l'autre en tant qu'individu, mettons en tant que sujet pensant, n'a plus rien à dire – dans le sens où l'on dit « Il n'a rien à dire, celui-là », à savoir, il est impuissant, il ne peut rien réaliser, sa parole ne change rien à rien. Ça ne dit rien signifie – c'est sans conséquences, ça n'a pas d'importance, ça n'y fait rien, ça ne *fait* rien. Aujourd'hui, quand deux personnes parlent ensemble, leur discours peut être un maillon intermédiaire dans une solide chaîne prédéterminée d'effets de pouvoir, comme par exemple le discours des marionnettes de l'Est dans les assemblées des Nations unies ; mais le dialogue entre deux citoyens n'engendre pas un enchaînement de causes à effets dans le monde, comme autrefois où, à travers arguments et contre-arguments, se dégagèrent non seulement le contrat d'échange comme fondement significatif du mouvement économique (pensons également au contrat social, qui, considéré rétrospectivement sous l'angle de l'économie de marché, est apparu comme l'acte créateur par excellence), mais encore quelque chose de nouveau à tous égards, y compris dans le domaine de la politique d'influence (sans parler du religieux). Aujourd'hui, le discours est creux et ceux qui ne veulent pas l'écouter n'ont pas tellement tort. D'un côté, la parole est un instrument de manipulation utilisé par les misérables petits führers de la société de masse, elle est leur marteau d'hypnotiseur, imposant l'obéissance par la gueule des appareils de radio, ainsi que dans la solitude des interrogatoires de prison, accompagnée des autres méthodes de torture ; d'un autre côté, elle mène péniblement une lamentable existence en marge de la civilisation bourgeoise sur son déclin, tel un spectre de la culture. Mais si, effarouchés et perplexes, les héritiers des gens cultivés se laissent eux-mêmes tourmenter par ce spectre, c'est qu'ils sentent déjà poindre le jour où le Grand Frère viendra prendre la place du psychanalyste. Ils cherchent des directives parce qu'ils ne sont plus capables, en parlant avec autrui, d'ouvrir, de tracer leur propre chemin. C'est pourquoi il est également vain aujourd'hui d'écouter. Parler est dépassé. Agir aussi certes, dans la mesure où l'action était jadis rapportée à la parole.

Réforme des études. – Dans *mon* académie platonicienne, les élèves des classes inférieures suivraient des cours de critique de l'économie politique et auraient à en tirer toutes les conséquences. Ils seraient formés pour devenir d'actifs dialecticiens, et familiarisés avec la pratique. Dans les classes supérieures bien sûr, ils devraient – sans oublier le premier point – être capables de comprendre Mallarmé.

La psychanalyse comme juge. – Le roman psychologique et son prolongement, la psychanalyse, mettent l'accent – ou plutôt rejettent la faute – sur les pulsions intérieures de la personne en traitement. Ils prennent comme objet principal le sujet étranger ou bien leur propre sujet – mais non la constellation objective. Le sujet peut bien se justifier comme bon lui semble, il est condamné d'avance : sa justification passe pour une rationalisation. C'est un vieil héritage de la psychologie chrétienne, renforcé par les Lumières, depuis saint Augustin jusqu'à Vauvenargues et Freud en passant par Pascal, mais de plus en plus privé d'espérance. À chaque étape de ce mouvement d'exploration interne, le salut dans l'au-delà, qui avait motivé le commencement de la démarche, se confond de plus en plus irrémédiablement avec le processus abstrait qui doit permettre de l'atteindre : finalement le but est tout à fait oublié et le processus, l'analyse pour elle seule, vénéré. La dernière phase, anticipée de manière triviale dans la farce de l'« auto-analyse » chez Horney, sera ensuite l'« autocritique » dans l'hémisphère stalinien. Ici, tout comme chez Freud, le sujet impuissant se voit objecter par le juge d'instruction, et finalement – anticipant et intériorisant ce dernier – par son propre moi, la conséquence prétendue immanente de la pensée ou de l'acte qu'il avait accompli jadis, certainement en toute naïveté. Quoi qu'il dise là contre, cela passe pour une rationalisation de l'intention condamnée ou bien – chez Staline de nouveau plus grossièrement que chez Freud – pour un faux-fuyant, un mensonge. Dans les deux cas, dès avant la procédure, les faits sont établis, ils ne demandent plus qu'à être prouvés ; dans les deux cas, on est condamné dès le début. Mais l'existence de l'« âme » demeure reconnue, même chez Staline : dans la phraséologie morale comme dans l'insistance avec laquelle on exige l'aveu de culpabilité. Le *pater peccavi* doit être prononcé, du moins lorsque la potence entre en action à la face du monde. Obéissance, abaissement de soi, remords et disposition à la pénitence, tous les vénérables ornements de la doctrine chrétienne de l'âme connaissent une effroyable renaissance, livrant ainsi assurément un peu du secret de leur toute première prestation sociale. La terreur exercée par des puissances extérieures s'est transformée, ou mieux, complétée, en discipline volontaire. Ce qu'a été, de tout temps, l'intériorisation, Nietzsche le savait bien. Question : l'« autocritique » est-elle un début terrible ou une fin dans la terreur ?

Sur l'antisémitisme. – Les Juifs sont l'ennemi, parce que tout ce qui s'érige en absolu, idolâtrie, nation, guide, ils le relativisent en témoignant pour le dieu spirituel. Ils trouvent dans un Autre le soutien que les non-Juifs doivent aller chercher auprès des médecins. C'est pourquoi le simple fait qu'ils existent – qu'ils appartiennent au « peuple de Dieu » – est une pierre d'achoppement. Il faut les supprimer, et plus un système se donne pour absolu, plus cela presse. Car tout Juif est ressenti comme membre du peuple juif, donc du peuple qui a perdu son État depuis bientôt deux mille ans et s'est maintenu malgré la dispersion, grâce à sa représentation de Dieu ; le peuple donc, au sens le plus plein du mot et de l'être, que chacun sent son propre peuple incapable d'atteindre. C'est pourquoi aussi chacun en exalte convulsivement l'absolu. Depuis son propre isolement, qu'il cherche vainement à briser par l'adoration idolâtre de son peuple – c'est-à-dire du collectif auquel il appartient –, il voit le Juif qui n'a besoin de rien faire pour cela, pas même de se rendre à la maison de prière, pas même de parler sa langue hébraïque, et qui, fût-il renégat, demeure encore partie intégrante de son peuple – dans son isolement donc, l'autre voit le juif en possession de ce à quoi il aspire : une essentialité. Que les gens éprouvent le Juif essentiellement comme Juif, voilà ce qui éveilla ce désir de vengeance que même la mort ne peut apaiser.

Nullité de l'individu. – Face à l'astronomie la plus récente, d'après laquelle la Terre non seulement ne peut pas se comparer à un centre – et que signifierait donc cela ? – mais plutôt à l'étincelle, fugitive comme l'éclair, d'une explosion atomique, le centrage de l'expérience vécue autour de son moi propre apparaît comme une pure idiotie. Ce qui fait problème, ce n'est pas que les représentations conscientes (rétro- et projection, comme dirait Husserl) soient rapportées au moi ou, selon Freud, organisées par lui – c'est une question de faits –, mais quel sens cela peut-il avoir de faire dépendre mes sentiments, mes aspirations, ma compréhension du monde, mon bonheur et mon malheur, mon honneur et ma honte, de ce qui arrive au complexe affectif et atomique qui porte la marque de mon nom, dans ce micro-monde grouillant appelé société humaine ? Cette absurdité n'est pas seulement dépassée au même titre que, depuis Copernic, la conception géocentrique du monde, elle est purement et simplement insensée, et ce dès les stoïciens et Boèce. Elle est tout aussi incongrue que l'opinion selon laquelle la Terre ne serait pas simplement au centre de notre système solaire, mais tout uniment le centre de l'univers. L'idée opposée de Schopenhauer, au début du deuxième volume du *Monde comme volonté et représentation*, selon laquelle le sujet connaissant est bien le préalable, la condition de la représentation de l'univers, et le monde *ma* représentation, ne peut absolument rien contre cette connaissance. Car justement, dans cette mienne représentation, il apparaît insensé de faire dépendre ma foi, mon bonheur et mon malheur de ce qui – dans ma représentation – se reconnaît comme de peu d'importance. Car le sujet de la connaissance, auquel mon individu apparaît dans la même nullité que tous les autres, doit justement introduire dans ses réflexions cette nullité et cette relativité, et se guider d'après la vérité, non d'après la contingence qui le lie à *tel* individu précisément. Les actions et le destin du moi propre comme critère décisif du plaisir et du désespoir sont certes extrêmement suggestifs – comme des animaux, nous ne pouvons pas nous en affranchir, comme des animaux nous sommes exposés à cette peur, mais elle n'est pas plus logique que celle du sauvage devant l'éclipse du soleil. Et l'animal a ici encore un double avantage sur nous. Il ne connaît la peur qu'à l'instant du danger, et il connaît uniquement la peur, mais non l'honneur ni la gloire. Il n'est victime que de la suggestion immédiate. L'esprit devrait – à travers toutes les médiations fournies par l'expérience des affects sociaux – nous en libérer, au lieu de la renforcer, au lieu de renforcer les illusions sociales.

[*L'épouvantail de la perversion*]. – Quelle énorme masse refoulée d'aspirations à satisfaire leurs pulsions en dehors des règles de la génitalité n'habite-t-elle pas les humains, pour qu'ils soient toujours prêts à exploser de fureur quand retentit le mot de perversion. Dès le haut Moyen Âge, malheur à la victime d'un régime tyrannique, dont le persécuteur invoque le motif de la perversion. Alors il n'est pas de martyre trop terrible, ou suffisamment tel, aux yeux des masses car il n'en est pas d'assez puissant pour éteindre le feu qui les brûle. Aucun ne saurait les dédommager pour leur propre impuissance, qu'elles sont incapables de surmonter. La jouissance que leur imagination voit dans la perversion leur paraît tellement au-delà de l'humain, que les tourments qui doivent l'expier ne devront plus être à la mesure humaine. Et pourtant aucun méfait n'est aussi peu générateur de souffrances que la perversion. À moins que la violence ne soit de la partie. Mais cela n'est-il pas vrai de toute affaire ? De même que le meurtre pour vol est le *non plus ultra* du rançonnement, le meurtre avec viol est le *non plus ultra* de la passion sexuelle. Il y a aussi peu de rapport entre cela et le problème du commerce sexuel hors norme qu'entre un « la bourse ou la vie » et l'impérialisme des grandes affaires. Non. Encore moins !

La grande personnalité historique. – S'agissant de Staline ou de types analogues, on se fait une idée bien trop éminente de leur personnalité « grandiose et profonde » – tout simplement parce qu'ils détiennent tant de pouvoir. Mais qu'un individu grimpe si haut et puisse ensuite causer tant de mal, ne témoigne en rien de la grandeur de son caractère ou simplement de sa pensée. On sous-estime à quel degré de brutalité quelqu'un est capable d'atteindre, une fois parvenu à un poste important. Staline n'est sans doute personnellement rien d'autre qu'un brutal chef de bande ne supportant aucune critique et traitant les autres comme de la merde, sauf s'ils sont plus puissants que lui, ce qui n'arrive qu'en dehors des frontières de la Russie. Il est en soi hautement inintéressant. Seule la terreur qu'il répand dépasse les limites de l'humain. Comme paraissent inoffensifs ses collègues Al Capone et Mickey Cohen, comparés à cette figure de l'histoire universelle. Parlons-en donc, de l'histoire universelle – et d'abord de l'histoire écrite. Plus son objet devient horrible, plus ses annales sont mensongères.

Patrons-ouvriers. – Après une suite d'erreurs, qui du dehors se distinguaient à peine d'une malchance imméritée, le libre entrepreneur se vit menacé de banqueroute. Il a dû repartir à zéro. L'employé se trompe, il est licencié – il risque constamment le blâme, voire la sanction. Quelle différence dans la conscience de soi cela ne va-t-il pas entraîner, jusque dans les petits détails du caractère et de la conduite de la vie !

L'émancipation en tant qu'adaptation. – Conséquence de la société de masse technicisée : la concurrence de la femme pour les postes de travail masculins. La femme cesse d'être servante et devient employée. Ce processus est nécessaire, mais il liquide la sphère la plus décisive dans laquelle elle pouvait encore vivre péniblement une vie non réifiée. Déjà, lorsque les *dessous* furent refoulés par les *slacks* et que ceux-ci devinrent tout ce qu'il restait à enlever, le royaume intermédiaire dont vivait l'amour disparut ; et maintenant on a vu passer à l'écran, avec la vachère la *lady*, avec la servante la fille de joie, avec Cendrillon la princesse. Elles deviennent des idéologies. En réalité, ce qui compte pour les deux sexes, ce ne sont plus que les positions, lesquelles n'ont rien de commun aujourd'hui avec les pyramides humaines de Sade, assurément, quand c'est le *practicum* de Van de Velde qui établit la médiation entre la *Philosophie dans le boudoir* et l'organisation du temps libre dans la cité ouvrière. Maintenant qu'elle n'a plus besoin de devenir servante, la femme perd la capacité d'être la bien-aimée. L'homme, lui, désapprend l'aspiration à la félicité éternelle, car ce qui la remplace, le bonheur éphémère dans les bras de l'esclave adorée, ne lui rappelle plus la félicité. Et ce bonheur lui-même s'alimentait à une autre expérience, qui fit les frais de la démocratie sexuelle : à la tendresse de la mère toute vouée à l'enfant, tendresse que l'on a abandonnée. Aujourd'hui, on ne peut plus penser à elle, car elle n'existe plus.

Penser et avoir. – Le noyau essentiel de ce que nous appelons la pensée comporte la « pesée », l'estimation du risque et du gain possible, le jeu entre conservation et croissance de la propriété – contradiction qui constitue l'élément vital de la pensée. Celui qui n'a pas appris dans son enfance, à l'exemple de son père capable d'interdire maintes choses à lui-même et aux autres, ce geste du « peut-être devrais-je tout de même tenter cela, l'entreprise pourrait réussir », geste dont le plaisir émane de cette contradiction, montrant enfin combien cette sévérité avait de sens et constitue elle-même un héritage millénaire – celui-là n'est pas un véritable être humain tel que nous l'entendons, il lui a manqué quelque chose. Mais ce geste n'est possible que fondé sur l'amour de ce que l'on a. Aujourd'hui, le risque à prendre est devenu vide de sens et abstrait, parce que ce fondement a disparu. Quand on n'est plus lié à la réalité existante par aucun amour, on ne peut pas non plus véritablement vouloir le futur – c'est pourquoi ceux qui font aujourd'hui l'éloge de l'état de choses, le glorifiant simplement par le meurtre, et à cause de leur haine envers l'Autre, sont constamment prêts à accepter n'importe quel bouleversement – l'histoire leur est étrangère.

Bilan intermédiaire. – La *raison d'être** des révolutionnaires est que l'état de choses existant est dépassé, que le moment est venu pour un autre. Les seigneurs d'hier avaient trouvé la leur en créant et en conservant ce qui maintenant est appelé à disparaître. Quant à ceux qui conserveront le futur état de choses, nous ne les connaissons pas encore.

Retour sur Clavigo. – Carlos, l'ami de Clavigo, a raison aux yeux de la postérité. De nos jours, Marie ferait simplement une fixation égoïste, névrosée. Quand il y a tant d'hommes, à quoi bon se perdre pour la possession de celui-là seul, et le mener lui-même à sa perte ! Ostentation du privé. Carlos représente chez Goethe la féodalité, son argumentation n'est absolument pas frivole, elle est cornélienne. La gloire, à l'opposé du sentiment « plus ordinaire », à savoir celui que l'on partage avec l'homme ordinaire. C'est un nouvel éclairage sur notre « période de restauration ». La suppression de la sphère privée, sa « relativisation » à partir de quelque chose de plus grand. Seulement, la « *gloire** » cornélienne apparaît maintenant elle-même comme relevant d'une sphère privée dépassée – comme un meilleur *job*, et seul demeure le déclin de l'ambition dans une société anonyme : de hautes personnalités qui se sont autonomisées par rapport à leurs supporters. L'ambition suffit tout juste encore pour donner des interviews à leur service. C'est pourquoi il ne peut plus non plus y avoir de tragédie.

Pères de l'Église et prophètes. – Chez les chrétiens, c'est le péché originel qui est le plus important dans l'histoire du paradis, chez les juifs, c'est l'expulsion et le désir de retour.

Ad liberté. – Quand on ne peut plus dire indépendamment de toute idéologie : « Je soutiens cela avec mon argent » ou « Je ne donne pas d'argent pour cela », c'est que dans cette cause on n'a pas un rôle de sujet. Aujourd'hui, ce n'est qu'une façon de parler, l'argent d'une personne privée étant quelque chose d'insignifiant.

Sur l'essence de l'homme. – Cette soif de sang chez les paysans et autres complices lorsqu'un loup ou un lion de la montagne vient la nuit s'emparer d'un mouton trahit l'avidité mal surmontée de chair crue – le besoin de déchirer et d'attaquer. En stigmatisant l'animal voleur comme « bestial », on frappe à l'extérieur avec une brutalité rusée ce que l'on n'est pas capable de supprimer au-dedans de soi, le précivilisé. Mais au-delà, il y a encore autre chose qui s'exprime dans la haine bestiale envers le loup, c'est le fait que notre propre bouffe, pour laquelle les moutons doivent demeurer exclusivement réservés, est secrètement ressentie comme la pratique horrible qu'elle est en réalité. Dans leur commerce quotidien avec les animaux domestiques, les éleveurs apprennent à connaître un peu l'individualité de ceux-ci et leur vie confiante. Leur propre répugnance au meurtre de ce qu'ils protègent, à la vente pour l'abattoir, repoussée dans les couches les plus profondes de l'âme, refait surface dans cette rage contre le dévoreur illégal, tellement plus innocent que le berger lui-même, ce traître, et elle a les yeux injectés de sang. Dans le meurtre du loup, on fait taire sa propre conscience. L'occasion s'y prête : on se prend ici pour un protecteur, de surcroît – et on l'est effectivement dans cet instant-là. La protection est en même temps coup mortel – *qui saurait y remédier** ! –, seuls les yeux injectés de sang trahissent qu'il y a là en jeu bien davantage que la dialectique de la civilisation.

Critique de l'idéologie. – Aujourd'hui, plus l'idéologie officielle est simple, plus il est compliqué de remonter à ses origines. Cette considération montre que penser est en train de passer de mode.

Crainte et morale. – Essaie une fois de découpler complètement – mais complètement ! – ton obéissance envers Dieu, le respect des jours fériés par exemple, d'avec la *crainte* de Dieu, et tu verras que l'obstination à observer les commandements, dans la mesure où ces derniers n'apparaissent pas comme ayant une finalité en eux-mêmes, devient quelque chose comme de la compassion envers Dieu – ou disons une « contrepartie volontaire ». Et cela en a bien toutes les apparences. Dois-je donc abandonner un travail important, utile à moi-même et à d'autres, simplement parce que Dieu s'est reposé le septième jour ? Mais ne te fais pas d'illusion. Comme Kant l'a bien vu, l'obéissance envers Dieu s'est transformée en respect de la loi morale et il en est de celle-ci exactement comme d'une crainte de Dieu sans la crainte. Il manque – si l'on ne tient pas compte de l'utilité, et il faut bien en faire abstraction – la raison pour laquelle la morale est ainsi et pas autrement. Reste alors simplement que quelque chose doit se produire sans raison, c'est-à-dire la distance par rapport au pragmatique, par rapport à ce qui dans ce monde a effet et valeur. Cette distance à elle seule ne comporte aucune référence concrète à ce qui doit advenir, elle n'indique rien. surtout pas de hiérarchie des valeurs, et cependant elle paraît d'une certaine façon tout à fait claire. Cela vient du soupçon envers la *justesse* du monde tel qu'il est à chaque fois, et même envers tous les bons motifs. (Kant a vu en réalité très profond avec sa méfiance envers les bons motifs.) Si nous ne pouvons pas croire en toute simplicité à la révélation, alors naît le danger de la froideur impliquée dans toute distance.

Contre les théories de l'essence. – Dans le domaine du concept, il n'en va pas autrement que dans celui de la musique : un élément montre ce qu'il est seulement à mesure qu'on avance. Trois tons semblables qui se suivent ne sont certes pas rien en eux-mêmes, ils sont quelque chose. Mais représentent-ils quelque chose de clos en soi, un rythme ternaire ou le début d'une mélodie mozartienne, il y a là un monde de différence et il ne faut pas penser que le premier cas est en réalité le cas fondamental, le « naturel » en quelque sorte, et que l'« essence » se détermine mieux à partir de lui qu'à partir de la mélodie déterminée. Cette erreur est à la base du prestige dont jouissent presque sans exception toutes les théories de l'essence, y compris lorsqu'on se propose de déterminer l'essence de l'être humain à partir de son existence d'individu. C'est pourquoi l'énonciation d'une théorie philosophique abstraite signifie elle-même encore bien peu, à moins que le lieu et le ton ne permettent d'en tirer des conclusions sur ses conséquences politiques déterminées. On a besoin de connaître la mélodie tout entière. Que de la sorte toute pensée demeure en fait simple fragment, cela ne contredit pas l'exigence de la pousser aussi loin que possible.

Politique et public. – Dans la politique des années 1950, il en est maintenant exactement comme dans la *motion picture industry*. On ne prend pas parti pour une cause à laquelle on cherche à sensibiliser le public, mais on veut se sensibiliser soi-même au public et ensuite prendre parti pour lui. Une telle perte d'un côté, celle de la cause, doit nécessairement anéantir à la fin l'autre côté hypostasié, le public, donc apporter justement le contraire de ce qui était apparemment visé. Le comportement vainement respectueux envers le public se révèle une attitude méprisante, imbue de soi, car dans leur for intérieur les bureaucrates sociaux-démocrates, tout comme la Metro-Goldwyn-Mayer, pressentent ceci : c'est seulement à travers la cause qu'ils ont dû lui fournir, fût-elle d'ordre théorique ou esthétique, politique ou artistique, que le public trouve chaque fois une essence. À eux de continuer le travail grâce auquel l'opinion publique mérite considération, mais quand ils veulent ajuster simplement la cause au public et non plus celui-ci à la cause, l'adaptation pure et simple devient la cause elle-même ; au lieu du public, un public particulier qu'ils prétendent servir, les représentations grossières et bornées qu'ils s'en font constituent leur seul fil directeur, qu'il s'agisse de la fabrication d'un film ou de propagande politique. Cependant, derrière cette auto-illusion se cache la pure volonté d'autoperpétuation, l'appétit indiscipliné de *box-office* ou de succès électoraux ; la soif de pouvoir liée à une peur immense – celle-ci venant en premier lieu d'un sentiment de culpabilité par rapport à l'héritage des Lumières, qui à leur grand dam ne se laisse pas complètement refouler – détermine ce manque catastrophique d'imagination. La peur de la social-démocratie allemande, consciemment et inconsciemment, domine de bout en bout sa courageuse histoire : depuis ce Bebel, qui a voulu porter le flingue, en passant par les partisans des crédits de guerre pour notre empereur ; par Noske, l'organisateur des milices armées blanches, envers qui la SA avait encore une dette de reconnaissance ; par le ministre Braun, qui se refusa à faire intervenir la police de l'État démocratique, certes d'un cœur lourd, contre les hommes de main des chemises brunes ; par Severing, le légaliste, exhortant les travailleurs prêts à protéger la République à ne pas tenter d'écarter par la violence le Reich hitlérien lorsqu'il en était encore temps ; depuis tous ces petits fonctionnaires vertueux et consciencieux, jusqu'à leur propre quintessence, monsieur Ollenhauer. Un produit de la peur devant toute pensée susceptible de saisir les choses à la racine, ce président de l'opposition, pour être proche de ses électeurs, s'est fait confirmer par son propre appareil de propagande que son visage ne portait pas les rides de l'intellect, et cela est vrai de sa politique. La patrie peut dormir tranquille. Il a fallu d'abord que les paysans et les marchands de fromage, qu'il voulait appâter par un nationalisme têtu, prouvent aux élections qu'ils voyaient plus loin que lui, à savoir : derrière la phraséologie nationale, la réalité des affaires ; et donc qu'ils reconnaissaient, rien qu'à l'intonation qui l'accompagne, ce qu'on peut en attendre en ce qui les concerne, je veux dire, en ce qui concerne les prix ; alors il a promis de s'adapter encore mieux tout en restant attaché à ce qui n'a pas fait ses preuves, tout comme Hollywood après un *flop*. Surtout ne rien dire de la cause ; le public est roi, la camelote était encore trop bonne. Dans l'Europe de 1953, où semble maintenant reconnue l'idée astucieuse de 1945 – on pourrait encore transformer rapidement la défaite en victoire, si, tel le fidèle Eckart, on partait en campagne, en commun avec la perfide Albion et les autres ploutocraties enjuivées, contre la Russie alliée de naguère –, dans cette Europe qui, sous le slogan de l'Europe, se trouve aussitôt intégrée et enterrée, l'opposition allemande offre en réalité le spectacle d'un film de pacotille, pas même à grand spectacle.

À propos de vêtements. – Au XIXe siècle, l'amoureux accrochait une parure au cou des femmes. Les riches vêtements annonçaient son triomphe, que la belle *maîtresse* était sienne. Ce reste d'exhibitionnisme masculin non sublimé, qui trouvait dans l'éclat de la bien-aimée une sorte d'expression légitime, recevait, dans l'attrait qu'elle exerçait sur les autres, sa propre satisfaction et l'admiration des connaisseurs, et renfermait un élément d'homosexualité rachetée ; la maîtresse représentait l'amoureux, en elle c'est lui qu'on admirait.

En même temps que les dessous de la garde-robe féminine, a disparu cet éphémère sous-entendu. La *professional woman* d'aujourd'hui arbore vêtements et parures, en dehors des questions de carrière, comme un bien culturel érotique dévalué. Elle se procure son habillement sur son propre salaire, et le *sex-appeal* renforcé de la coupe est impuissant à faire surgir les secrets ingrédients du sentiment – sans lesquels le charme est rabaissé au rang du *glamour* – tout autant que les *slacks* sont impuissants à remplacer les pantalons de la femme travestie en page, rôle dans lequel transparaissait l'étroite union entre amour et homosexualité. Aujourd'hui, les habits féminins sont des attrapes, fantômes d'essentialités révolues comme les propriétés et les sentiments par lesquels le monde bourgeois en déclin, incapable désormais d'engendrer quelque chose qui lui soit propre, suscite l'apparence de la vie, sorte de romantisme stérile remplaçant le souvenir de ce qui fut par la profession de foi que cela existe encore. La *professional woman* présente son contrat de mariage et ne veut pas plus se passer de bébé que l'Italienne, elle mime la jouissance artistique de même que l'abandon érotique : lesquels ne sont pour elle que des *timings* dans le sérieux de la vie qui n'en est pas une.

Mouvement de jeunesse. – Une des causes du mouvement de jeunesse, et non des moindres, c'est qu'on n'attendait plus rien de l'entreprise paternelle.

La gueule. – La manière dont les visages, les corps des stars de cinéma sont photographiés, les *cover-girls*, les gros plans, tout cela revient à idolâtrer certaines parties du corps – même pas le corps tout entier. La bouche souriante, avide ou lubrique, a déjà abandonné la signification érotique (comme symbole du vagin) et ressemble à la gueule du Moloch que l'on adore parce qu'il dévore les enfants, ou bien on ne sait pas pourquoi, on a déjà oublié, ce n'est plus que la gueule.

[*Égalité des droits en tant qu'égalisation*]. – L'« égalité des droits de l'homme et de la femme dans le mariage », voilà qui arrange parfaitement ces messieurs d'aujourd'hui. Elle signifie en effet que la concurrence, les *human relations*, bref l'aliénation, même dans ce qu'on appelle la cellule de la société, isolent encore les êtres humains les uns des autres ; qu'il ne peut plus y avoir d'utopie microscopique réalisée, de communauté jurée, pas même à la plus petite échelle, et que l'être humain est nu face à la machinerie de l'ensemble. On voit à quel point nous faisons déjà cause commune avec l'Église dans nos combats d'arrière-garde. Combien de fois dans les questions de liberté n'a-t-elle pas – à travers le confesseur – tempéré à l'avance et par là rendu acceptable la communauté jurée, du fait qu'elle tolérait dans certaines limites ce qu'on liquide aujourd'hui, parce que, dans la société bourgeoise, au nom du privé, de la liberté, de l'humanité, cela échappait à tout contrôle ? On pouvait dans une certaine mesure laisser vivre, tant que cela concernait la couche privilégiée des citoyens ;

aujourd'hui, avec la « démocratisation » de la société, la chose devient dangereuse. Chacun doit rendre compte pour tous. Que personne ne vienne s'arroger la chambre à coucher comme refuge pour la liberté de penser !

[*Les complices*]. – Nous ne devons pas nous plaindre, quoi qu'il arrive, car tranquillement et confortablement assis dans nos *fauteuils**, nous dînons et discutons, et nous savons pourtant que l'enfer se déchaîne. Nous aussi nous faisons partie de la cohorte des diables – nous aussi.

Vie, pensée et argent. – On parle si souvent de la frugalité, qui passe de mode dans l'ère technicienne. Très juste. La frugalité en un certain sens est la condition du bonheur, voire de la capacité de jouissance intellectuelle. Mais il nous est impossible de vivre frugalement, parce que sans argent, sans de plus en plus d'argent – Hobbes le savait déjà –, on est exposé à la brutalité, à la mort, à la terreur. Sans beaucoup d'argent, plus de sécurité, et donc plus de vie propre ; or, autant d'argent qu'il en faut pour se protéger, pour vivre et – ceci est tout de même inclus dans le vivre – pour penser, nul n'en possède plus, parmi ceux qui seraient équipés du nécessaire pour vivre et pour penser.

Le bourgeois et le paysan. – Que la bourgeoisie soit devenue victime de son propre moyen, l'argent, c'est-à-dire de la puissance, du pouvoir d'achat érigés en abstractions, qu'elle ait réduit toutes ses finalités à des rationalisations, à des idéologies au service de la valeur d'échange hypostasiée, cela est suffisamment connu. Le mécanisme qui joue le plus grand rôle ici, c'est la disparition de la mémoire. Elle se manifeste dans la forme de spiritualité propre à la bourgeoisie : le scepticisme. Nié, le mythe n'est pas dépassé, mais rayé, liquidé, oublié. C'est pourquoi il continue d'exister, non surmonté, dans les sphères inférieures et finalement le vainqueur sans y penser tombe lui-même sous sa dépendance. – Cela se voit dans la conception même de l'humain. Le bourgeois a constaté la nudité, la rudesse et la sottise de l'être humain chez le paysan, il en a tiré sa conscience de soi en tant que citadin, qui certes n'appartenait pas à la noblesse, mais ne lui était pas assujetti pour autant. La conscience du bourgeois porte en soi les traces de son ascension : il s'identifie à la noblesse – à laquelle il doit succéder dans l'exercice du pouvoir à force de travail et d'épargne – en méprisant le paysan, ce qui n'a jamais été le fait de la noblesse. Dans le haussement d'épaules de l'homme d'affaires qui réussit, face au petit homme, on retrouve cette identification à la caste, ainsi que la distanciation par rapport à celui qui n'a pas tout à fait sa place en ville. L'autre – comme le paysan – est simplement un humain, ce qui veut dire, simplement une bête. – Or, du fait que cet autre, entièrement nié, encore mal dégrossi du point de vue de la civilisation, est purement laissé en dehors et oublié, la civilisation culbute ; elle n'a fait que combattre le grossier – dans toute forme d'éducation de l'enfant – et la voici à la fin de son ère sur le point de retomber sous sa coupe, parce qu'il demeure toujours présent, inchangé, dans le bourgeois lui-même. – Les plus avancés sont les Français, les Parisiens surtout. Goethe fit de cette cause l'affaire de sa vie. Presque toutes ses grandes œuvres sont des tentatives pour concrétiser la civilisation. Rousseau se comprend à partir de là. Et aussi Stifter. En revanche, Hollywood !

L'avenir de la bourgeoisie. – Le socialisme était conçu par Marx comme la phase supérieure de la société, dans laquelle tout ce qui s'était développé au cours de la phase bourgeoise devait être dépassé, c'est-à-dire à la fois dépouillé de son absolutisation et sauvegardé. En Russie, les éléments de la préhistoire sont présents, mais on les trouve au contraire en morceaux et déformés jusqu'au gigantisme. C'est dans les procès que cela saute aux yeux le plus nettement. Si ce fut la gloire de la bourgeoisie de laisser à l'individu, en principe du moins, fût-il accusé ou suspect, la liberté de se reconnaître coupable ou non coupable, et si l'État avait le devoir de lui prouver la vérité, à lui comme à la société, les tyrannies soviétiques, pour leur part, reconnaissent bien ce principe, sauf que l'État, véhicule radieux de la clique la plus rouée qui soit, réduit l'individu à néant. L'épave intellectuelle qui est ici contrainte d'avouer, c'est l'image grimaçante de l'être humain que la bourgeoisie – pour ses plus proches intérêts et non par inspiration, mais toutefois avec une réelle insistance – voulait respecter et accomplir. Ce qui s'est déroulé dans les caves des commissariats de police de ses grandes villes se présente maintenant à elle, dans le prétendu socialisme, comme sa propre caricature, et la mauvaise conscience – qui en des jours meilleurs faisait que les gens convenables détournaient les yeux de tels défauts d'aspect – a aujourd'hui le regard fixé sur le miroir grossissant à l'Est. Si, voyant ces conséquences, la bourgeoisie ne fait pas un retour sur elle-même, si de la poutre dans le miroir elle ne conclut pas au moins à la paille dans son œil à elle, la caricature russe du socialisme constituera le modèle pour la dernière phase de la société bourgeoise. Hitler et ses collègues méditerranéens ont déjà fait les premiers pas.

Analyse critique et pragmatisme. – Quiconque regarde à l'Est y voit la terreur de la dictature militaire. Son épouvante signifie-t-elle déjà qu'il est intégré dans l'Occident intégré, puisque cet Occident intégré représente la seule contre-puissance historique mondiale ? Sans une telle intégration, la critique n'est-elle pas vaine et inconsistante, de même que l'individu impuissant dont elle émane ? Ne devient-elle pas opinion creuse, puisque, historiquement, il n'y a de substance que là où existe une puissance capable de mettre autre chose à la place de l'objet critiqué ? L'inverse n'est-il pas également valable ? La critique de l'Ouest n'est-elle pas nécessairement, *nolens volens*, inspirée par l'Est ? Peut-il exister une critique sans fondement historique ? La perte du facteur pragmatique dans la critique, la recherche d'une possibilité concrète de la faire triompher, ne s'opèrent-elles pas au prix du passage à un vain utopisme ? Sans une espérance intellectuellement fondée, se référant à des possibilités réelles, se distinguant par son exactitude des simples divagations du désir arbitraire, il n'est assurément pas de critique véritable. Mais cette dernière est l'âme de l'expérience historique elle-même, sans elle il n'y a que du suivisme – et aujourd'hui ceux qui écrivent sur l'histoire ne sont-ils pas à peu près tous des suivistes ? Sans une critique exacte pouvant avoir l'individu comme auteur et unique gardien, mais pour sujet l'humanité, il n'y aurait même pas place pour cette considération judicieuse : Ouest et Est en fin de compte ne constituent nullement l'antinomie à laquelle ils veulent que nous croyions.

Besoins. – Que l'industrie crée artificiellement les besoins en fonction de ses marchandises, cela on le savait bien avant Hegel. Ce qui a échappé aux penseurs, c'est la disparition du besoin naturel lui-même. Ils ont vu la contradiction entre l'établissement d'un prétendu minimum vital « culturel » et la frugalité des masses constamment entretenue, entre l'intérêt pour une demande croissante et celui pour la baisse des coûts de fabrication, la contradiction entre la masse comme consommatrice et comme salariée. Ce phénomène a depuis longtemps reflué ; avec la transformation des grands pouvoirs économiques en institutions en même temps que la reprise d'innombrables fonctions économiques par l'État, la forme de la demande s'est modifiée elle aussi. Quiconque veut exister dans cette société doit avoir un standard de vie que la situation préfigure et – en tant que consommateur devenant lui-même producteur de sa capacité d'employé – il faut qu'il maintienne en état, renouvelle, complète, etc., ses moyens de productions « privés » sans lesquels il n'est pas utilisable : sa bicyclette, son auto, sa radio, son logement avec tous les équipements qu'il faut à l'intérieur, ses vêtements de rigueur et tout ce qui s'ensuit. De consommateur, il devient contribuable. La différence entre prix d'achat et impôt, entre propriété publique et sociale s'amenuise, car les sommes qu'il paye pour l'entretien de la rue et pour son propre outil de transport sont aussi involontaires l'une que l'autre, sauf qu'il doit encore assurer lui-même le service de son outil de transport. Peut-être le besoin le plus récent demande-t-il à chaque fois une stimulation préalable, comme par exemple celui, authentiquement culturel, de la télévision ! Mais ça ne dure qu'un court laps de temps. Faites revenir l'époque des discours enflammés, et celui qui ne regarde pas docilement la boîte à images est déjà subversif. Il faut absolument l'avoir, cette boîte. L'exemple est instructif. Tous les appareils, depuis le réveille-matin jusqu'au microsillon, deviennent, dans la société en mutation, des éléments de l'hypnose, du lavage de cerveau à grande échelle. Cela a commencé par la production des besoins, maintenant on constate que, dans leur essence, les besoins produits n'ont pas d'autre finalité que leur propre production. L'hypostase du moyen, le processus de réification, tend à ce que la volonté de l'être humain ne s'applique plus qu'à sa propre production, une sorte de passion vide. Il n'est pas vrai que la machine en soi commande les hommes qui la servent. Elle ne commande que là où il n'y a pas de sujet qui dispose d'elle. Aujourd'hui, chez tous les individus, n'existe plus que la contrainte à l'exécution, la décision s'accomplit à l'aveuglette et dans l'anonymat – malgré guides et chefs d'entreprises. Seule la formation d'un sujet qui dispose établirait la liberté – et le besoin.

Les deux faces du matérialisme. – Tolérance – puisque tout doit être tel qu'il est. Protestation – contre le fait que tout soit tel qu'il doit être.

Humeur de vacances. – « Humeur de vacances », cette notion dénonce à la fois le quotidien, les vacances, et la vie qui se partage entre les deux. Que l'on ressente le bonheur comme une disposition qui doit se régler sur le temps permet de voir où nous en sommes arrivés : le bonheur sur prescription. Au quotidien convient la comédie du sérieux – lequel sait bien que le bonheur doit se chercher ailleurs. Ainsi va l'existence que les humains se sont organisée à notre époque !

Étonnement concret. – L'étonnement est passé dans les secteurs plus concrets de la philosophie. Celui qui s'aperçoit pour la première fois combien par exemple la scission entre le sentiment et la *ratio*, entre l'amour et l'intérêt, entre les relations humaines et les rapports de travail, est liée au passage de la famille du stade de l'économie domestique fermée à celui de la sphère « privée » au sein de la société concurrentielle, celui-là sent ses yeux se dessiller. Il apprend que Roméo et Juliette expriment un tournant dans cette histoire et découvre ainsi la signification de la littérature. Il voit le « caractère sacré » de la communauté naturelle se reporter sur l'unité duelle des amants, et avec l'amour romantique naître l'individu.

Questions à la psychanalyse. – Tout amour est-il donc suspect du fait que, sublimé, il peut redevenir instinct ordinaire, voire agression ? Peut-on trouver en lui son origine et son avenir possible, ou bien est-ce qu'avec le retournement de la pulsion ordinaire en quelque chose d'autre, se transforme non seulement l'objet, mais aussi l'essence même de cette pulsion ?

L'instant est-il seul valable, ou bien la genèse fait-elle aussi partie de la vérité ?

Tradition. – Les enfants ressentent les usages des adultes avec plus de sérieux, de profondeur que les adultes eux-mêmes. Les usages ont besoin de cela pour demeurer vivants. Mais notre génération est en passe de supprimer les enfants.

Produit artisanal et produit industriel. – La différence entre produit artisanal et produit industriel : ce dernier satisfait un besoin plus large, à la fois davantage de gens et d'objectifs. Mais la différence éphémère à la vue d'un meuble fait main ou d'un livre relié main, différence palpable, à peine saisissable ou définissable intellectuellement, c'est l'espace dans lequel l'individu se ressent et se respecte lui-même. Elle concerne vraiment le tout. La différence entre la chaise industrielle moderne et le travail d'un vieux menuisier est bien celle entre le thé chinois le plus raffiné et le Coca-Cola. Mais cela vaut en tout premier lieu pour le langage : d'un côté, celui qui peut vivre par et pour l'homme de pensée et dans lequel chaque nuance de l'expression, chaque lettre constituent une question de conscience, et, de l'autre, le jargon *ready made* de la presse et du bestseller.

Étude des besoins. – Ce qui est décisif pour ce qu'on appelle étude des besoins dans la société actuelle (par exemple le fait qu'on ne peut plus imprimer un livre convenable), c'est le passage de la fortune privée aux sociétés par actions et aux trusts. Tant que l'individu avait encore de l'argent, il pouvait s'écarter dans sa vie privée du diktat de la culture de masse – sinon lui, du moins ses fils et ses filles ou autres alliés. Aujourd'hui, il achète sa Mercedes aux frais de l'entreprise, et l'intérêt fait défaut pour les livres qu'on n'est pas obligé d'avoir lus – ne parlons pas des convictions dispendieuses. Quant aux jeunes, il faut qu'ils gagnent rapidement de l'argent. Ainsi cette société, qui pour sa forêt de journaux décime quotidiennement la forêt réelle, *miméographie* les pensées théoriques. Sinon, cela revient proportionnellement trop cher.

Le deuil des humains. – Le bonheur des humains n'est pas plus élevé ni plus profond que celui des animaux, en revanche il est moins innocent. Le deuil des humains en revanche est plus élevé et plus profond – par le deuil, eux-mêmes deviennent plus innocents.

Science de la marchandise. – Comme si le général ne résidait pas justement dans les plus fines nuances du particulier ! Ainsi du bœuf rôti qu'à la ferme on offre aux invités pour le festin de noce. Il y a encore en lui quelque chose des repas du long hiver, où l'on savait apprécier le tendre et le juteux, la saveur propre aux différents morceaux et à tel animal, nourri de telle façon. On sent encore quelque chose de cela dans la famille citadine du XIXe siècle, quand la mère allait chez le boucher et que tous deux discutaient en connaisseurs du morceau qu'elle achetait pour son ménage. Les enfants étaient au courant, ainsi que des gestes appropriés de la préparation. Dans la consommation de masse du temps présent, une telle connaissance, inséparable de la culture, se perd. C'est déjà beaucoup quand on sait distinguer le bifteck de l'escalope de veau, et pour le régime les morceaux gras des maigres. Calories et *packing firms* prennent la place des nuances apprises par l'expérience. Mais dans « Heinz Beef-soup » apparaît l'essence du bœuf, le général, l'« idée » du festin – dans laquelle le particulier s'efface. Dans l'« idée » du beau, il n'en va guère autrement.

Histoire naturelle. – Comprendre l'histoire humaine comme histoire naturelle. L'évolution démente de la technique résulte de l'indescriptible besoin de multiplication propre à cette race. La technique correspondante exprime simplement la brutalité à l'égard du reste de la nature. Les humains se veulent prépondérants.

Culpabilité collective. – Chaque minute de repos ou de distraction qui ne sert pas à reconstituer ou à renforcer la capacité de rendement – au sens exact où les plus desséchés d'entre les puritains entendent cela – est folie. Car dans toutes les villes du monde s'accomplit l'impensable. Que ce soit dans l'ombre ou en pleine lumière, le bourreau exécute sa besogne, sur l'humain comme sur l'animal, sur des enfants, des vieillards et des êtres dans la force de l'âge. Il torture avec ou sans autorisation, dans les prisons, les asiles d'aliénés, les camps de concentration, sur les lieux de travail – partout où le pouvoir total se donne libre cours. Et tu y participes à tout instant où tu pourrais un tant soit peu agir là contre, tu aides le bourreau aussi longtemps que tu respires sans tout mettre en œuvre pour arrêter son bras.

Sensibilité allemande. – Phénomène étonnant en Allemagne, on est devenu sensible à un ton fortement critique. Celui-ci apparaît « de mauvais goût », comme aujourd'hui, en 1954, la simple évocation des camps de concentration. Sensibilité par rapport à la période historique qui vient de s'écouler. Que ne faut-il pas maintenir au plus profond de la psyché, pour que le simple fait de nommer ce qui s'est produit soit déjà ressenti comme un danger. C'est le contraire d'un dépassement par la conscience, c'est l'antithérapie. Parce que le dessous ne doit pas être nommé, il ne peut être conjuré, il se durcit et devient encore plus mauvais – sans les vertus thérapeutiques de la mémoire. Comme elle est faible, cette nation faiseuse de miracles !

Sens du travail. – De nos jours, il faut louer le sens du travail, car tous les gens sont des employés pour lesquels en vérité le travail n'a aucun sens. Les gens sont à plaindre, dans ce processus, assurément inéluctable, d'aliénation deuxième version (la première étant l'économie libre de marché). Au bureau, ils lorgnent vers l'aiguille de la pendule qui les libère pour les tâches domestiques et la télévision.

Qui tu hantes. – Inquiétante proximité entre l'interprétation « économique » de l'histoire et la tendance bourgeoise *to debunk*[1], à chercher partout l'intérêt. Certes, à l'origine, on ne visait pas cela, mais les successeurs, eux ! L'objet du *debunking* n'a généralement, alors, que ce qu'il mérite, mais les *debunkers* n'en sont pas plus faciles à supporter pour autant.

Charme. – Chaque fois que quelqu'un fait triompher son propre point de vue avec intelligence et persuasion dans un dialogue humain, il entend généralement d'autres dire que son succès repose sur un charme personnel. Qui parle ainsi est incapable d'imaginer qu'on puisse avoir la qualité d'être humain sans chercher aussitôt à l'utiliser comme un moyen. Il ne voit dans l'être qu'un instrument.

Le progrès. – La société allant impétueusement de l'avant ! Le progrès ! À peine a-t-on réussi à retenir les numéros de téléphone qu'ils changent – tout comme le visage des villes.

Bonheur sans mérite. – Quelqu'un hérite d'une grosse somme. Comme c'est bien qu'il puisse se maintenir dans la vie sans « mérite », sans travail, sans douleur ! Alors ils braillent : « C'est injuste ! » Ne pressentez-vous donc pas que c'est là le peu de justice qui reste en ce monde ? Du bonheur sans mérite ?

Homunculus. – La génération *in vitro* plaiderait contre le divin ? Elle serait en effet le fruit de la science humaine – celle-ci est-elle donc moins « conditionnée »

1. *To debunk* : dénigrer, démystifier. *(N.d.T.)*

que la terre et ce qui croît à sa surface ? Toute cette réflexion participe d'une croyance déjà ébranlée. Un théologien devrait être *pour* l'homunculus !

Plaisir désintéressé. – Les sociologues de « gauche » et de « droite » ont une conception encore trop candide du présent. Celui qui observe sans préjugé la jeunesse sur ses motos, dans les usines et les laboratoires, sait que la société « vraie » ne peut plus éveiller d'intérêt en elle, surtout pas la société humaniste. Ils aiment mieux conquérir l'univers sous la conduite de chefs barbares éhontés, plutôt que de jouer les Philémon et Baucis. Ils ont besoin de donner à leur vie un sens qui s'accorde aux motos, aux usines et aux laboratoires ; le respect de la vie, le bonheur en l'autre, le lent mûrissement, c'est pour eux pur verbiage, ça ne signifie rien dans leur existence – c'est de la sentimentalité, quelque chose comme le végétarisme. Y a-t-il réponse à cela ?

[*La Révolution française*]. – Que la grande Révolution française ait laissé une si profonde impression, cela découle principalement du fait que le caractère sacré du souverain français était plus profondément gravé dans les cœurs que celui d'autres princes. Qu'on ait pu décapiter ce roi et cependant demeurer vainqueur, a eu pour effet de fortifier extraordinairement la conscience de la liberté ainsi que de calmer le ressentiment.

Progrès, justice et décadence du moi. – Mach avait écrit : « Le moi ne peut être sauvé », et cette déclaration épistémologique fut vérifiée par l'évolution de la société. Que la force, l'intensité, la durée, la différenciation, la substance du moi dépendent de l'extérieur, Fichte l'idéaliste, héraut du moi, l'avait déjà vu lorsqu'il faisait dépendre la personne de la propriété. Depuis, non seulement la disparition de la propriété individuelle est une tendance de la société, mais d'autres conditions, tout aussi nécessaires à la personne, sont atteintes par la marche du développement industriel. Le rôle que joue la transformation de la nature est connu, depuis le travail à la chaîne jusqu'à l'ordinateur, et de même l'effet dissolvant, atomisant des *mass media*. À quoi s'ajoutent les faits sociaux au sens plus étroit. Les changements de domicile continuels (à l'intérieur d'une même ville ou bien d'une ville à l'autre) font que l'être humain n'a plus de séjour durable, plus de chez-soi, et le changement exerce un effet de différenciation sur la personne. Les modifications dans les rapports entre les sexes, la facilité accrue de dissoudre le mariage ont pour conséquence que les êtres humains ne font plus d'expériences conjointes dans les liens étroits d'une existence commune, ne vieillissent plus ensemble et ne constituent plus leur moi dans l'interaction de la connaissance mutuelle. Cela est vrai aussi bien des autres relations, des amitiés et des liens professionnels. Avec les conditions matérielles du moi disparaissent aussi les humains. Dans la réalité sociale atomisée, l'atome, comme dans la réalité physique, est fissionné. Et cependant l'un et l'autre dissolvent quelque chose qui avait été faussement hypostasié. Les entités mythiques se liquéfient devant le progrès, elles périssent devant la justice.

Bonheur et langage. – Le bonheur ne se sépare pas du langage – pas plus que du sérieux. Je pense à la manière dont il arrive qu'on parle d'une femme : jusque-là nous la connaissions seulement comme une abstraction – par exemple en tant que maîtresse de maison, dame influente, mère courageuse, soignante, employée sans emploi. Elle apparaissait comme un être d'un certain âge, asexué. Et voici que quelqu'un parle d'elle, évoque une souffrance, principalement une douleur qui la tourmente depuis peu, douleur anodine ou préoccupante, en tout cas d'ordre physique. Il dit : « Elle en souffre, ça lui cause bien du tracas. »

Ces paroles la montrent dans son humanité, qui s'épuise d'une manière toute spécifique dans sa lutte avec cette vie où elle cherche à se maintenir, *suum esse conservare*. Dans cette situation tout à fait générale, nous la ressentons maintenant comme un être hautement particulier. Le « elle » lui restitue à la fois son unicité et son sexe. Une femme unique avec son corps – lequel vit encore sa jeunesse propre, sa jeunesse présente, quel que soit l'âge de cette femme – solitaire dans le déroulement du monde. Tandis que cela nous est révélé en un instant, par ce pronom personnel, il y a en même temps, dans la tristesse qui s'installe, une lumière qui s'appelle le bonheur.

Bonheur et malheur. – Le bonheur est infiniment multiple qualitativement, le malheur l'est seulement quantitativement.

Cuisine bourgeoise. – Le processus de la civilisation peut s'observer à partir du goût culinaire. Par suite des méthodes artificielles de production dans l'agriculture, la boucherie, la tonnellerie, il se trouve que les nourritures fortes, les différences s'estompent – tout comme dans d'autres domaines. De même qu'aujourd'hui le goût d'une asperge ressemble à celui d'un petit pois, de même, par suite de manipulations, la saveur propre du jambon et de la saucisse diminue, la salade, la pomme de terre perdent leur arôme spécifique. Le vin conserve les marques de l'interruption de son processus de fermentation et de l'adjonction préventive d'acide sulfurique. Tout cela au service d'une production plus rapide, plus rationnelle, plus abondante. L'effet en est naturellement que l'organe subjectif s'émousse lui aussi, et une carotte d'autrefois aurait aujourd'hui déjà sur le palais civilisé l'effet que peut produire sur le bourgeois son entrée dans un logis de Lennox Avenue, saturé d'odeur d'ail. C'est l'autre face du même processus qui rendit finalement impossible la poursuite des spectacles en place de

Grève : on ne supporte plus la vue du sang. Mais ne perdons pas espoir, les tendances opposées ne manquent pas.

Livres interdits. – La Bible est un livre révolutionnaire. Dans l'histoire règnent l'injustice sociale et le fanatisme ; l'Ancien Testament annonce la justice, et le Nouveau l'amour. Les passages douteux sont légion. L'Inquisition avait déjà interdit leur lecture, et chaque fois qu'un État totalitaire eut affaire non à des analphabètes, mais à des sujets pensants, il a remplacé la lecture autonome par une version officielle, ou bien il en a limité la diffusion. La version officielle pour sa part rectifie à chaque fois l'état de choses existant, qu'il s'agisse d'Isaïe ou de Jésus, pour ne rien dire de Karl Marx.

Les nouveaux analphabètes. – L'époque où savoir lire et écrire était un privilège ne remonte pas encore si loin – même en Europe. Aujourd'hui, il nous paraît évident que cela soit partout répandu. Cependant le style, l'adresse de l'expression, l'agencement et la présentation des pensées demeurent un privilège. Avec l'avènement de l'époque automatisée, tout cela est remis en question. Il y aura une élite capable d'appuyer sur les boutons qu'il faut et de comprendre les appareillages. Nous redevenons des analphabètes. Notre habileté date d'avant-hier. Les tentatives des artistes, depuis la poésie automatique des surréalistes jusqu'aux plus récentes formes musicales, ne serviront de rien. Nous régressons sans espoir. Les pensées doivent s'adapter au *médium* qui les transmet ; à la longue il est plus résistant que cette logique étrangère à lui-même, qui veut – fût-ce au prix d'une adaptation raffinée – se servir de lui.

Adieu à la dame. – La tendance, c'est que la dame n'existe plus. Elle se promène encore parmi les gens d'aujourd'hui, vestige d'un passé où le mot français –

même inconsciemment – rappelait l'époque où la civilisation de la France servit de modèle européen. Dans les couches supérieures d'une aristocratie de l'argent ou de la naissance, possédant face aux managers l'avantage de ne pas toujours devoir faire ses preuves, on donne encore de la « dame » – par exemple, la noblesse russe a parlé français jusqu'en 1900, même si c'était un français un peu vieillot. Les petites-bourgeoises de l'« ancienne » classe moyenne également, mais non de la « nouvelle », promènent encore partout avec elles, dans leur monde en voie de disparition, une caricature du concept de dame : de même que les paysans promenaient autrefois les modes citadines comme leurs propres costumes traditionnels. Les petites-bourgeoises se présentent aussi comme une mauvaise version du style ancien. Mais ce n'est pas là ce qui compte. En Amérique, le terme a pris un sens ordinaire – misérable érotisme teinté d'ironie bienveillante –, un sens complément usé, et on voit bien là que la France autrefois n'était pas si méprisée. Dans la vulgarisation américaine de ce mot emprunté au français, réside un sentiment plus profond de la spécificité du sexe, de l'individualité du sexe féminin, que dans *lady* ou *woman* ou *girl*. Même en dehors de cette aristocratie, quelques femmes continuent la dame, une femme sans enfant soutenant son mari, une mère fière de son fils, une veuve tombée dans la pauvreté, vivant par la pensée du défunt, la grande actrice de la dernière génération, émergeant solitaire d'une époque en train de passer. Sa disparition est scellée par tout ce qui se propose « pour la dame », dans les titres de revues, la publicité, les rayons des grands magasins.

Un seul monde. – Les punitions barbares, chez les peuples qui montent aujourd'hui et avec lesquels on négocie d'égal à égal, symbolisent ce qui prend actuellement pouvoir sur l'Europe. En même temps que s'affaiblit la notion de ce qui sépare, diminue celle qu'on a de sa propre civilisation (celle des « valeurs », comme dirait l'orateur du dimanche). Au XIXe siècle s'insinua en Europe l'idée que même le pire meurtrier peut encore être soigné, la peine de mort qualifiée comme telle était non seulement supprimée, mais désormais impensable. Rejetée *à l'extérieur*, dans le temps comme dans l'espace. Aujourd'hui, les citoyens gagnent l'Arabie Saoudite en quelques heures d'avion, ils font dans les illustrés le récit d'une main coupée pour vol – et continuent à négocier d'égal à égal. Ce qui a un effet en retour sur la mentalité des intéressés, déjà bien amollie par Hitler et Franco. En même temps que le colonialisme, qui au moins se contentait de porter l'abjection vers l'extérieur, mais gardait la civilisation à l'intérieur, disparaît non seulement l'idéologie de la mission de l'homme blanc, mais aussi le peu d'avance que celui-ci avait sur l'homme de couleur. Le prix à payer pour l'injustice de cette civilisation est qu'elle doit elle-même disparaître, elle périt de l'horreur qu'elle a tolérée une fois – et avec elle périt l'exécration de cette horreur, qui constituait son noyau et sa fierté. Être européen signifiait autrefois : respecter l'être humain.

Les esprits négatifs. – Les esprits négatifs ou négativistes, voyant et disant simplement ce qu'est l'horreur qui ne doit pas être, et craignant d'invoquer le nom de Dieu, que veulent-ils donc ? Que le bien advienne. Les positifs agissent en son nom, ils disent oui au monde et à son créateur. Ils s'unissent – ils n'ont rien contre les biens sacrés. Ils n'ont que ces derniers à la bouche. C'est ainsi que Hitler a uni les Allemands, en désignant les Juifs comme victimes ; Nasser unit les Arabes, en désignant comme victime Israël.

Dialectique bourgeoise. – Ne soyons pas ingrats envers l'ordre bourgeois. Sa plus grande faute est qu'en vertu de lois immanentes il se liquide, mais non la misère qui l'habite, car celle-ci ne lui est pas insurmontable. La chose la plus importante dont nous lui sommes spirituellement redevables entre toutes, c'est que le geste de la liberté s'accorde à notre mode de pensée. C'est que – si grande que soit notre peur de la ruine – d'une certaine façon nous n'éprouvons pas de peur, parce que notre entendement ne se laisse pas intimider. Si nous voulons quelque chose de supérieur à l'ordre présent, nous ne pouvons le vouloir – même s'il a commencé à se fortifier sous le féodalisme – que parce qu'il nous a appris la critique, y compris celle qui s'exerce sur nous-mêmes. Nous voulons le mieux, mais attention : que sa venue ne fasse pas disparaître cette volonté-là.

L'Aufklärung allemande. – L'*Aufklärung* allemande, ce n'est pas Lessing, car il s'explique par la France et par la province allemande, mais ce sont Engels et Marx. Par un effet en retour, c'est d'eux encore que Kant reçoit sa place à part dans la société de l'émancipation européenne.

Les gens cultivés. – Il existe un intérêt pour la musique et les arts plastiques, encore valable aujourd'hui dans son sens bourgeois – quand bien même ils ont perdu leur signification progressiste : on le rencontre, certes, uniquement chez les gens qui ne sont pas à proprement parler des actifs. La fréquentation de théâtres et de musées, l'audition de disques de musique symphonique et l'achat de livres d'histoire de l'art fournissent un alibi. On est cultivé. Cette activité ne coûte ni beaucoup d'argent ni beaucoup d'imagination, ni dépense émotionnelle, comme quand on joue avec d'autres personnes. On ne court aucun risque et cela ne fait pas grossir. Il est un air de culture, un air de modernité, qui ne nuit pas plus à la santé qu'au porte-monnaie. Cela va de pair avec l'affaiblissement des instincts dans la civilisation bourgeoise en déclin. Je préfère encore le base-ball.

1956-1958

[*Sur la théorie de la science*]. – Les faits des sciences de la nature portent la marque du besoin social de dominer la nature, besoin différemment situé et armé selon les époques ; les faits des sciences sociales, eux, portent la marque de l'intérêt pour le modelage des conditions sociales, que ce soit le renforcement de celles qui existent déjà ou leur transformation. Si ces sciences veulent surmonter leur abstraction pour s'accomplir elles-mêmes, il faut qu'elles réfléchissent aux fonctions qui forment, structurent et constituent leur matériau. En relève avant tout l'appareillage du mode de perception chaque fois en usage, la prestation de l'outillage intellectuel mettant au jour le monde phénoménal des connexions d'expériences possibles, qui fait que les hommes d'une même époque, d'une même société, peuvent largement se comprendre. Kant s'assigna pour tâche de désigner celles de ces fonctions qui demeurent communes à toutes les époques, autrement dit les formes de toute réalité intersubjective concevable, de toute connexion d'expériences en général. Quant à nous, ce sont les différences qui nous importent. Or le sociologue empirique qu'on rencontre aujourd'hui est d'une naïveté totale devant le schématisme régnant. Avec la notion des *facts*, il pose en absolu le point de vue dominant conditionné jusqu'au moindre détail, donc tous les intérêts conscients et inconscients qui articulent le monde, et il baptise « théorie » la présentation systématique des *facts*. Mais pareille théorie manque de réflexion sur soi, elle est stupide.

Échange de rôles. – Les descriptions du déclin de la culture dans la société de masse s'exposent vite au reproche de romantisme. Mais l'évocation de ce qui s'apprête à disparaître exprime plutôt le négatif de l'état présent, elle indique la misère de la réalité existante bien davantage qu'elle ne saurait prétendre à dépeindre l'éclat du passé. Précisément parce qu'ils sentent cela, les réactionnaires sont aujourd'hui contre le passé. Échange de rôles. L'éloge de l'ancien devient suspect, la confiance en l'avenir, conventionnelle. L'analyse de la souffrance, d'où émane ce nouveau romantisme, serait alors celle de la pression exercée par la réalité. Tant qu'on ne réfléchit pas sans détour ni ménagement à cette pression, les descriptions de la société de masse se limitent à une sorte de diversion ; on travestit la misère dans la brutale société industrielle en souffrance pour la culture. Alibi pour les intellectuels qui ne veulent pas appeler la misère par son nom.

Question. – Dans l'Antiquité, le travail était infamant, une affaire d'esclaves, aujourd'hui un Rockefeller travaille. Dans la dernière génération, le bon gâteau était fabriqué par les femmes, la cuisine dégradait, l'institution des chefs n'a elle-même qu'une centaine d'années. À présent les femmes occupent toute une page du *New Yorker* pour la réclame en couleur d'un pudding préfabriqué industriellement ! Qu'est-ce que cette culture ?

David et Goliath – aujourd'hui. – L'argument des libéraux dans les pays occidentaux, invitant à ne pas tolérer qu'Israël, la nation agresseur, conserve les fruits de son attaque-surprise, cela en vue de préserver surtout la charte de l'ONU, le « droit », cet argument n'est que poudre aux yeux, dans sa teneur comme dans sa logique. Il suffit d'éclairer sur cette teneur la masse des lecteurs de journaux, c'est-à-dire la plupart des gens. Trois années de petites attaques-surprises, bout à bout, en font une plus grande que la promenade effectuée par le petit Israël dans la grande Égypte. Sa petitesse lui est imputée à crime quand on lui oppose démocratiquement, moralement, la volonté des nombreux millions d'Arabes, soit la volonté de Goliath contre celle de David, laquelle dérange. Pour ce qui est des autres mesures belliqueuses des gardiens de la paix égyptiens, comme la fermeture à Israël du canal du Suez, mesures contres lesquelles il n'est venu à l'idée de personne de décréter des sanctions, inutile d'en parler. Mais c'est dans sa logique même qu'un tel argument reste bien fragile, parce que le droit invoqué là contre Israël est censé être un droit positif et que le droit positif suppose un pouvoir pour le défendre contre tous de manière égale. À quoi contredit déjà le concept de l'ONU et tout à fait sûrement son essence, car ce qui détermine la volonté des intéressés constitués ici en tribunal, ce sont les intérêts et non la loi. Mais s'il faut prendre l'idée de justice pour norme, au lieu du droit, alors se reproduit à un niveau supérieur, dans les relations entre nations, ce qui se passe dans les relations entre individus. Les Grands se tiennent en échec par leur puissance, le droit entre eux est le compromis auquel ils sont disposés selon l'état de leurs forces. Le désespoir des petits incapables d'obtenir justice dans de telles limites perturbe l'état de compromis ; les actions traduisant ce désespoir passent pour des crimes. Dans la vie des peuples aujourd'hui, la guerre en fait partie, comme dans la vie des individus la violence ; les Grands, eux, ont d'autres moyens, la richesse et leur appareil de domination. La guerre est interdite jusqu'à ce que l'un des véritables Grands se tienne là derrière. C'est pourquoi aussi l'argument dont il s'agit n'a aucune valeur logique. L'Amérique peut facilement maîtriser les menaces en provenance de ses voisins, et même de moins proches, mais Israël n'y est pas autorisé. La non-violence passe pour la justice jusqu'à ce qu'apparaisse, dans la querelle des Grands, la doctrine hégélienne de l'« esprit du monde » comme exécuteur de l'absolu.

Différence. – Lorsqu'en Europe quelqu'un a l'air embrumé et parle confusément, sans être pour autant vraiment ivre, l'observateur dit méchamment : « Un soiffard sans doute » ; en Amérique, avec une sérieuse inquiétude : « *He obviously needs psychiatric help.* »

Échelle graduée. – Dans la phase plus tardive d'une culture est posé comme une évidence immédiate ce qui, dans la phase antérieure, fut atteint en surmontant des contenus et des mythes archaïques, et par là semblait médiatisé, « spirituel ». Aussi la phase antérieure paraît-elle plus « cultivée », c'est-à-dire plus spirituelle – plus intérieure. Rome regarde vers la Grèce, l'Amérique vers l'Europe. Rome et l'Amérique ont néanmoins raison de se sentir en même temps « plus élevées » ; l'oubli de la médiation est un élément de la capacité sociale de rendement.

Société fermée. – Si l'amour romantique est tellement peu moderne, c'est aussi parce qu'il incite à s'opposer à la société. Dans l'isolement, le cercle des amants est à la fois autosuffisant, universel et exclusif, surtout quand le mariage même lui paraît une concession. Il y a là, sous forme atténuée, une analogie avec la famille au sens d'autrefois. C'est une société dans la société.

Respect et crainte. – À quel point sont encore liés respect et crainte, une chose le montre : il n'y a de respect que pour ce qui est. Moins on a d'être, ou de pouvoir, moins on mérite la vénération. Le secret de la culture européenne fut de répandre l'idée que la Justice éternelle, que le Bien ont un sens. Ainsi apprit-on à aimer la Justice et le Bien, tandis que l'Être se voit réservé à l'obtus, au solide, au durable. C'est ce qui distingue de l'Orient tout entier la situation européo-occidentale. Le problématique est-il profitable, en fin de compte bénéfique à l'humain ? Je n'en sais rien.

Dialectique de la raison (I). – Après l'époque bourgeoise, il n'y aura sans doute pas un dépassement de celle-ci, mais, avec la précision mécanique supérieure du procès de reproduction, une retombée dans l'immédiateté. Les hommes ne s'éprouvent plus comme des individus ayant besoin d'un but qui transcende leur existence, il n'y a plus de nécessité pour le *Grand Être** ni pour l'Esprit objectif de Hegel. Les hommes cessent de se réfléchir eux-mêmes en tant qu'êtres finis ne pouvant exister sans le sens infini ou du moins sans un sens quelconque, mais ils se réduisent – « positifs » en l'absence de réflexion – à des éléments de la réalité sociale. La médiation fait défaut. Dialectique de la raison.

Au cirque. – Devant l'éléphant de cirque, la supériorité de l'homme, imbattable dans la lutte pour la technique, est en mesure de prendre conscience d'elle-même. On introduit l'animal circonspect avec le fouet et le crochet de fer. Au commandement, il lève la patte droite, la patte gauche, la trompe, il tourne en rond, se couche avec difficulté et finalement se tient, dans les claquements de fouet, sur deux pattes qui peuvent à peine porter le corps si pesant. Voilà ce que doit faire l'éléphant depuis bien des siècles pour plaire aux hommes. Mais qu'on ne vienne rien dire contre le cirque ou le numéro de manège. Il n'est pas plus étranger, pas plus inadapté à l'animal, et même il est probablement plus proche de lui encore, que ce travail d'esclave par lequel il entra dans l'histoire de l'humanité. Dans le manège, où la figure de l'éléphant ressort sur la bêtise des spectateurs comme l'image de la sagesse éternelle qui consent, parmi des bouffons, à quelques gestes bouffons pour avoir la paix, se démasque encore la déraison objective de la prestation imposée au service d'un objectif raisonnable, le commerce du bois aux Indes. Que les hommes dépendent de ce travail de l'éléphant pour devoir s'adonner eux-mêmes à cette activité, c'est au fond là aussi leur propre honte. L'asservissement de l'animal, médiation de leur existence par le travail contre leur nature propre et contre la nature étrangère, a pour conséquence que leur existence leur devient aussi extérieure que le numéro de cirque à l'animal. C'est ce que pressentit Rousseau en écrivant ses *Discours*. La civilisation comme abêtissement.

L'amour et l'expérience. – L'amant aime l'aimé tel qu'il le voit, et en cela consistent sa manière et son histoire propres, ainsi que celles de la société à laquelle il appartient. Ce qui chez l'aimé lui paraît bon indique aussi son idée à lui du Bien et du monde vrai. D'un autre côté, certes, son idée du Bien est rejointe par l'aimé. Il existe des individus incapables de prêter là aucune résistance, et qui épousent vite les traits de l'être auquel ils sont respectivement liés. Ce qu'on nomme expérience au sens emphatique, c'est le processus productif, imprégné de réflexion, par lequel on accueille ce qui offre en l'autre l'éclat de la nouveauté.

La culture publicitaire. – Il semble que la culture de réclame se démasque elle-même, du fait que la matière indigente de ses magazines se présente ouvertement comme le prétexte pour les offres de vente des annonceurs. L'idée elle-même professe ce que la critique la plus méchante prétendait jadis dévoiler en elle, à l'indignation générale, qu'elle est bien la servante du profit. Mais il n'y a là qu'une apparence. Le subterfuge des experts en publicité, qui à la télévision interrompent le film de pacotille aux endroits où une tension puérile va peut-être encore permettre aux spectateurs d'avaler la réclame pour le savon en poudre, est simplement l'aveu de ce que cherchent les commanditaires, à savoir que l'important est de vendre. Marteler cela dans tous les cerveaux, modeler les gens sur ce principe, les transformer en simples machines à échanger, poussant des alléluias et ne réagissant réellement qu'aux marks et aux pfennigs, qu'à la motocyclette, au réfrigérateur et à la position sociale, voilà bien leur idéal. Et ils en viennent facilement à bout, de ces gens au pragmatisme vulgaire, de ces esprits malins, avancés, cyniques, pour qui la société est taillée sur mesure. L'ennemi n'est pas l'*homo œconomicus*, mais son critique. Être autrement, c'est déjà révolutionnaire. Résultat, on voit dépérir tout ce qu'il y avait autrefois chez les individus comme énergies, motivations et aspirations différentes. Cela se refoule, ne s'exprime plus que sous forme d'image réactive, c'est-à-dire d'une dérision envers tout ce qui se présente autrement. Le cinéma de pacotille évoqué ci-dessus devient lui-même encore plus grossier en recherchant la sensation, déjà exagérée dans l'annonce. Malgré la transparence de l'objectif économique, ou mieux par suite de celle-ci, s'étiole la perception des nuances. Même si le but joue pédagogiquement et humainement sur le moyen, comme dans ces livres et dans ces films pavés de bonnes intentions, où par exemple l'affairement des gens, voire la culture de consommation dans son ensemble sont critiqués pour des raisons hygiéniques, morales et religieuses, le sérieux du but se trouve désavoué par la discordance du moyen. Celui qui garde l'utopie en tête n'a aucun souffle de reste pour de *pareils* moyens. Au fond, tout ce fonctionnement ne débouche pas sur la consommation ou sur la branche de celle-ci qu'est l'hygiène, mais sur l'escroquerie faisant de la consommation et de l'hygiène le sens obligatoire de la vie.

Le diable. – Je viens de faire une découverte : si les nazis piétinèrent les Juifs jusqu'à ce qu'ils crèvent, si tel valet de bourreau fouetta en plein visage la Juive qui l'avait maudit quand elle fut poussée dans le four crématoire, elle et combien de légions, cela prend source dans l'aspiration pervertie à une bonté dotée de pouvoir – dans la provocation du Bien. Ce coup de fouet recèle l'incapacité à aimer le Bien dans l'impuissance. La tendance à désespérer de son pouvoir. Le diable.

Renversement de situation. – L'émancipation de la femme peut lui causer du bien ou du mal – *on ne sait pas**. La plupart des *hard-boiled young ladies of today* semblent s'être conjurées pour justifier Kant, Schopenhauer et Nietzsche sur les points où ils sont le plus douteux. Une chose est certaine, nul homme, et de ce fait aussi nulle femme, ne peut plus dire de l'autre : tu m'appartiens. La propriété sur l'être humain se trouve abolie dans la mesure où il est question d'amour – mais chacun appartient à la carrière. Qu'ils étaient innocents, les vingt francs, le louis d'or permettant de s'acheter une fille pour une nuit, et comme s'effaçait la multitude des femmes asservies devant l'esclavage des rares hommes portant l'unique, la leur, sur leurs bras, comme un esclave sa maîtresse ! Personne à présent ne règne plus sur personne, et tous tremblent devant le pouvoir.

Ne pas y penser. – La suppression des sources de différence parmi les hommes, qu'il s'agisse de la fortune ou d'autres chances, fut suivie, dans les pays totalitaires de l'Est, par l'établissement de la hiérarchie bureaucratique. Mais dans une société juste, celle-ci devrait également disparaître. Ne subsistent alors que les différences personnelles – et ces dernières pourraient-elles se maintenir sans les différences de chances dispensées par la société ? Est-ce qu'avec elles ne disparaîtrait pas aussi l'éducation différenciée au sens le plus large, tout aboutissant dès lors à l'habileté, au don psychologique, au *streamlined conformism* ? Concurrence pour l'amitié – et l'amitié à quelle fin – dans une société juste ? Ne pas penser à cela jusqu'à ce qu'elle se réalise.

Dirigés de l'extérieur (Chicago, novembre). – Quand de nos jours, en Amérique particulièrement, il est question – en toute sincérité – de l'épanouissement de l'individu, que veut-on dire au juste ? L'accroissement et la multiplication des capacités dans telle unité de travail, avec en plus l'évaluation plus ou moins exacte des chances de promotion. Quant à la compréhension de l'ensemble, de la « théorie », dont découlent non seulement la praxis de l'individu mais aussi ses émotions, il n'en est nullement tenu compte. Or si au regard du monde il n'existe pas de pensée ni d'action juste ou fausse qui n'ait à voir avec des intérêts matériels ou de prestige, alors tout le théorique, toute la pensée, tout le sentir objectifs se dissolvent dans les quelques professions établies par la division du travail. Une fois là, pourquoi devons-nous contribuer à l'épanouissement des individus – tout au plus à cause de l'augmentation de la production. Les hommes en tant que moyens. La tension entre individus et société a disparu au profit de la société, l'identité devient non contradictoire, fastidieuse, et la société un appareillage pour apparatchiks. C'est à quoi ici toute l'éducation universitaire aboutit. Les étudiants doivent et veulent toujours se borner à apprendre comment faire ce qu'il y a déjà, ou comment devenir ce que beaucoup sont déjà ; eux-mêmes entendent rester ce qu'ils étaient déjà. Que rien surtout n'arrive à leur individu ; interdit de toucher à leur subjectivité, à l'instance intérieure depuis laquelle ils prennent leurs décisions. Doivent se trouver concernés le contenu, l'objet, mais non pas le fondement de leurs jugements et de leurs prises de position, sinon, on s'approche trop près d'eux, on n'est plus scientifique, et il est de toute façon impossible de rien prouver. Entre les étudiants et leurs professeurs se passent autant et aussi peu de choses qu'entre les gens de manière générale, ils accomplissent les prestations prescrites dans ce secteur par l'appareil productif sous sa forme donnée. Au demeurant, la distinction entre l'activité sociale et l'activité privée est déjà depuis longtemps révolue. Que les masses se procurent elles-mêmes leur subsistance – achats, ménage, reproduction, récréation – joue grâce à tout ce débit un rôle déterminant pour la marche de l'économie régnante. Mais cela ne modifie en rien le fait que c'est transposer la fonction de l'appareil sur l'individu que de se graisser soi-même, comme un rouage, c'est la marche de l'entreprise. Voilà exactement la manière dont il faut concevoir ces individus – à moins que ce ne soit à travers leur profonde résignation intérieure.

À propos de Saint-Simon. – Saint-Simon dit que personne ne doit souffrir de faim, mais que chacun est à récompenser selon ses capacités et ses prestations. Or qu'advient-il lorsque les gens se contentent de ne pas avoir à souffrir de faim ? Ou bien on rend cela si désagréable qu'on aboutit au même résultat qu'avec l'assistance dans la société existante, ou bien il faut à nouveau inciter les gens à la consommation de meilleurs produits, au luxe, comme on le fait également aujourd'hui. Si au contraire on leur laisse une morale raisonnable, qui permet le bonheur même avec une existence modeste, c'en est fini du pouvoir de la société. Les moteurs, les avions, voire les sciences de la nature sont générés par les contraintes de la carrière, de l'« ascension » sociale, pour lesquelles on oublie la vie. Sans le fouet de la concurrence, les hommes se mettent à penser !

Erreur de l'idéalisme. – Le concept est abstrait – en dépit de Hegel. Comprendre les tourments d'autrui et les éprouver en personne font deux, le souvenir lui-même demeure encore pâle, si vif soit-il. C'est là l'erreur de l'idéalisme, en particulier de l'idéalisme allemand. L'action du sujet atteint aussi peu la terrible existence que la vie du concept atteint la nature et l'histoire dont il est la copie. Ici l'argument à opposer aux rationalismes de toutes sortes. Le concept est inadéquat, il a beau monter jusqu'au ciel, comme le crurent ses représentants, il n'atteint pas la réalité existante, ce à quoi les mêmes ne pensaient guère.

Microfamille. – Comment les enfants dont les parents se marièrent à l'âge de jeunes garçons et filles, pour divorcer peu après parce que ne formant pas une bonne *household team*, devraient-ils apprendre les gestes extérieurs et intérieurs de la réflexion ? Comment se contraindraient-ils en fin de compte à quelque chose d'autre que ce à quoi les contraint la violence de la société, alors que disparaissent les chefs rebelles de sociétés plus petites, bandes et ligues ? Ils n'ont pas appris d'autres motivations que celles, brutales, de l'avancement, et dans la mesure où elles cachent une autre aspiration, le danger que cette dernière a représenté depuis l'enfance exige d'être dissimulé par l'accroissement, par la surenchère de la brutalité. Dans le cas normal, cela mène à cette froideur glacée qui dément tous les gestes amicaux de l'homme nouveau ; parfois la répression de la nostalgie se manifeste sous forme de haine et de meurtre. Ils ne comprennent absolument plus qu'il y a d'autres buts que ceux de la réussite dans la réalité, et ils tiennent fort sincèrement le christianisme qu'ils reçoivent le dimanche pour une folie les jours ouvrables.

Individu et société. – Quand sont renversés tous les dieux, il reste au moi pour seule substance le choix – non, même plus entre carrière et richesse, puisque les carrières et les richesses, de leur côté, ne présentent plus de différences. Subsistent l'automatisme du choix en soi, rapporté à l'individu abstrait, le fonctionnement à travers les individus des mécanismes sociaux qui déterminent ces individus. Cela résulte de la forme de la société, qui n'est riche qu'en soi, et non pas pour les hommes. Ils ne cessent, eux, d'avoir la langue pendante. Faudra-t-il toujours que les gens soient brisés pour être des humains, et qu'alors ils ne deviennent pas tels parce que brisés ? Peut-on les concevoir éduqués comme les fils de parents fortunés, dont il advenait parfois quelque chose, ou comme Émile, comme le Bouddha ? Assurément ce serait alors la fin de l'humanité, car l'un et l'autre sont mal faits pour maintenir la race. La nature ne peut se reposer sur eux, ils ont trop de sens pour elle.

Fausse ascèse. – Ce qui dépassait jadis les motivations rationnelles, l'attachement aux choses et aux êtres, l'entretien de relations sans plus aucune valeur pratique, la réalisation de promesses impossible à obtenir par la force, l'écoute de la nature en action dans l'intériorité propre, doit obligatoirement le céder aux prétentions accrues de l'avancement. La puissance de la société enserre les jeunes de plus en plus exclusivement dans les canaux de la civilisation. Leur façon de s'insérer, de se vouer avec le plus grand sérieux à la production, le vaste effort pour s'adapter aux branches de la division du travail et les épouser, le discernement du mécanicien, la patience sereinement constante des étudiants qui deviennent experts, signifient un ajustement à l'instrument, ajustement qui a une dignité propre dans sa tranquille violence. Qu'on regarde les étudiants américains aux heures tardives de la nuit, à la bibliothèque, dans le train ou dans l'avion, comme ils épousent bien la formule, la contrainte de la mathématique. Quelle insanité de les vouloir exaltés. Mais surmonter ainsi l'émotion propre, toujours prête à s'annoncer depuis l'enfance, n'est-ce pas répéter chaque fois sur le mode le plus élevé le rejet de l'animal, l'abandon de l'innocence animale qui allait de pair avec l'asservissement des animaux ? L'émancipation n'est-elle pas trop radicale – ou pas assez radicale (car il n'y a pas de retour en arrière) –, ne rappelle-t-elle pas, même dans le meilleur des cas, l'abattoir plutôt que l'ascèse ? Max Weber était dans l'erreur. Il pensait à l'épargne – ce qui était juste –, mais il ne se soucia pas de la liquidation. L'ascèse véritable présuppose une connaissance de l'Autre.

Théorie critique. – Ils demandent toujours aussitôt : que doit-on faire maintenant ? et exigent une réponse de la philosophie comme si c'était une secte. Ils sont en détresse et veulent des instructions pratiques. Mais la philosophie, bien qu'elle présente le monde en concepts, a ceci de commun avec l'art qu'elle tend le miroir au monde en obéissant à une nécessité intérieure – sans que l'intention s'interpose, justement. Elle a – c'est vrai – un rapport à la pratique plus étroit que l'art, elle ne parle pas en images, mais de façon littérale. Elle n'a rien, pour autant, d'un impératif. Les points d'exclamation lui sont étrangers. Elle a remplacé la théologie, mais sans trouver un nouveau ciel à indiquer, pas même un ciel terrestre. Elle ne peut certes le chasser de l'esprit, voilà pourquoi aussi on lui demande toujours le chemin qui mène là-bas. Comme si ce n'était pas justement sa découverte, que le ciel dont on peut indiquer le chemin n'en est pas un.

Fausses prétentions. – Quand on reproche au froid désespoir de l'ontologie son inhumanité, elle peut répliquer que le langage qui laisse transparaître le sentiment d'humanité, la compréhension de la souffrance infligée à la créature, est une tromperie. La praxis immanente au monde peut alléger la misère, le monde lui-même demeure abandonné, misérable, et la pensée qui touche le monde en tant que totalité, et qui trouve son expression dans le langage philosophique, n'a aucune raison de contredire l'inhumanité.

Contradiction de l'amour. – Nulle part la nature dialectique de la réalité et de son concept ne ressort mieux que dans l'essence des vertus. L'amour et la fidélité demandent de la dureté envers les autres. Qui n'est pas dur ne peut aimer non plus. L'amour s'abolit peut-être lui-même.

Fausse apparence. – Si aujourd'hui il semble, apparemment, que les grandes conquêtes, télégraphe et téléphone, poste aérienne et radio, sont au service de tout un chacun, et que la voix experte de la téléphoniste est là pour « nous », il convient d'ajouter que l'ensemble est là pour les magnats de l'industrie, à « notre » disposition pour autant qu'elle ou ses maîtres n'en revendiquent pas l'exclusivité. Dans la voix de la téléphoniste, dans la silhouette de l'hôtesse de l'air vibre en écho l'alignement du monde sur la grosse entreprise. L'une et l'autre « nous » parlent comme l'employé ou la secrétaire parlent au directeur général, car c'est lui qui donne le ton. « Nous » profitons de ce qu'on ne peut tout de même pas encore régler l'entreprise au seul usage du petit nombre des gens importants. Ce serait trop compliqué. Aux guichets des assurances sociales, il règne un autre ton.

Loi sur la fermeture des magasins. – L'effet bénéfique de la loi sur la fermeture des magasins consiste en ce que, dorénavant, seules les dames fortunées pourront faire leurs achats tranquillement, de même qu'avec le *full employment* elles sont les seules à pouvoir encore se permettre une bonne à tout faire.

À propos de Hegel. – Avec une histoire de la Création destinant l'homme à être le maître de la nature, même Hegel serait réfuté. Si d'après lui, certes, la raison ne coïncide nullement avec la ruse triomphant de toute créature, comme dans la technique et dans les sciences, le concept qui pénètre tout et se reconnaît lui-même dans la chose, autrement dit l'Esprit, reste néanmoins subjectif en son fond ; il s'agit bien de l'esprit des hommes, de leurs institutions et de leur société. L'unique réalité objective, l'Autre – le « mystique » comme il dit –, réside finalement en ceci que la lutte entre les peuples, dans l'histoire universelle, ne saurait être remplacée par un accord rationnel. Pour le reste, la raison ne connaît aucune limitation. Le monde advient à soi en devenant adéquat à l'homme. Avec cette croyance, la philosophie autosuffisante paye son tribut à la Révélation. Vis-à-vis des Lumières, Hegel se montre d'un côté supérieur par le fait que la connaissance a besoin de l'extériorisation, de la pénétration dans la chose, quoique celle-ci, à vrai dire, se dévoile à la fin comme étant la connaissance, le « concept », le subjectif, et il se montre inférieur, d'un autre côté, en pensant que l'adéquation serait atteinte d'ores et déjà.

Sans mesure. – Comme si les prouesses des martyrs du progrès Bruno, Vanini, Galilée, ne provenaient pas d'une pulsion analogue à celle des autres criminels par passion. Poursuivre l'aspiration interdite par la loi, que ce soit l'aspiration à l'amour, au bonheur, ou à la vérité et à sa diffusion. Se laisser aller. S'astreindre à se laisser aller. Être ébloui. Ne pas pouvoir ou ne pas vouloir s'en défendre. Faire ce qu'on ne doit pas, parce qu'on suit la lumière. Tous ceux de cette espèce sont en marge de la société. Autrement il n'y a que l'aveuglement, le manque d'amour, que ce soit dans le crime ou la bonne conduite, dans le pédantisme du méchant bourgeois ou du méchant bouffon. Ce qui est bien ou mal ne se mesure pas à la loi tangible, aussi nécessaire soit-elle. Bienheureux qui peut s'y tenir sans se dessécher.

Schopenhauer et Nietzsche. – Que toute vie obéisse à la puissance, et que seuls l'attachement dévoué à la chose, l'identification avec ce que je ne suis pas, permettent encore de sortir du cercle magique de l'égoïsme pour entrer dans le néant – ce qui est un mythe –, voilà ce qu'a vu Schopenhauer et il en éprouva un ressentiment à l'égard du monde. Nietzsche, par là aussi un philosophe allemand, trouva également, comme noyau de l'existence, l'*appetitus*, le besoin d'expansion aux dépens de tout ce qui est faible, bien qu'il ait pressenti que ce n'était pas encore le terme ultime. Au contraire de Schopenhauer, il ne voulait pas se laisser contraindre à la négation de toute existence par la misère à laquelle nous-mêmes succombons finalement aussi. Il nota qu'une telle négation était justement la conséquence, le prolongement de tout le cruel mécanisme, donc l'opposé de la philosophie, c'est-à-dire de la liberté, de la pensée, de l'imagination, de la spontanéité ; il s'aperçut que le pessimisme a exactement pour présupposé ce qu'il niait : la beauté du monde, l'éclat de la vie, et il découvrit cette mauvaise contradiction dans l'œuvre du maître. Ce que celui-ci allègue contre le suicide, dont il montre l'absurdité, s'applique à la position pessimiste en général. L'élément douteux est que le oui de Nietzsche rend à son tour un son plus désespéré qu'originel, et que chez lui le pessimisme, loin de s'abolir simplement, se prolonge, plus irrémédiable, plus dément que chez le fondateur. Supérieure est l'intelligence psychologique, sociale, historique de Nietzsche. Vraisemblablement, la philosophie n'existe pas, elle demeure toujours simple mythe.

L'artifice de Hegel. – La faculté de représentation par laquelle nous transcendons la réalité est limitée. Après cette vie, ou bien il y en a beaucoup d'autres qui lui sont semblables, ou bien c'est la béatitude éventuelle ou l'enfer, c'est-à-dire des souffrances et des joies en quantité et en qualité accrues, ou encore un état intermédiaire, le purgatoire. Hindous et chrétiens expérimentèrent tout cela dans la pensée, et les sectes développèrent tel et tel aspect. La philosophie médiévale et même saint Thomas y contribuèrent aussi en racontant comment la vue des damnés faisait encore la joie des bienheureux. Mais, depuis, la philosophie s'est contentée d'ajouter que nous ne pouvons peut-être rien savoir de cet Autre qui fait le sens de l'ici. Et ce fut Kant, tandis que tous les autres s'en sont tenus à la réalité, et le positivisme a même encore relégué cela *ad acta* comme une mythologie. Quant à l'artifice de Hegel, il consiste – en invoquant le nom de l'absolu, qui est censé être immanent au relatif et doit lui conférer sa dignité – à susciter l'apparence que cet absolu, malgré Kant et toute la compréhension qu'il a du néant de l'abstrait, comporte en lui-même, donc abstraitement pour le coup, une signification propre qu'il pourrait injecter au non-abstrait dans le cours du processus dialectique. Il estime que l'Être, qu'il a reconnu pour un néant, se révélait finalement telle la plénitude à laquelle le néant appartient comme un simple moment, à savoir comme l'extinction des individus, nécessaire à son éclat. Mais dans l'extinction des individus, l'éclat disparaît. Les faits sont là et ils passent, et on pourrait dire que l'existence et la caducité restent et ne passent pas. C'est au fond ce que veut dire Hegel avec la prépondérance du positif, dans lequel le négatif loge seulement à titre de force motrice immanente ; raison pour laquelle le concept, la vie, l'amour durent et doivent épanouir en eux la souffrance. Mais la pensée que la souffrance, le déclin, l'effroi se répètent et que dans cette répétition le concept, la vie, l'amour ne font que « jouer incidemment », comme il le déclare volontiers, cette pensée-là, donc, détruit le système. La doctrine de Hegel n'est pas malade du nominalisme entendu comme philosophie – ce serait une philosophie absurde –, mais de la fragilité des idées. S'il est vrai que le positif, le moment parvenant au plus élevé, seul rend négatif le négatif, et qu'inversement le bonheur, dont prend conscience uniquement l'individu le plus expérimenté, ne conditionne pas le deuil qui est adéquat au tout, alors il est non moins vrai que la philosophie cherchant à confirmer cela conceptuellement, autrement dit le renvoi à ce positif, justement, comme sens et signification, fait de lui un affreux mensonge. Plus encore que la vérité, il appert que le suprême, l'absolu ou le bonheur ou l'amour, est l'irrépétable, l'Autre du concept.

Médiations du progrès. – Vu depuis ce qui est arriéré, le progrès a toujours l'air d'une platitude. Devant la civilisation, en revanche, l'arriéré se dégrade en charlatanisme, en ces danses rituelles de sauvages dont les *explorers* sont friands. Et ce sont les ruelles anguleuses, les antiquités. Et les grands philosophes pour les *travellers* de l'histoire, et Paris pour les touristes. La voie mène de l'immédiat au médiatisé, du plaisir sensuel, du cannibalisme, à la simple contemplation, en passant par la croyance. À terme, le cannibalisme se révèle à vrai dire, comme il va de soi, une folie, c'est-à-dire une façon d'éprouver entièrement la vie à travers des lunettes à l'envers. L'Américain d'aujourd'hui, le monde des affaires, perçoivent le penseur vieux style en Europe comme une croix, un magicien, au fond comme quelqu'un de *phony* et, l'Amérique dépassant effectivement l'Europe, le penseur devient tel que l'homme d'affaires le perçoit, comme un charlatan, et ses vérités comme des formules magiques. Dans tous les domaines se répète le même processus. Une voie mène de la prostitution sacrée dans le temple, qui elle-même était déjà fortement dérivée, vers le ballet russe et la revue des *Folies-Bergère** en passant par la grande cocotte, puis de là jusqu'aux *musicals* d'Hollywood. Mais après que ces productions en masse de l'éclat vide ont conquis le monde, la fille de rue devient elle aussi laide et indigeste. Quand devient manifeste la médiation de l'immédiat, il perd l'apparence qui lui permit jadis de dispenser le bonheur.

Morale. – La contribution spécifique qu'a fournie la philosophie allemande à la culture européenne, c'est la conscience comme instance morale. La morale au sens propre du devoir, du commandement incarné, n'est connue au fond ni du monde latin ni du monde anglo-saxon. En Angleterre, l'éducation a toujours conservé un élément d'esthétique féodale, le *gentleman* et la *lady*; en Amérique, il y a d'un côté la loi, de l'autre la religion; dans les pays latins, le droit naturel religieux ou séculier. Les Russes d'aujourd'hui tiennent la morale, quand ils sont confrontés à elle, pour un lot de bouffonneries idéologiques. Ils restent tout à fait incapables de comprendre ce que ça doit être. Une instance indépendante du Parti? Ils n'en sont pas encore là.

Philosophe de métier. – Nous oublions trop facilement que la chute d'une idole mythique rend également dépassée, caduque, la passion de l'attaquer, la négation. L'émotion du nominalisme, lorsqu'il taxa les formes aristotéliciennes de fantômes, perd son importance philosophique avec leur liquidation, et le nominaliste devient scolastique, comme le réaliste qu'il liquida. Le prestige de l'existentialisme, qui nie l'essence chez l'homme et renvoie à la décision, à *l'engagement**, se périme à l'instant de son triomphe. L'idée hégélienne, selon laquelle la négation devrait en même temps conserver ce qu'elle nie, est vraisemblablement elle-même la bonne vieille croyance superstitieuse dans le sens divin, c'est-à-dire l'affirmation du positif. Pourquoi faudrait-il « conserver », pourquoi pas oublier? C'est la position de la vérité qui ne peut justement pas être présumée en philosophie, ou alors c'est de la théologie positive. Ockham n'est pas moins provincial que Thomas, Sartre que Husserl. N'est-ce pas notre utopie que l'*Aufhebung*[1] produise un autre résultat que le néant – n'est-ce pas notre croyance – à la culture ? Nous sommes des philosophes de métier.

Humanisme. – Notre philosophie pratique est l'humanisme. Que les hommes ne souffrent d'aucune misère, mieux, que la créature puisse s'épanouir, tel est le but de l'action générale. L'essence contradictoire de la réalité a pour effet que la protection de la liberté peut causer l'oppression de ses ennemis, leur domptage, mais là encore le seul fil conducteur est la fin humaine, que ne saurait engloutir le moyen. Aussi kitsch que cela semble, nous ne connaissons pas d'autres critères suprêmes. Le monde occidental les a souillés en tendant si longtemps la main à Hitler, jusqu'à ce que ce dernier porte atteinte à ses intérêts matériels les plus immédiats ; et il se déshonore à chaque sourire adressé aux meurtriers du Kremlin, avec lesquels il serait en bons termes si seulement ceux-ci n'avaient pas une attitude aussi menaçante. Le monde occidental périra de préférer ses propres affaires matérielles à la protection de l'humanité de ce côté-ci des frontières ou de l'autre. Et même contre le risque d'arrogance inhérent à la prétention de savoir, par son propre jugement, quand et comment il faut nourrir, instruire et défendre l'humanité, il n'existe pas d'appel plus élevé que l'appel à se solidariser avec la souffrance pour mieux l'abolir. Le plus grand mal, ce n'est pas la guerre, mais la terreur, présente au sein de la guerre comme dans d'autres situations telles que la tyrannie. Ce genre d'appel décide précisément s'il est juste que des peuples se mettent en guerre pour supprimer la tyrannie régnant chez d'autres peuples. Mais, le plus souvent, la tyrannie disparaîtra quand

1. *Cf.* page 49, note 1. *(N.d.T.)*

aura été supprimée la détresse matérielle qui lui donne sa consistance. Si seulement je connaissais un meilleur terme que celui d'humanisme, pauvre slogan provincial d'Européen à demi cultivé ! Je n'en connais pas.

[*Démocratie et mass media*]. – La démocratie dont les électeurs ne sont pas à la fois éclairés et humains est vouée finalement à succomber aux propagandistes les plus dépourvus de scrupules. Le déploiement des grands moyens de manipulation de masse, presse, radio, télévision ou sondages, en corrélation et en interaction avec le recul de la formation, doit nécessairement conduire à la dictature et à la régression de l'humanisme.

Politique négative. – La théologie négative s'applique également à la politique. Les programmes de planification économique, aujourd'hui largement une apologie de la tendance qui prévaut de toute façon aux États-Unis, empruntent leur fondement à l'exigence de justice. Mais on peut se demander si la misère la plus grave, dans les maisons de redressement, les asiles d'aliénés et autres lieux qui résonnent d'appels au secours, ne se résorbe pas plus vite par l'intervention directe que par les plans économiques. À l'Est, ces plans ont causé des méfaits pires que le désordre tsariste. Supprimer le mal est plus humain que rechercher le bien.

Hegel et Marx. – La différence qu'il y a entre Hegel et Marx au regard de la réalité sociale commence seulement avec le rôle joué par les diverses couches de la société. Chez l'un comme chez l'autre, le sens de l'existence consiste en ce que l'individu partage ou même dirige la fonction assignée à son groupe par l'histoire. Indépendamment de cela – dans l'abstrait –, il n'est rien. En épousant sa fonction sociale, il fait que l'absolu se réalise à travers lui et en lui comme son sens propre. C'est dans la définition des couches sociales et de leur fonction que Hegel et Marx divergent. Chez Hegel, tout groupe social, dans la mesure où il appartient nécessairement à la structure de l'ensemble, est un élément « moral » positif. Entre famille et nation ont leur place toutes les unités participant à la production et à la reproduction, directement et indirectement à la société – entrepreneurs, ouvriers, paysans, employés, bureaucrates, professeurs… tout le monde. C'est essentiellement ce que signifie leur reconnaissance à titre de « corporations[1] ». Il ne voit pas tant leur transformation que leur durable participation au tout, dont le maintien leur confère leur sens, à eux et, à travers eux, à l'individu. Hegel comme Goethe auraient entièrement opté pour l'Amérique, leur philosophie est proaméricaine. Marx, quant à lui, ne laisse valoir – à côté des seigneurs féodaux en voie d'extinction – que les chefs d'entreprise et les travailleurs. La période positive des chefs d'entreprise est au fond déjà terminée, bien qu'elle puisse – *tout d'abord* – représenter du moins encore le positif à travers sa participation essentielle à la phase actuelle de l'économie. Des catégories comme « les employés » n'ont aucune réalité, d'après Marx. Quant au rôle des ouvriers, ce n'est rien de moins que celui du prolétariat. Selon Marx, ils remplissent leur fonction dans l'histoire mondiale non pas en servant la machine, mais en se préparant de la sorte à remplacer la forme actuelle de la société par une nouvelle, et donc à nier en même temps, à changer du tout au tout, la forme de leur propre existence. Le concept de prolétaire demeure indissociable de ce négatif, de cette négation de soi (c'est pourquoi également la glorification social-démocrate ou russe de ce prolétariat, de « l'homme au travail », est en contradiction avec Marx). Ainsi, d'après Marx, la signification « absolue » de l'essence sociale de l'individu, en cette période-ci de l'histoire

1. *Stände. (N.d.T.)*

mondiale, ne réside pas dans une dissolution au sein de la fonction sociale, mais dans la transformation de cette dernière. Or une telle transformation découle de ce qu'il a nommé la déshumanisation du prolétaire, c'est-à-dire de ce fait que le prolétaire se voit toujours plus nettement frustré d'une vie autonome, disposant librement d'elle-même. D'où surgit alors l'« action historique », qui fait de lui l'exécuteur de l'absolu. À quoi s'enchaînent deux questions critiques : comment fonder l'idée d'un Absolu, s'il est impensable que nous philosophions en partant de lui ? Comment va s'éclairer pour le prolétaire sa propre négativité entendue non seulement comme misère, mais comme négation opposée à une absolue détermination, sans que vienne poindre le totalement Autre, l'entièrement neuf, qui peut-être se révèle néanmoins comme le rien ? Deuxièmement : est-ce que l'amélioration des états matériels, qui se fait jour dans l'actuel système social, certes à travers la reconduction sans fin de la réification, signifie la poursuite de la déshumanisation ou le remède à celle-ci, aussi douteux soit-il ? Qu'il faille approuver ce genre d'amélioration comme une diminution de la misère brute dans le combat pour une existence meilleure, Marx ne l'aurait pas contesté ; mais qu'en est-il de la déshumanisation, qui devient pour cela précisément un motif de moins en moins réfléchi ? Est-ce qu'après Marx la perspective de la transformation se ferme, parce que la disparition des formes grossièrement visibles de la déshumanisation entraîne aussi l'éclipse de la réflexion sur l'humanité, de l'amer déboir qu'on en a ? Si tel était vraiment le cas, alors devrait sombrer, sous l'assaut des barbares technicisés de l'Est, la société qui se développa jusqu'à la période bourgeoise, et il faudrait, comme après l'Antiquité, un nouveau commencement avec un nouveau principe.

Vain amour. – Kant est un rationaliste des Lumières, et en cela aussi d'accord avec chaque espèce de positivisme. Tout amour transcendant est illusion. Malheur à moi.

Vain deuil. – Rendre aux morts un service, faire une quelconque action qui ne soit pas simplement pragmatique, est au sens propre insensé. C'est ce que Kant dit en déclarant que toute liaison des représentations, toute « synthèse », proviendrait de l'entendement, dont les catégories seraient seulement bonnes à ordonner le matériau, à établir des « phénomènes ». Que nos pensées puissent donner une efficience aux morts, à l'au-delà, est d'après cela pur non-sens, pure démence. Les morts sont de l'engrais.

Critique et argent. – Il y a lieu de corriger une grave erreur : la critique de la société, critique bourgeoise depuis le XVIe siècle, et surtout dans la philosophie des Lumières, n'est pas devenue avec Marx non bourgeoise, ou socialiste, ou même « prolétarienne », elle est restée au contraire tout à fait bourgeoise, elle est bourgeoise en son essence. Dans la politique de la social-démocratie, dans sa discipline de parti, sa tactique de manifestation et de grève, pour ne pas parler du bureaucratisme oriental, on ne trouve déjà plus trace de ce fameux esprit individualiste. Le style critique a perdu ses fondements, dont fit partie aussi, jadis, l'argent. Que Montaigne, Voltaire, Marx et tous les autres – Kant inclus – aient pu écrire de la sorte tenait à ce que l'ensemble de la classe à laquelle ils appartenaient, et donc justement aussi l'individu appelé à grandir dans une situation financièrement protégée, à rentrer dans le jeu et à être « quelque chose », jouissait de la sécurité offerte par l'État bourgeois. L'argent était à ce point la puissance décisive que seuls semblaient répréhensibles le besoin, la pauvreté, le vol – et non pas l'exercice de la liberté de penser. Cela vaut jusqu'à la Révolution française, *cum grano salis* naturellement, car il y avait bien les bûchers, mais l'individu fortuné pouvait s'y soustraire aussi, dans une mesure croissante. En cas de nécessité, l'Angleterre était déjà suffisamment avancée – ou Potsdam, au pis-aller. Aujourd'hui, avec la dissociation entre pouvoir discrétionnaire et fortune moyenne, l'indépendance de l'individu disparaît, elle perd sa signification sociale, les individus protégés par l'argent incarnent les fonctions de l'état de choses existant, fusionnent avec. Les inflations durables, la diminution de la valeur réelle, brisent le rôle progressiste de l'argent, il perd son rôle de fétiche – et avec cela, en même temps, sa force bénéfique. Dominant tout, il renonce du même coup aussi à son essence spécifique.

[*L'Être et l'Être*]. – Dans l'ontologie fondamentale, l'Être et l'Être ne font qu'un. Or ce n'est pas la même chose. Voilà pourquoi ce genre de philosophie est erronée. Je préfère encore suivre le dualisme des théologiens, que l'histoire laissa derrière elle. Celui-ci, au moins, n'est parvenu à justifier que par des artifices l'état de choses existant. Chez les ontologistes – même chez ceux qui ne veulent rien de tel, voire qui se défendent expressément de toute prise de position , la philosophie est *eo ipso* apologétique.

Vérité et justice. – Ne voir que d'en bas les rapports de surordination et de subordination au sein de la société participe de la justice, mais non de la vérité. Marx estimait qu'aux temps où la société connaissait la pauvreté, ce n'était pas même justice. On y arriverait seulement à présent, justice et vérité coïncideraient maintenant. Sa philosophie de l'histoire est optimiste, elle se résout sans reste. En bon humaniste, au fond, il tenait les deux concepts pour identiques. C'est ce que nous pensons, nous aussi, et c'est pourquoi précisément la société nous paraît se disloquer sous l'effet de cette distorsion.

Politique et philosophie aujourd'hui. – Dans les États en position très avancée stratégiquement, comme l'Allemagne de nos jours, l'homme qui pense court le danger de trop prendre la politique extérieure comme fondement de sa pensée. Mais la politique extérieure demande à être comprise à partir de la situation intérieure des États – en Allemagne pas encore uniquement à partir de la situation intérieure *allemande*. Certes, la politique extérieure a des répercussions sur elle (par exemple Guillaume et Hitler) et se renouvelle en retour à partir de la situation intérieure (voir aussi la nouvelle armée allemande). En tout cas, il ne faudrait pas que la politique soit le noyau de notre pensée, pas même l'économie. Au surplus, la pensée privée sous l'emprise des motifs de politique extérieure – dans un monde où l'histoire politique se trouve conduite par des experts, à leur tour conseillés tant bien que mal par d'autres experts dans le domaine de la technique, de l'industrie, de l'information, etc. – a quelque chose d'une fanfaronnade creuse. Les gens professent une « politique » ou l'autre, ils critiquent, ils avertissent, ils recommandent – et on a le sentiment, voire la certitude qu'eux-mêmes ne feraient pas mieux que ces autres, qui font déjà suffisamment mal en tout état de cause. Nous entrons, avec le naufrage de cette civilisation, dans la phase où il ne reste à une philosophie d'actualité que la sphère privée : l'appréciation du plaisir et du déplaisir, comme chez les stoïciens, les cyniques et les cyrénaïques romains. C'en est fini des systèmes, et même de toutes les grandes pensées. Engels et Nietzsche appartiennent au passé, le bon Européen tout autant que l'État prussien.

Small talk. – Le langage perd sa signification au-delà du fonctionnel, du pragmatique, de l'instrumental purs, en même temps que l'individu bat en retraite. Moins les individus bourgeois dotés d'autonomie sont typiques de la société, moins ils ont « quelque chose à dire », que ce soit réactionnaire ou progressiste, oppositionnel ou conservateur, et plus le langage – mis à part celui purement technique – devient décoration ou simple recommandation pour la carrière, pour l'appartenance de groupe, exactement comme le vêtement, les manières de table et les habitudes. Quand les gens se retrouvent, c'est le *small talk*. Le contenu de celui-ci reste indifférent. Dans les déclamations pathétiques aussi, lors de festivités, d'assemblées, de services religieux, les participants ont bien conscience au fond que ce n'est pas le contenu qui importe, mais le respect de l'usage. Dans l'ordre des nuances, les intérêts secondaires spécifiques jouent un rôle qu'on peut connaître ou deviner. Personne n'est assez naïf pour prendre le langage à sa teneur ou même à la lettre, personne en tout cas de ceux qui comprennent bien. Déjà, les enfants *apprennent* ainsi le langage, et ils ne conçoivent nullement qu'il puisse en être autrement. Ils savent uniquement le but poursuivi, non la signification. Le présentateur de télévision, de radio, les stars de cinéma y veillent bien. On ne les prend pas pour les personnages qu'ils représentent, mais pour des idoles plus ou moins actuelles selon les cas, avec l'aura de leur vie privée et toutes les rumeurs à son sujet, et cela ne fait que reproduire le système langagier. *Ce* qu'ils représentent ne dit rien du tout. Espérer qu'un enfant qui perçoit cette voix, le sourire, la gaieté à bas prix durant des heures chaque jour ou du moins chaque semaine, apprenne qu'il s'agit là d'autre chose que d'un pur moyen, voilà qui relève de la superstition. Tout le monde retombe dans une mentalité rusée. La ruse est plus à portée de l'animal que l'intelligence. L'animal est malin. Dans le bruissement du feuillage, il ne sent pas l'automne et la caducité des choses, mais l'approche de l'ennemi. Avec la construction des spoutniks, l'homme célèbre des triomphes, nullement comme un être de raison, mais telle une race prédatrice, devenue démente à force d'ingéniosité.

L'homme et le rhinocéros. – Sur un tableau de Longhi, datant du XVIIIe siècle, figure un rhinocéros captif qui est regardé bouche bée par des visiteurs, dans une ville d'Europe. Nulle part ou presque la bêtise des humains ne ressort mieux que dans cette image. C'est la seule race qui emprisonne les exemplaires d'autres races ou les tourmente de diverses manières, uniquement pour se grandir à ses propres yeux. Comme le stupide animal du tableau paraît sage en comparaison de ces hommes insensés, qui précisément à la même époque torturaient et jetaient sur des bûchers leurs propres congénères, soi-disant parce qu'ils déviaient de la foi, mais en réalité pour des raisons qu'eux-mêmes ignoraient. Cette race de la nature est indescriptiblement folle et cruelle.

Esprit européen. – Dieu est mort, ont écrit les philosophes du XIXe siècle, Hegel et Nietzsche. En vérité, c'est plutôt la pensée qui est morte. Son rôle historique – vaincre la superstition, desserrer les liens par lesquels la religion maintenait les hommes au service des deux premiers ordres, libérer l'individu bourgeois – est maintenant achevé, et la poursuite de l'émancipation, la généralisation de celle-ci dans une société d'abondance qui sauvegarde l'individu et sa capacité intellectuelle, se soldent par un échec. La pensée a une fonction critique, négatrice, libératrice, sans laquelle il lui est impossible de vivre. L'âme de la grande philosophie, la force de la vérité, sa légitime prétention historique, ce sont les Lumières et l'individu. La société bourgeoise n'ayant pu évoluer sans laisser l'individu s'étioler spirituellement, avec le bourgeois s'effondre aussi la pensée. Sa mort jette devant elle son ombre. Elle n'existe déjà plus. L'esprit subsistant est l'instrument de la recherche scientifique, ou plutôt un fantôme de l'esprit voué à disparaître.

Les nouvelles « révolutions ». – Ce que les prétendues nouvelles révolutions à l'Est ont de commun avec la française, c'est surtout la violence. Même la prise de la Bastille, déjà, était manipulée, mais au moins n'avait-elle pas de dirigeant patenté. Les modernes poussées de national-socialisme ne sont suivies d'aucun Thermidor, car depuis le début la bourgeoisie établie et ses Napoléon les tiennent en main. Elles se placent sous le signe du XXe siècle, qui a commencé avec le militarisme prussien ; tout au long du XIXe perdura l'élément de l'humanisme, qui malgré tout l'effroi répandu éclaira la Révolution française à partir de la philosophie des Lumières.

Système des besoins. – Le comportement des humains vise uniquement, comme les animaux, à la satisfaction des besoins. Celle-ci, dans la période du libéralisme, est représentée par l'argent ; dans la période présente de nouveau, de façon croissante, par la puissance. C'est la puissance que sert toute action, fût-ce par des détours, et tout geste aussi. On veut avoir du pouvoir, ou du moins on veut paraître en avoir, et on le brigue. Même le bienfait envers autrui met le bienfaiteur en position avantageuse à cet égard, lui donne le sentiment de la puissance, ce motif eût-il disparu dans l'inconscient. La générosité provient peut-être parfois d'une révolte contre la puissance, qui vous blessa vous-même, de sorte que vous allez vous y opposer en un point donné. Nietzsche a su tout cela comme personne. Il a vu que l'identification avec la faiblesse d'autrui est, au fond, une faiblesse envers sa propre faiblesse. Et néanmoins il a aimé la générosité, cette générosité par surabondance, qui ne ressent ni n'attend rien. Elle seule, estime-t-il, surmonte cet animal rusé que l'homme a fait de sa personne. Cela dit, pareille admiration, dans la mesure où elle se réfléchit, et par là se reconnaît pour ce qu'elle est, n'équivaut-elle pas de son côté à une tentative pour sortir de la faiblesse ? Ne sert-on pas d'ores et déjà sa faiblesse quand on se met à penser ? L'intellect et la générosité peuvent-ils aller ensemble ? Le prédicateur Zarathoustra n'est guère chrétien, lui non plus.

Tout est rien qui finit en rien. – Seul l'individu est quelque chose. Nous sommes assurément plus proches du nominalisme que du réalisme. Certes l'individu, pour autant qu'il se distingue des autres, signifie le fragile et l'irréel, comme l'a dit Hegel, certes encore toutes les déterminations essentielles sont d'ordre social. Sauf qu'elles doivent leur caractère de détermination essentielle à l'élément impuissant et irréel ci-dessus évoqué, parce que dans l'impuissance et la nullité le résultat, le tout, se révèle ce qu'il est : non pas l'Être, mais le rien. Tout est rien qui finit en rien. Et la fin est ici le rien. Chaque espèce de réalisme débouche sur l'affirmation d'un sens positif, sur la légitimation du faire par un Être en dernier lieu accompli, accompli selon le sens, fût-ce sous la forme d'un possible à réaliser. Or il y a toujours là une façon d'hypostasier la théorie.

Les trois fautes de Marx. – Les trois fautes de Marx : premièrement, il confond l'histoire des quelques peuples européo-américains et leur économie progressiste bourgeoise avec la société en soi, l'histoire en soi. Or, tout au plus est-il permis de dire que dans l'ère présente ces derniers impriment au monde un formidable mouvement. Deuxièmement, il estime – lui-même étant ainsi un enfant de l'idéologie idéaliste-progressiste-bourgeoise – que la conscience, jusqu'à maintenant déterminée dans l'histoire par sa dépendance à l'égard des conditions matérielles, sera libre dès que ces conditions matérielles, en dernière instance économiques, auront été maîtrisées par les hommes, et à vrai dire – quand bien même l'économie resterait l'empire de la nécessité – libre d'une liberté absolue, sans entraves, comme n'oserait le prétendre un Fichte. Voilà pourquoi selon Marx, pour ne pas parler de Lénine, on doit s'accommoder en chemin de toute la misère et de toute l'horreur, amener des victimes en sacrifice sur l'autel de la liberté, comme en exigea le culte beaucoup plus modeste des divinités païennes. Troisièmement, il s'imaginait que la paix entre les classes était aussi la paix entre les hommes et avec la nature. L'ordre véritable ne doit plus nécessiter que la sublimation, mais aucun refoulement, donc aucune haine ni ressentiment, aucune catastrophe psychologique et par là socialement conditionnée. Cette représentation qui découle des deux premières est sa pensée la plus belle, les hommes deviendraient ainsi non seulement leurs propres auxiliaires, mais encore ceux de la nature, et finalement ils ne joueraient pas, comme le croit Herbert Marcuse – non, ils périraient en s'offrant à la créature, en se dévouant à elle. Mais le déclin projetterait forcément ses ombres, et eux-mêmes retourneraient de nouveau à un état plus barbare, plus cruel, plus primitif. Tout comme l'individu supérieur, plus noble, possède une moindre résistance et succombe à la mort, l'humanité, pour autant qu'elle accomplit sa destination, doit aussi périr, elle est nature en soi. La résurrection est le privilège des dieux. Le matérialisme marxien, délivré de l'illusion idéaliste, se rapproche davantage de Schopenhauer que de Démocrite. Marx aurait sans doute cru réellement que l'humanité libre enverrait des fusées dans la lune – par curiosité ou *pour passer le temps**. Mais il apparaît bien que les fusées appartiennent à l'empire de la nécessité ; ce qui reste à la liberté, c'est la solidarité avec la vie, le combat pour le vrai non seulement dans la société, mais dans la nature en général. Le bonheur supporte mal de cohabiter avec le malheur, Nietzsche le savait déjà mieux que Marx – bien qu'il faille « pousser encore » ce qui est en train de chuter. Qui peut voir s'oubliera, et qui s'oublie cesse finalement de voir. L'état vrai de l'humanité, que Marx a en tête, ne pourrait qu'être également son état le plus bref. La vérité n'est pas –

contrairement à l'opinion des philosophes – ce qu'il y a de plus ferme, de plus solide, de plus fiable, mais, me semble-t-il, l'instant sur le point de disparaître, l'éclat de l'apparence.

Marx, un stade intermédiaire (31 août 1958). – Les doctrines marxiennes entendaient elles-mêmes constituer un moment de la pratique sociale, laquelle devait conduire, en tant que théorie du prolétariat, au-delà de l'ordre capitaliste bourgeois, fonctionnant à travers le marché, jusqu'à l'ordre supérieur du socialisme, en germe dans le premier. Nous étions au milieu du XIXe siècle et dans la seconde moitié de celui-ci. Quand aujourd'hui on expose les doctrines marxiennes dans les pays occidentaux sans faire ressortir leur caractère devenu entre-temps historique, et que, pire encore, on les comprend comme une sorte de guide ou de slogan alors que l'histoire a depuis longtemps laissé derrière elle l'époque où les pensées avaient leur signification pratique, ces doctrines se transforment à leur tour en une idéologisation, en une fausse conscience s'imaginant que les manifestations, la propagande et les grèves politiques pourraient amener autre chose que le règne des potentats orientaux ou l'accélération du fascisme dans nos propres pays. Les théories de Marx sont des stades de la pensée par où celle-ci doit passer comme à travers Nietzsche et Kant ; les hypostasier comme un tout, cependant, n'est pas moins incongru qu'hypostasier *La Critique de la raison pure* ou *Le Gai Savoir*, c'est même plus contraire encore à la pensée libre car, semble-t-il, les doctrines de Marx et d'Engels vont servir, bien que mutilées, l'appareil de domination dans les prochains siècles, de façon analogue aux doctrines elles aussi mutilées de l'Évangile depuis cette autre migration des peuples au début du Moyen Âge : Jésus, extrait du lot des prophètes juifs par d'autres peuples, comme Marx est aujourd'hui extrait de la lignée des philosophes européens. La théorie marxienne devient cette violence qui s'empare des masses, comme à la fin le christianisme paulinien s'était emparé d'elles, mais ne me demandez pas quels despotes ont l'habitude de prêter main-forte dans de pareils cas.

Après l'émigration. – Les intellectuels européens, et particulièrement les Allemands, chassés en Amérique par l'époque hitlérienne, y remplissent la tâche de consolider dans son être le pays, croissant en âge et en richesses, qui peut se permettre l'idée du progrès ; ils continuent donc à penser ce qu'en Europe, même après Hitler, il n'y a plus lieu de poursuivre. Quant à ceux qui partirent pour l'Est, les voici ramenés, par cette zone en extension émergeant violemment d'abîmes économiques et sociaux, vers les fonctions qui correspondent à cette réalité nouvellement en voie de se civiliser : ils retombent, avec leur matérialisme en guise de conception du monde, loin encore derrière le Moyen Âge européen. Ainsi viennent-ils donc à l'Ouest en émissaires d'une doctrine de salut extrêmement primitive, qu'il leur faut vendre comme une philosophie des Lumières. Ils sont entièrement déshabitués de la pensée libre. Ils font partie des forces qui entraînent l'Europe en arrière et la provincialisent en la rabaissant au niveau des pays sous-développés, où la pensée est l'un des fouets utilisés pour activer les masses.

Sociologie. – La sociologie ne se borne pas toujours à être théorie ou empirie, ou l'une et l'autre conjointement, de sorte que, par exemple, l'empirie appuierait ou vérifierait la théorie, ou encore préparerait à la prétendue praxis qui doit être liée à la théorie. La sociologie veut dire avant tout : considérer les choses sociales de loin, de façon à noter que la conscience de l'humanité, aussi inconsciente soit-elle, que la civilisation au total se manifeste dans les *faits divers**, dans la circonstance qu'un accident, qu'un malheur, qu'un décès se trouve enregistré, communiqué. Tout cela est aujourd'hui déjà bien rationalisé, sert à prévenir de nouveaux accidents, une orientation trop rapide, etc., mais objectivement signifie encore que l'accidenté appartenait à la société des hommes et que celle-ci prend connaissance de ce qui lui est arrivé. Ce « on » que diffament tellement les philosophes inhumains, et qu'ils dénoncent comme le sujet du bavardage, représente plutôt la pauvre et piteuse manière qu'a l'humanité de réfléchir sur elle-même. La guerre y met fin, elle est le contraire du « on », à la place de la rhétorique tant haïe par les barbares surgit l'événement, la confrontation historique, etc. – peu importe le nom –, sous la forme nue de l'action. L'humanisme vit dans le rapport de police.

Sujet-objet. – Freud a découvert qu'il y a une ligne continue, de la façon caractéristique de saisir tous les objets de l'environnement à celle qu'on a de toucher du regard l'être qu'on aime. Si la première saisie, encore ignorante de la distinction entre sujet et objet, se trouve entravée, jamais il ne se fera qu'à travers l'opposition du sujet et de l'objet celui-ci se perde et se regagne dans celui-là. Dès lors, il ne parviendra pas à la vie humaine.

Régression utopique (octobre 1958). – Quiconque n'a pas connu le bonheur de la propriété, quiconque ne se l'offre pas, à lui-même et à d'autres, ne peut comprendre le moins du monde l'injustice de sa répartition entre les hommes. Mais quand on a fait cette expérience-là, on redoute autant la prise en charge de cette répartition par une instance dictatoriale que la terreur causée par les puissants avec leur propriété trop inégale. Ce sont justement les effets de cette inégalité, le caractère qu'elle impose à la société, aux individus et aux masses qui empêchent une juste répartition. D'où la régression. Le choix n'est pas entre les reliquats du libéralisme et le socialisme, mais entre la liberté à maintenir et la dictature bureaucratique, dont ces reliquats, sans doute, ne cessent de se rapprocher spontanément. Opposer un vrai socialisme au faux socialisme de l'Est équivaut désormais à une utopie de plus, car toute l'histoire du présent dément l'hypothèse que des changements politiques dans les systèmes occidentaux apporteraient autre chose qu'une réduction accrue de la liberté qui subsiste encore uniquement ici. Il s'agit de la défendre aussi longtemps que possible. Cela entraîne des conséquences pour la vie de l'individu. Puisque l'Être, l'intérêt transcendant la promotion personnelle, ne peut plus s'accomplir dans l'histoire de la société où il vit, ne peut se réaliser dans son époque, il devient plus concret en s'avisant que l'humanité, et non pas seulement une partie de celle-ci, peut s'ordonner ; et en même temps il devient plus abstrait, son propre travail étant séparé du but par une route infiniment longue, à perte de vue. Le voici renvoyé à des formulations générales, comme celles de Kant sur le but final de l'histoire cosmopolitique. La vraie pensée devient de nouveau plus philosophique, plus utopique, mais cette fois en reculant. La relation entre la pensée et la réalité, qui est devenue dans la science d'un tel brillant, se dissout dans la théorie, et de ce fait la science prend aussi un trait de folie.

Bilan de la grande philosophie allemande – in abstracto. – Si jamais l'humanité prenait conscience d'elle-même et déterminait son sort avec la plus grande liberté possible, il ne lui resterait plus qu'à se dévouer à toutes les autres créatures pour adoucir leur souffrance. Si on en venait à ce que l'humanité prise dans sa totalité puisse connaître des expériences, elle aménagerait la terre comme jadis un père réfléchi administrait sa famille et son avoir, parce qu'il trouvait son bonheur dans leur prospérité, sa misère dans leur disparition. La seule différence consisterait en ce que la créature pourrait encore servir à un autre but pour l'humanité – ce qui n'est pas le cas de son bien pour le bourgeois – car au terme du développement humain, autant qu'on puisse le concevoir, il n'y a pas encore un Autre, mais l'unité, le dévouement, la générosité face à ce qui est dans l'obscurité. La survie de l'humanité proviendrait alors de la volonté de se donner, car la vie humaine – ne contredit-on pas le désir de s'y agripper ? – est inhumaine, et cette contradiction manque lorsque, comme dans la guerre ou avec la technique, on n'engage la vie que pour mieux l'assurer. C'est seulement si la vie est portée au plus haut que chacun sera en mesure de l'aimer d'une manière qui ne changera plus le dévouement en folie.

Job and hobbies. – Les plaintes sur le matérialisme de l'actuelle jeunesse ou, comme nous dirions, sur son goût du concret, ont pour objet la situation sociale. En effet, les jeunes n'attachent plus d'autre « sens » à leur travail que celui de la carrière ; à côté de cela existe le loisir propret. Dans la dissociation de la vie en *job* et en *hobbies*, le sens passe sous la table. À cette dissociation répond l'autre, entre le quotidien et la culture. La culture, ce sont des *hobbies* d'un genre élevé, se couplant avec la satisfaction narcissique et le si nécessaire prestige. L'art, la religion, la philosophie font partie de la culture. Ils réquisitionnent le lieu psychologique qui serait là pour le sens. Mais si les enfants bénéficiaient d'une éducation où la vie raisonnable de l'humanité et l'aménagement de la terre habiteraient la conscience de l'individu, de telle sorte qu'en deviendrait transparent le rapport de son travail et de toute son existence au but proprement dit – non pas seulement une phrase, mais une tâche à remplir littéralement par lui et par tous les autres –, alors les énergies psychiques s'intégreraient à cette volonté, et on pourrait surmonter la réduction de l'individu à des fonctions partielles insignifiantes, sans mépriser ces fonctions partielles. Mais il est déjà beaucoup trop tard pour cela, et le pouvoir s'en réjouit. Il veut les hommes aveugles et produit la ruine.

« *Formation classique* ». – L'étude de l'Antiquité grecque se voyait réservée aux humanités, c'est-à-dire aux lycées et à l'université. Elle y était acceptée en quelque sorte naturellement, comme partie intégrante de la véritable formation de l'homme. Aujourd'hui, c'est par le concept de « tradition » qu'elle se trouve appréhendée, et par là mise en question. Pour subsister, elle devrait prouver qu'elle est utile. Mais elle prouverait en même temps qu'elle est superflue, car elle prenait sens pour une éducation ne se référant pas exclusivement à l'utile. Quand maintenant les gens concernés ainsi que leurs professeurs s'en tiennent aux douteuses justifications qui doivent donner le goût de pareilles études, ils se trompent bel et bien. Les disciplines clairement attachées à des fonctions précises au sein de la division sociale du travail fournissent beaucoup mieux la qualification souhaitée pour la carrière – fût-ce même la carrière diplomatique ou prétendue artistique, ce dernier terme recouvrant à vrai dire les métiers d'art – que le cours de grec devenant pragmatique. La formation à l'inutile défendue comme utile devient à son tour inutile, de même que par ailleurs la raison se posant comme l'absolu représente la déraison. Là où la tradition se rationalise, elle a déjà cessé d'être.

Doctrine des dieux. – Mieux vaut suivre des dieux bienveillants que, ne vénérant pas un Être meilleur, supérieur et plus vrai, céder à sa propre faiblesse qui vous rend indifférent à la souffrance d'autrui. Cela étant, au lieu des dieux et des idéologues accrochés à des fétiches depuis longtemps fort transparents, on suit uniquement la nation – qui produit une apparence de bonté à l'intérieur par son aveuglement pour l'extérieur –, ou bien alors une philosophie, une théorie, une doctrine justifiant la méchanceté et le meurtre, que ce soit au nom de la raison ou de la liberté, au nom de Marx ou de quelque autre se réclamant à son tour de quelque autre, quel qu'il soit. Malgré le sérieux apparent avec lequel peut être crue la référence, c'est là une renonciation à l'intelligence, une arrogance rationalisée, l'idolâtrie avec l'arrière-pensée de l'assassinat. Lorsque les bolcheviks ont fait tuer la famille du tsar – pour ne laisser aucun prétendant au trône –, ils marquèrent la révolution russe d'une souillure et fournirent le symbole des infamies à venir. Ce n'est nullement parce que la « révolution mondiale » n'a pas eu lieu, mais parce que la solide théorie, le dieu abstrait, rendait tout permis, que la révolution a mené à la barbarie dont elle menace maintenant la terre.

1959

Récepteur national. – Que pour un appareil de radio chez soi il faille, comme c'est le cas en Europe, verser un impôt régulier, voilà qui symbolise l'abolition de la propriété. C'est poser en effet que quelqu'un puisse pénétrer à votre domicile et y fureter, à la recherche de ce bien qui est en partie le capital de l'État. Le passage du téléphone – lequel se trouve au moins relié au-dehors par un fil – à la machine captant la vibration des ondes à l'air libre, marque le renversement. Les *commercials*, qui à la radio américaine rendent superflue la redevance sur le « récepteur » privé, sont une institution plus inoffensive, mieux accordée à l'esprit du libéralisme. Les Européens ont tort de s'en gausser. La demeure de l'Américain reste inviolée.

Aucun sens. – Toute philosophie de l'histoire dotée d'un sens quelconque est non-sens, produit de l'angoisse des hommes livrés à la déréliction, moyen de domination, propagande par en haut et par en bas. Il n'y a pas de sens. L'individu, déjà, mène sa vie comme un égaré dans la forêt vierge, aussi sage soit-il ; que dire alors des peuples, et de l'humanité ! En Europe, ils se persuadèrent un jour qu'on ne devait pas regarder la nature bouche bée, ni inventer ni vouloir la terre, puis ils ont renversé tout cela, et ils regardent bouche bée, ils inventent, ils veulent la terre et la lune et l'espace cosmique, et jouent avec le feu comme des enfants. Il n'y a pas une marche de l'histoire, sauf pour conduire à la ruine. Tout est à la fois hasard et nécessité, non point sens.

Démocratie de masse. – La démocratie à l'ère de la suggestion de masse ne s'arrêtera pas devant la Constitution. Pauvres droits de l'homme qui sont ancrés dans celle-ci, pauvre liberté à quoi elle est censée offrir protection. La démocratie existe pour la majorité, tandis que les droits de l'homme valent pour les individus. Et l'individu a-t-il jamais été en sécurité dans l'histoire, en sécurité *relative* dans les pays industriels du XIXe siècle, un tant soit peu – ne serait-ce qu'un tant soit peu ? Et la liberté, c'est la liberté du soi-disant peuple, non pas celle de l'individu. Donc aucune crainte à avoir, tant que la modification de la Constitution sera décidée par la majorité – la modification de la Constitution contre les individus. Voilà pourquoi la démocratie mène à son contraire, la tyrannie.

Antinomies de l'amour. – L'amour s'offre à l'autre. C'est en soi une démonstration d'énergie et de puissance propres, infiniment difficile à distinguer du narcissisme et de la domination, et néanmoins si facile également, car le contenu agit en retour sur la forme. On discerne sans peine l'amour égoïste de l'amour vrai, s'identifiant à l'autre. Mais chez cet autre peut s'imposer le facteur négatif. L'autre peut prendre l'amour et, par une mauvaise imitation, lui emprunter le facteur de puissance, de supériorité, pour se retourner contre l'amant. L'amour peut s'en aviser, à lui de trouver sa voie entre l'abandon débile et la domination. Cette voie est dans le dévouement actif du soi envers autrui, et dans l'inflexibilité de l'esprit. Plus difficile à surmonter est la seconde antinomie de l'amour ; que l'amour envers l'un signifie l'exclusion de l'amour envers l'autre, ou du moins sa limitation, cela ne fait que traduire la finitude de l'individu. La vie est culpabilité, tu peux bien offrir la tienne à un être humain, à beaucoup, à une cause, tu l'enlèves à d'autres. Chaque pas entrepris pour libérer l'un t'éloigne de l'autre. Sauf si les paroles suffisaient, or le plus souvent elles ne suffisent pas, et dans bien des cas elles causent en même temps des dégâts. L'homme est coupable.

[*Architecture intérieure*]. – La source des puissances sociales qui conditionnent aujourd'hui les modifications décisives des caractères humains, la cause expliquant le monde transformé de l'Occident, c'est l'incapacité des individus et des petits groupes, devant la surpuissance de l'appareil social, à exercer une quelconque influence contraire, une influence propre. Si jusque dans la première moitié du siècle dernier les circonstances étaient assez favorables, les forces du capital et les pays assez autonomes pour qu'existent encore les possibilités d'une activité socialement significative, d'une activité individuelle spontanée, maintenant au contraire tout est complètement imbriqué, indissociable, surpuissant. Comme sujet agissant historiquement, on ne peut que servir des partis ou des pays, eux-mêmes déterminés jusqu'au plus petit détail par cette dogmatique surpuissante; c'est dire que, sujet, on ne peut qu'être objet. Il en fut toujours ainsi jusqu'à un certain degré, mais aujourd'hui la quantité s'est muée en qualité. L'effet se montre d'abord dans l'inactualité de toute théorie et de toute intellectualité; en relève le changement de fonction de la philosophie et de la sociologie. Les énergies qui au XVIIIe siècle affluaient encore vers la philosophie – à cette époque la science était aussi en quelque sorte philosophie, parce qu'elle exerçait une influence propre, émanant d'individus relativement souverains – débouchent désormais dans l'absence relative de préjugés et d'illusions avec laquelle l'individu s'accommode de sa situation. Les *Lettres persanes* étaient dirigées contre les facteurs négatifs de la vie parisienne, centre de la civilisation; aujourd'hui l'éducation éclairée vise à guérir les complexes de l'individu, à le libérer de fardeaux irrationnels. Est-il question de changer le tout, l'éduqué hausse les épaules. C'est ainsi justement que l'éducation éclairée mène au refoulement et au durcissement. Comme on ne peut rien changer, le rapport à autrui se heurte à des limites qu'on respecte. On se montre amical, secourable, jusqu'au point où cela deviendrait folie. L'amitié supposait que les hommes puissent procéder autrement. Cela disparaissant, elle devient absurde. La triste expression de cet état se manifeste par l'impossibilité physique, économique, d'exécuter quoi que ce soit seul ou même en petit groupe. Quand on n'est pas un manager (ce qui est également le cas des universitaires et des écrivains à succès), on ne peut même plus avoir une secrétaire, encore moins une bibliothèque adéquate. L'inflation, la diminution des heures de travail, la nécessité que les femmes gagnent aussi un salaire, le plein emploi de l'*affluent society* réduisent l'individu à rien. Cela rejaillit sur toute idée qui a besoin de l'individu pour se réaliser. C'est comme dans l'Antiquité, les projets platoniciens visant la totalité deviennent absurdes. Les écoles qui vous apprennent à vous accommoder gardent le dernier mot. Même le rationalisme le plus radical devient alors pure décoration. On peut tranquillement exposer la vanité de certaines pensées, et finalement de la pensée elle-même. On ne fait que confirmer ainsi ce que chacun sait déjà. Mais la grandeur de la pensée est également acceptée, elle signifie reconnaissance de l'architecture intérieure. En Amérique, tous les savants sont en même temps *experts*, c'est-à-dire serviteurs de la machinerie autant qu'éclairés à son propos. C'est-à-dire dépourvus de toute résistance intérieure. Vraisemblablement, l'homme ne peut aller plus loin. La vie est culpabilité. Nous avons le choix entre la violence et la résignation.

[*Profession : femme*]. – Que les femmes, dans la façon d'arranger leur corps, leur visage, leur coiffure, dans l'habillement, dans les gestes, le ton de la voix, la démarche, prennent encore pour modèle leur rôle d'objet érotique, et même commencent aujourd'hui seulement à le faire quasi intentionnellement, voilà qui montre d'un côté que c'est déjà presque oublié, et, dorénavant souligné comme idéologique, *overdone* – tout en confirmant de l'autre côté, à travers l'utilité que ce rôle revêt pour les femmes de nos jours aussi, à quel point la société actuelle reconduit les caractères de la société mâle, de même que ceux de la société des Anciens, bien que celle-ci soit encore plus médiatisée, encore moins vraie que celle-là. Donc les femmes, maintenant, agissent ainsi volontairement, si l'on peut dire ; il est devenu profitable pour elles, *a must* en quelque sorte, de jouer la femme – alors que la catégorie de la nature, depuis longtemps, l'a cédé aux catégories sociales spécifiques. Au fond, c'est déjà une honte que d'être essentiellement femme, et voilà précisément pourquoi on peut jouer un tel rôle. En vérité, être femme n'est plus acceptable, déjà, qu'au titre d'une profession parmi d'autres. Que faites-vous ? *Housewife*. Il faut que ça rentre dans la rubrique *ad hoc*, tout comme *stenographer*. Chez l'homme, il en va autrement. Certes la virilité est encore requise, elle aussi, tel un caractère à présenter, mais l'époque où elle était objectivement exigée par l'autre sexe remonte à une éternité. Dans la société mâle, ne pas s'attendrir relevait un peu de l'obligation morale du vainqueur. C'était proscrit par les hommes, non par les femmes. Quand elles le demandent instamment aujourd'hui, on sent percer encore, même dans la plaisanterie, le masochisme qui convertit en sa volonté propre un ordre des choses à lui imposé.

Contre la philosophie. – La philosophie est la vaine tentative d'aider à faire valoir une connaissance ne débouchant pas sur un maniement pratique, c'est la tentative de produire une vérité qui non seulement ne sert aucun but au sens concret, mais encore ne vise même pas la mise en ordre et à disposition du savoir acquis, donc la vérité en soi. Sans compter que derrière elle se cache le but théologique du bonheur éternel, que la philosophie assume en tant qu'héritière du christianisme, elle erre, parce que le but théologique est invérifiable, dans le labyrinthe des vœux pieux, qu'elle a en commun avec tous les humains, pourvu seulement qu'ils soient doués de la parole. La dialectique sans résolution finale ne fournit une issue qu'en apparence. La négation déterminée signifie fort exactement qu'une pensée niée devient le facteur inhérent d'une construction intellectuelle plus différenciée, plus riche. Si néanmoins celle-ci ne peut se mesurer comme telle à la réalité, il ne demeure aucune certitude ni aucune vraisemblance, qu'elle soit plus que la pensée initialement niée. La confirmation peut être psychologique ou sociologique, cette construction plus riche peut servir à gagner une plus grande faculté de jouissance, une meilleure vue d'ensemble, l'approbation d'individus ou de groupes entiers, elle n'a pas pour autant, si séduisant que cela puisse paraître, une vérité en elle-même. Le recours à la logique immanente qui vaut pour l'œuvre d'art n'est d'aucune aide ici, car la philosophie veut être vraie dans un autre sens encore que l'art. Ce qui reste, c'est la compréhension de l'impuissance propre à tout élément spirituel qui ne se contente pas de la puissance – c'est la vérité, et là se rejoignent matérialisme et théologie sérieuse. Voilà pourquoi les vrais philosophes sont aujourd'hui contre la philosophie. La compréhension de l'impuissance ne constitue pas une exception, on peut lui appliquer ce qui vaut pour toutes les langues, pour toutes les pensées, elle est vaine, à moins qu'elle ne se comprenne comme une constatation et trouve dans le monde sa confirmation. Alors elle est connaissance au même titre que la loi de la gravitation.

Sur la tâche actuelle de la sociologie. – Concernant la sociologie, il y a, entre la science du tout et celle des parties, un saut qualitatif. Les études partielles, pour autant qu'elles ne portent pas en elles la pensée du tout, sont déterminées par lui sans y réfléchir, ce sont des instruments incapables de se représenter la direction qu'ils servent. La tentative de garder en esprit le tout, à la conception duquel participe déjà de manière constructive – comme Platon le savait – l'intention pratique de la justice, ne signifie nullement que l'objet d'étude lui-même doive être plus vaste, donc plus formel, mais appelle une réflexion sur un thème posé ni de l'extérieur ni de façon immanente à la science, un thème posé en quelque sorte techniquement. Les enquêtes étrangères à cette démarche, et dans cette mesure abstraites, s'enorgueillissent d'ordinaire – à l'inverse des démarches spéculatives – d'être susceptibles de vérification, et donc exactes. Mais qu'on ne s'y trompe pas. Les vérifications en sociologie, exception faite de branches complètement technicisées, sont d'un autre caractère que celles des sciences de la nature. Le résultat est dans l'action sur le comportement humain, non dans le fonctionnement de telle chose, ou, plutôt, ce sont les hommes qui se muent en choses fonctionnant ; cela vaut pour les conséquences des *polls* non moins que pour la *market and motivation research*, pour les *human relations studies* comme pour la démoscopie. Il n'y a qu'un seul type d'enquêtes qui, non dirigées par l'esprit du tout, conservent leur autonomie. Ce sont celles qui, indépendantes de commanditaires, ont pour objectif une justice relative et par là contradictoire, le soulagement de la misère en certains lieux de la société, dans les prisons, les asiles d'aliénés, les familles, les régions, les villes et les villages. Les sociologues diront : « Mais nous ne faisons que cela, voyez l'usine ! » Certes, les frontières sont fluctuantes, combien sont rares néanmoins les enquêtes déterminées, dans leur inspiration et dans leur démarche, par ce premier souci de justice, qui fait l'entière différence. C'est vrai, devant l'impossibilité d'agir davantage sur le tout, la sociologie se rabat sur la patrie, sur le petit groupe, de même que la philosophie passe de la considération de l'absolu au plaisir et au déplaisir individuels, de Platon aux stoïciens, de Hegel à l'existentialisme. Le concept de classe sociale débouche dans celui de politique, dans l'activité de l'avant-garde, celui de recherche sur la vieillesse dans la politique sociale ou la Caritas. S'en réclamer est dans la période actuelle un privilège de la sociologie, voire l'honneur de celle-ci, sa mutation délibérée. Le tout qui vient de la théorie ne peut mener à rien de bon.

Fin de la morale. – La morale disparaît. C'était la version autonome de la foi. Elle est remplacée maintenant par l'extension des directives sociales et étatiques. Cela ne vaut pas uniquement pour les individus en Occident, seul secteur où les hommes étaient si avancés, mais pour les nations européennes elles-mêmes. Les voici contrôlées par les combinaisons que dominent des peuples plus forts. De ce fait disparaît la souveraineté individuelle et nationale – aussi bien que l'illusion corrélative d'obligations humaines. Même les soi-disant neutres ne connaissent plus la souveraineté que comme la licence de procéder avec leurs sujets selon le bon plaisir des gouvernements respectifs. Au-dehors ils sont obligés de louvoyer, de s'aligner sur d'autres, à l'intérieur ils peuvent sévir comme ils veulent, cela est indifférent aux grands. Avec le dépérissement de l'idéologie culturelle, ces derniers ont abandonné celle de la mission civilisatrice. Elle est proscrite en tant que colonialisme. Mais aujourd'hui précisément où l'horreur du colonialisme se dissout devant la rébellion également horrible des peuples coloniaux opprimés, surgit la bonne image de cette responsabilité des peuples blancs, qu'ils utilisèrent autrefois pour légitimer l'accumulation du capital. Le monde se dispose à se dispenser de la morale, en tant qu'organisation globale ou anéantissement global. Les deux se touchent. Le progrès tend à déboucher dans les catastrophes, parce qu'il se contente de laisser l'arriéré derrière lui.

*Égalité**. – Qu'en démocratie ne doive plus avoir cours la distinction entre la *crapule** et les honnêtes gens ne veut pas dire que la *crapule* a cessé d'exister. C'est plutôt en sa faveur que se trouve liquidée la différence. Celle-ci semble reposer sur l'injustice parce que l'honnêteté entendue comme état moral implique un instinct différenciateur, voire un jugement personnel qui résulte de l'expérience de longues générations ; cependant, il est difficile d'établir si l'individu moralement plus développé, qui n'est pas forcément le plus riche, le plus puissant, se voit nécessairement aussi moins exposé à la souffrance que l'individu commun. À partir du moment où la société s'aménage de sorte que tous deux aient une chance égale, non seulement la différence elle-même doit devenir obsolète et illusoire, mais encore la noblesse, en tant que trait de caractère, se montre nulle et ridicule. Il a beau s'avérer que même si le bien chez un être repose sur des pulsions narcissiques inconscientes ou éprouvées dans l'enfance comme source de plaisir et donc fixées en des traits de caractère, les énergies humaines sont, dans la nouvelle réalité sociale, si nettement réduites aux intérêts conscients que l'être d'une certaine noblesse, pour peu qu'on ne le considère pas simplement comme un niais, passe précisément pour quelqu'un d'autant plus habile à dissimuler ses intérêts de façon rusée. Et si les spectateurs tiennent tant à présenter de la sorte tout geste délicat, c'est qu'ils se sentent très profondément perturbés, dans leur adhésion sans réserve à la vulgarité, par l'existence véritable de ce qui n'a le droit d'être cultivé que comme alibi. D'où aussi l'éloge exagéré du mouvement d'honnêteté auquel on ne peut rien reprocher. Il faut qu'il demeure entaché du soupçon, au moins par cette exagération, qu'il n'est pas dans son ensemble tel qu'on dit le reconnaître ; obligation morale lui est faite en même temps de se conformer à l'exagération et de subir ainsi à l'avenir, pour le bien commis dans le passé, la sanction d'un contrôle rigoureux. C'est pourquoi, plus est puissant l'éloge de la noblesse dans la société de masse, plus il contribue à son élimination.

*Fraternité**. – Le processus par lequel la société de masse technicisée s'impose comme l'uniformité des sentiments étriqués passe par la nécessité d'un contrôle social sur toutes les actions des individus. Si les démarches que je fais pour moi-même sont déjà exposées à l'examen officiel et non officiel de la relation avec collègues et voisins, basculant brutalement de la familiarité joviale à la surveillance méfiante, je réfléchirai par deux fois aux démarches que j'accomplis pour d'autres, et qui surprennent de ce seul fait. Lorsque finalement les actions se raréfient et cessent, les affects qui les motivent, au bout du compte, suivent. Les émotions sans conséquence n'ont historiquement aucune consistance.

Le prix de la maîtrise de soi. – Si aujourd'hui la société dans sa forme la plus avancée réduit les individus psychiquement au point de castrer la vie intérieure, l'autonomie de ses membres, la cause dernière en est l'atrocité avec laquelle s'impose dans la nature la maîtrise de soi propre à la race humaine. Le meurtre de la vie intérieure est la rançon du fait que les hommes n'éprouvent aucun respect de la vie extérieure, en-dehors de la leur. Cette violence tournée vers le dehors, qui s'appelle la technique, les voici contraints de l'exercer contre eux-mêmes, dans leur intérieur. La richesse qu'ils augmentent au moyen de leurs appareils, la puissance de la machinerie se retournent partout, du point de vue social, en domination totalitaire, et conduisent, du point de vue psychologique, à un dressage de la vie spirituelle, réduite alors à une simple sagacité au service de leur autoconservation, bref, à une pauvreté de pensée. Les hommes qui ne recherchent qu'eux-mêmes s'auto-anéantissent littéralement, la vie se venge sur soi de la faute qu'elle commet contre la vie. Les phénomènes négatifs dans la société actuelle sont symptômes de déclin, certes, sauf que le but final est la désintégration, et non la prétendue construction, même s'il faut être le diable pour servir réellement la première. Dans l'histoire ne peut jamais triompher que ce qui n'est pas digne du triomphe. L'*Ecclesia triumphans* serait la caricature grimaçante du dieu mourant qu'elle utilise comme *trade mark*.

Paradoxe de la philosophie. – Le paradoxe de la philosophie vient de ce qu'elle veut être en même temps expression et énoncé. Mais l'expression ne constate rien, et le constat n'est pas expression. La tristesse que la confusion de la nuit empêche de passer à l'ordre du jour devient aperçu psychologique, dès lors qu'elle se raidit en assertion ; elle s'abolit lorsque, comme chez Schopenhauer, elle s'enfle en système. Il n'est de système que sous forme positive, à titre d'affirmation, Or le regard sur le monde ne saurait se convertir en assurance.

Entre les chaises. – Les intellectuels de gauche qui, après 1945, s'installèrent à l'Est au retour de l'émigration à l'Ouest, étaient ou aveugles, ou apparentés aux bourreaux de là-bas. Ils ne voyaient pas l'oppression, ou bien ils l'approuvaient. En revanche, ceux qui restèrent à l'Ouest n'ont pas payé le prix que coûte la défense de la liberté. Ils pensèrent que la société pouvait passer de la richesse à la justice sans que survienne la barbarie, sans nouveau Moyen Âge ou sans transfert du *Weltgeist* à d'autres peuples, plus sous-développés ; mieux, ils sont le symbole d'une telle croyance. C'est là une illusion optimiste, et il ne leur reste que l'espoir de mourir avant de devoir éprouver sur eux-mêmes la vérité.

L'obstacle de l'Europe (mars 1959). – Le type de gouvernement adapté à l'Europe présente est le règne du parti unique sous une forme plus ou moins dictatoriale. Le pluripartisme, forme différenciée pour exprimer les intérêts collectifs, est devenu inadéquat, car la société est spécialisée et subdivisée, sans doute, mais pas vraiment différenciée ; tous ne font que se ressembler davantage. Le Parlement au sens ancien, les partis multiples, ne correspondent plus à la réalité ; l'uniformité des intérêts l'emporte sur les différences. C'est pourquoi les débats, les frictions et, conditionnée par eux, la faiblesse des gouvernements apparaissent uniquement comme une lourdeur, comme les défauts de l'appareil qui ne fonctionne pas avec exactitude. On sent que les idées nuancées n'ont plus, depuis longtemps, la même importance que les idées régulières, et on attend une injonction qui impose énergiquement celles-ci contre celles-là. Et cela vaut précisément pour les peuples européens. Les nombreuses individualités parmi eux ne sont plus depuis longtemps qu'un obstacle. Qu'on ne puisse modeler les États les uns sur les autres signifie que l'Europe passe à une existence balkanisée, et va tomber en fin de compte dans une dépendance plus forte encore que ce n'est déjà le cas. Manque l'autorité pour mettre un terme au pluralisme et dénoncer l'Europe, de la Renaissance aux guerres mondiales, comme l'infâme « système », ainsi que l'a fait Hitler avec le Reichstag et de Gaulle avec la République. Les hommes d'État déjà effarouchés, voyageant, cachant vainement leurs différences, ne sont-ils pas la copie agrandie des chefs de partis dans leurs négociations ? Tout cela est dépassé, les unités sont trop petites, l'histoire n'a plus de place pour elles, et se prépare à de vastes actions. Ce qui est isolé ne peut que périr.

Le mal dans l'histoire. – Kant dit que le mal radical dans la nature humaine consiste en ceci que l'être humain est le seul des êtres vivants qui connaisse le bien et commette néanmoins le mal. Or, s'il y a un progrès de la civilisation, il entraîne forcément que le savoir, dont fait aussi partie la connaissance du bien qui est immanente à tout autre savoir, se répand parmi les hommes. Ceux-ci sont plus nombreux à pouvoir posséder une connaissance du bien, plus ample et plus claire que dans les phases barbares de l'histoire. En même temps, dans la mesure où la pratique du bien, l'état moral de l'humanité, ne s'élève pas au moins dans une égale proportion, le progrès signifie *eo ipso* régression morale, augmentation du mal. Que les hommes ne deviennent pas meilleurs avec l'accroissement des facultés apporté par le savoir signifie alors qu'ils deviennent pires. Ce n'est pas là simplement une relation mathématique ou une *façon de parler**, mais un processus historique réel. La marche du savoir impose chez les individus non moins que dans la société prise globalement – si elle ne s'exprime pas dans une modification substantielle de son sujet – une rationalisation, une régression idéologique et, en cas de besoin, physique. Avec le raffinement des télescopes et des microscopes, des bandes magnétiques et des appareils radiophoniques, les individus deviennent plus aveugles, plus sourds, plus inabordables, la société plus inextricable, plus désespérée, ses méfaits (ceux qui datent à peine d'hier et ceux qui menacent demain) plus violents, au-delà de l'humain plus que jamais auparavant. À la surface de toute la planète et jusqu'au soleil là-haut, le mal radical affirme son empire dans le monde sur toute créature, non sans se déchirer lui-même aussi, agitant et son être et les hommes, et brandissant l'humanité comme leur bannière, parce que l'humanité n'est plus guère utilisée que par une élite retorse à des fins de propagande pour tromper l'adversaire, et acceptée par les dupes avec des clins d'œil. Le méchant a oublié la nostalgie, il ne connaît que le contraire de celle-ci, l'accord avec ce qui existe déjà.

Qu'est-ce que la religion ? – Qu'est-ce que la religion au bon sens du terme ? L'élan maintenu contre la réalité, échappant toujours à l'étouffement – qui tend à ce que les choses changent, à ce que l'envoûtement se brise, à ce que le cours des événements tourne bien. Là où la vie est sous ce signe jusqu'au fond de chaque geste, il y a religion. Qu'est-ce que la religion au mauvais sens du terme ? Ce même élan exactement, perverti en affirmation, en proclamation, et donc enjolivant la réalité tout en ne cessant de la fustiger, le vain mensonge proclamant : le mal, la souffrance, l'effroi ont un sens, que ce soit par l'avenir terrestre ou par l'avenir céleste. Le mensonge n'a pas besoin de la croix au préalable, il loge déjà dans le concept ontologique de la transcendance. Lorsque l'élan est sincère, il n'a nul besoin d'apologie, il n'est pas capable de se justifier.

La pitié envers soi-même. – L'escargot sans coquille franchit dans sa reptation le sentier de forêt humide, son corps mince, luisant, noir, blessé à l'arrière et maculé de boue. Il est encore dans le premier quart du chemin et ne le traverse pas à angle droit, mais de biais. Quand les fines antennes repèrent un danger, le corps se contracte. Le tout est vigilant, différencié, mais complètement inadapté à la menace réelle, la botte en promenade de l'homme, ce colosse. La disproportion est absurde, et vraisemblablement aussi toute la difficulté de cette traversée. Le sentier humain, non prévu dans l'organisation de l'escargot, l'a peut-être trompé, pour lui l'autre bord n'est pas une autre rive, ni un terme, ni un but, comme au contraire il apparaît à l'homme qui a fait le chemin et qui le comprend. L'escargot, tout entier à son effort, trace un sillon dans le désert de boue, il suit sans protection un espoir inconnu. Quiconque se penche dessus, en souvenir de ce qu'il partage avec lui, a, sans compter sa ruse et ses instruments de pouvoir, une avance sur lui : la pitié envers soi-même, qui lui fait perdre la minute dans laquelle il pourrait peut-être changer quelque chose. En regardant l'escargot, il se laisse aller, inquiet de sa propre déréliction, au lieu de continuer malgré tout dans le désert, quand bien même l'espoir serait perdu.

Non-conformisme. – À l'Est, il suffit d'ouvrir la gueule sur des questions d'ordre général et de dire ce qu'on a dans le cœur, au lieu de jacasser dans le sens prescrit, pour tomber sous le coup des sanctions. Mais à l'Ouest tout aussi bien, l'homme de pensée ne peut sans devenir suspect aborder les thèmes brûlants : les différences de pouvoir – depuis la manière dont l'individu dispose directement d'autres humains jusqu'au traitement qu'il connaît dans une clinique, chez le dentiste, en voyage, sans parler des satisfactions narcissiques, ni du manger, du boire ou des femmes. Plus que jamais le monde, en démocratie, est là pour lui, et les autres n'ont même pas la consolation d'être pauvres avec les pauvres, puisqu'ils ont un revenu, avec une chance d'ascension marquée d'une différence microscopique, mais suffisante pour éveiller la concurrence et pour écarter la solidarité. Sont tabous des thèmes comme le rôle de diversion que joue l'intérêt envers la politique étrangère, les ministres qui téléphonent, se reçoivent mutuellement, s'envolent en avion, tout ce vain discours, humiliant de stupidité, sur les efforts entrepris pour préserver la paix – comme si ceux qui s'emploient ainsi n'étaient pas les mêmes qui contribuent à la mettre en danger. C'est de ce verbiage que vivent ensuite les journaux, les stations de radio et la panoplie des instruments pour laver le cerveau, et naturellement tous les fauteurs de paix, depuis les potentats de l'Est jusqu'aux colonels de Herr Hitler, qui entre-temps se sont abaissés au rang de gardiens de la démocratie. L'énorme propagande pour la politique étrangère, sous les projecteurs de laquelle Khrouchtchev et Nasser remportent déjà presque la première place sur Brigitte Bardot ou sur Soraya, produit ensuite – justement parce que, au fond, les gens se moquent éperdument des conférences – cet abrutissement qui ne sait plus s'indigner quand les représentants de leur propre firme tombent dans les bras de ces gredins dont l'abjection leur sert à justifier le battage autour du réarmement, quand bien même ces derniers viennent précisément d'assassiner les amis de la firme à l'Est ou ailleurs. Dire cela est pour tous une abomination, ici comme en face. L'intellectuel doit maintenir la confiance au sein de l'humanité, fondement sur lequel furent tramées les tueries en masse d'innocents, et qui permet maintenant de s'avancer vers de nouveaux exploits. L'intellectuel est là pour empêcher les hommes de penser – ou à quoi bon finalement la division du travail ? S'il n'est pas optimiste, on n'a nul besoin de lui dans ce monde moribond où l'esprit touche à sa fin.

La dialectique de la société bourgeoise. – La dialectique de la société bourgeoise consiste d'abord à sauver l'individu de l'oppression féodale : ainsi, l'âme que lui avait conférée le christianisme et dont doutait la bourgeoisie allait trouver son expression définitive dans le respect pour tout « ce qui a visage humain ». Mais depuis que la théorie socialiste met l'humanité à la place de l'individu afin qu'il advienne à soi – et la bourgeoisie, avec la société de masse, a depuis longtemps rattrapé la théorie socialiste –, l'individu apparaît devant le collectif, nation ou bloc d'États, comme une *quantité négligeable**. Il est tenu pour un néant afin que prospèrent l'ensemble des individus. C'est ainsi que la société, à un niveau supérieur, retourne au Moyen Âge. Ce dernier, pour l'amour de l'âme, avait considéré l'individu et son bonheur comme rien, le présent le traite pareillement au nom du bonheur. Ceux qui périssent ou sont sacrifiés pour l'humanité, voire pour une prétendue nation, ne sont pas recueillis en son sein, ils sont morts, néant, terre. La société bourgeoise elle-même entre dans la violence générale qui s'annonce, elle est avalée par les événements, sans sauver son principe, l'individu. La société, donc, s'établit comme cette race de prédateurs naturels qu'elle a toujours été, mais dorénavant avec la conscience de soi qui lui correspond – organisée comme telle.

Trop abstrait. – La philosophie des Lumières représente la vérité dans sa lutte contre les puissances dominantes. Après la victoire, obtenue dans le sang avec la Révolution française, disparut le contraste dont elle vivait. Ses thèses demeurèrent identiques mais, dépouillées de la contradiction apportée à la puissance de l'injustice, elles sombrèrent dans une fade doctrine de la connaissance qui n'était même plus exacte. La pensée, sans la tension qui l'oppose à la réalité, perd sa force. Isolée, soustraite à l'histoire, simple « thèse », elle n'a pas accès à la vérité. Même les idées les plus élevées ne sont rien prises en soi uniquement. C'est ce que signifie, dans la préface de la *Phénoménologie*, la phrase sur la souffrance et l'ennui. Elle résout également l'énigme de l'ennui dans d'autres arts. L'abstrait avait un langage lorsqu'il faisait front au naturalisme, même à celui ayant la forme avancée de l'impressionnisme et de l'expressionnisme. Après la fossilisation muséale des œuvres du XIXe siècle, l'art abstrait s'affadit en bien de consommation et en objet d'ornement. Il devient anodin et conformiste, aussi rebelle qu'il s'affiche. « Il faut encore une tache de couleur sur ce mur », déclare le directeur de banque qui marche avec son temps, « *look how funny* », l'*employee* américain, à la vue d'un Picasso, « *that woman has three eyes, doesn't she* ». Les artistes ont gagné, ce fut une victoire à la Pyrrhus ; dans les époques telles que celle-ci, l'art vit de défaites.

La difficile tradition. – La rébellion des jeunes contre la tradition se construit de la même manière que la conscience morale se retourne contre ceux qui l'ont inculquée aux jeunes. Ici, la sincérité, la justice, le zèle, toutes les vertus sont dirigées contre les pères avec un rigorisme tout neuf là-bas, c'est la rationalité nourrie par les Anciens. « Deviens raisonnable, ne te mets pas d'insanités en tête, ne fais rien d'inutile », dit le père. « À quoi bon respecter ce vénérable fatras dont le sens ne m'est pas évident », répond le fils. Et malheur si maintenant le père s'écarte de la raison. Il faudrait une très longue maturation pour que le fils sache d'expérience que la raison devient raison lorsqu'elle est déjà davantage que raison. Le défaut le plus douteux du rationalisme indigent, comme dit le slogan, n'est pas la prétendue aridité, par exemple, mais la régression dans l'irrationnel, dans la métaphysique mensongère. Continuer jusqu'à ce qui s'appelle raison, jusqu'à la raison en elle-même, cela requiert un temps plus long qu'il n'est donné aujourd'hui à l'individu.

Jésus. – Jésus est mort pour les hommes, il ne pouvait se conserver avaricieusement pour lui-même, il appartenait à tout ce qui souffre. De cela, les pères de l'Église ont fait une religion, c'est-à-dire une doctrine qui même pour le méchant était encore une consolation. Depuis, elle a connu un tel succès à travers le monde, que penser à Jésus n'a rien à voir généralement avec l'action, ni avec ceux qui souffrent. Quiconque lit l'Évangile et ne voit pas que Jésus est mort *contre* ses actuels représentants ne sait pas lire.

Cette théologie est le plus terrible sarcasme qu'une pensée ait jamais pu essuyer : l'Église des origines, après de nombreux combats intérieurs, accueillit en fin de compte les soldats, mais n'en était pas encore à bénir les instruments meurtriers de deux armées ennemies. Les énergies spirituelles qui furent éveillées par l'acte inouï de Jésus, brisant le froid de l'Antiquité, sont détournées par la religion qui se réclame de lui, détournées de la mimésis vers le culte, de l'agir vers l'adoration. Si cela ne s'était produit, on aurait probablement oublié Jésus, ses adeptes se seraient dépensés en vain, ils auraient sombré dans l'obscurité ; au lieu d'une *successful organization*, qui n'est pas dépourvue non plus d'effets culturels, rien ne resterait, les bonnes actions et institutions du christianisme comme les mauvaises ne seraient consignées dans aucun livre d'histoire, et Jésus garderait le dernier mot. Son Royaume ne serait pas de ce monde. Qui osera dire ce qui vaut le mieux ?

En vain. – Les sentiments de générosité, de bonté manquent de souffle aujourd'hui. Ils existent à l'état naissant chez les jeunes gens, mais la vie pose bien trop vite ses exigences. Cela se reflète jusque dans le détail des gestes. On voit dépérir le sourire, les mouvements d'ouverture – incongruités, tant qu'ils n'ont pas trouvé un but : la jeune fille se corrigeant parce qu'elle s'aperçoit qu'il n'y a là aucun partenaire éventuel.

Mauvais exemple. – Que les hommes d'aujourd'hui, jeunesse en tête, ne prennent pas note négativement de l'inégalité, des grossières différences de pouvoir, qu'ils ne s'insurgent pas contre elles – tout au moins dans leur cœur –, voilà qui tient d'abord aux mêmes motifs que la tolérance des travailleurs américains envers les salaires des dirigeants syndicaux : s'ils chassaient ces derniers, rien de mieux ne leur succéderait. On s'accommode de ce que les choses n'aillent pas sans tributs payés aux grands, qui sont si gras. Cela est encore renforcé maintenant par la vue qu'on a sur l'Est ; là-bas, le système est autre, mais les différences ne sont pas moindres. Plus cette résignation se répand, et plus diminue la possibilité de voir la société avancée tendre vers l'autonomie. Ils n'ont ni le temps ni la force de se soucier d'autre chose que de leur promotion individuelle, de la gestion de leur situation personnelle. La division du travail entre dirigeants et dirigés est acceptée sans problème tant que les choses vont comme il faut, et si elles vont mal, on verra bien. L'idée de la société libre se révèle, dans cet âge de l'humanité, une simple utopie. C'est peut-être la conséquence la plus catastrophique qu'engendre l'exemple de l'Est pour l'histoire des peuples occidentaux ; ils ne remplissent pas leur propre destination. Ils ont perdu leur conscience de soi.

Entre égaux (juillet 1959). – Aujourd'hui, les millionnaires allemands serrent la main des notables juifs, lesquels ont pardonné. Les clins d'œil amicaux veulent dire que rien n'arrivera aux notables. Ceux-ci ont en poche de l'argent et un passeport. Si jadis un tort a été commis contre leurs semblables, ce fut par mégarde. Notables et millionnaires se comprennent ; leur accord est une tautologie, car ils sont identiques, même si les notables font leur fortune avec la théorie et l'art dits radicaux. En quoi l'un et l'autre peuvent-ils nuire ? Nul n'ignore qu'ils sont une simple façade ; le sérieux commence avec le revenu. La pensée des victimes abattues n'est que farce.

« *Éthique* ». – Quelqu'un a-t-il du pouvoir, sa volonté au service d'un grand but est idéalisme, son insistance une fermeté inébranlable, son renoncement la raison même. Si son pouvoir décroît, la volonté devient manque de réalisme, l'insistance folie, et le renoncement incapacité. A-t-il perdu le pouvoir, il tombe lui-même au rang d'un vieillard insane, qu'on peut à peine encore plaindre. Et qu'opposer à cela ? – un critère objectif, quelque argument du moins ? – rien que l'appel à la justice éternelle.

[*Journal pour l'Allemagne*]. – Le contenu des grands journaux reflète les intérêts matériels des nantis. Ils s'intéressent aux décisions parlementaires, à la politique extérieure, aux partis, bref à tout ce qui exerce une influence sur les affaires et sur la Bourse. Le plaisir est médiat, le journal un outil pour bien investir. La presse à sensation, elle, sert les petits. Dans ses colonnes, ils consomment immédiatement de l'amour, du sport et de la violence. C'est pourquoi elle est également illustrée, l'image tendant à refouler le texte. Le nanti a beau jeu de la mépriser, car il dispose de la star en personne, alors que l'épicier doit se contenter de sa photographie.

Psychanalyse et analyse existentielle. – Il se peut que les concepts de Freud, malgré toutes les professions de foi empiristes, ne soient pas moins spéculatifs que ceux de l'analyse existentielle, lesquels vivent justement du fait que Freud est resté sans fournir une démonstration exacte. La différence réside en ce que les pitoyables produits dérivés de l'ontologie heideggerienne, l'angoisse existentielle, l'avancée vers la mort, l'authenticité conduisent à la froideur envers l'individu et à la dictature au sein de la société, tandis que ceux de la psychanalyse mènent à la compréhension des malades et des bien-portants, à une éducation digne de l'homme et au sentiment même d'humanité. Ils menacent la convention mensongère que constitue le masque moral de la justice punitive et de la cruauté générale, et ils proviennent d'un Juif expérimenté, raison suffisante pour les chasser de la conscience *coûte que coûte**.

Médiation vide. – L'insistance des épigones à souligner l'aspect médiat de tous les phénomènes – ce qui veut dire la conditionalité historique, sociale des perceptions ou des qualités humaines par exemple – tombe à vide. Elle avait son acuité à l'époque de la lutte contre le concept scolastique de nature, et encore à la fin contre le nominalisme jusqu'à Hume. Le positivisme moderne, lui, ne pense pas à donner les *facts* pour originaires au sens ontologique, il s'en fiche pour sa part, il se comprend comme une science auxiliaire et laisse la vérité absolue là où l'avait rejetée Nietzsche. Le problématique dans le positivisme vient de ce que, loin de s'inquiéter sur lui-même, il partage secrètement avec la théologie cette conviction que justement on ne peut éviter d'être positif. La théologie affirme : à la fin, il y a la justice ; le positivisme : les choses vont de mieux en mieux. L'une comme l'autre s'accommodent de la réalité existante, qui forme leur présupposé logique. Répéter que tout résulte d'une médiation, d'un devenir, est obsolète en face de cela – un coup d'épée dans l'eau. C'est en effet prendre la théologie au sérieux en un temps où ses propres adeptes – ici encore avec les positivistes – ont tacitement percé à jour la religion, comme élément de l'économie en fonction.

Démasquage du concept d'idéologie. – Les relations immédiates, ou si l'on veut : les relations personnelles des hommes entre eux furent depuis toujours médiatisées par les relations sociales. Non seulement la manière dont l'un voyait l'autre, mais encore celle dont il se comportait à son égard, ce qu'il faisait avec ou contre lui, tout cela dépendait donc de la réalité sociale. Cependant le rapport de dépendance s'est amplifié. Dans l'actuelle période de décomposition augmente – avec le refoulement de la structure globale de domination sociale hors de la conscience individuelle – le respect cynique des motifs matérialistes, dans la fréquentation des individus entre eux. La chose relève à son tour de la situation économique. Inviter quelqu'un signifiait autrefois – bien que sur un mode symbolique seulement – faire un geste amical de générosité, rompre avec l'avarice bourgeoise, rupture qui est justement le sacrifice sécularisé de la société civile. L'invité s'en trouvait grandi. Dans le remerciement, il y a encore l'intuition oubliée depuis longtemps que le cadeau élève celui auquel il est offert à hauteur d'un dieu. De nos jours, c'est le *Konzern* qui supporte la dépense. Hormis ceux qui cherchent des invités afin de dîner eux-mêmes aux frais de la firme ou du fisc, abstraction faite aussi des plus heureux dont la fortune privée et, par suite, la faculté de perception dispensent même de prendre conscience des notes d'hôtel, la règle s'insinue comme une éthique générale d'inviter seulement les gens qui ne coûtent rien. Le sacrifice n'était lui aussi consenti que dans une claire intention de succès. Néanmoins ce fut autrefois la grandeur de l'époque bourgeoise d'adopter le rite des temps anciens sans croire à sa force, de sorte qu'il prenait, privé ainsi de sa finalité, une signification propre, tout comme l'œuvre d'art qui, n'étant plus directement liée à un usage, permit pour la première fois aux hommes de s'emparer du sens esthétique. L'autonomisation, la réification, l'hypostase des mouvements psychiques sont aujourd'hui non pas surmontées, mais annulées. Au lieu d'imposer à la totalité sociale leur forme à eux, sublime, ces mouvements se manifestent pour une intelligence ferme de manière transparente, comme une idéologie, et finalement comme une lubie, au bout du compte ils disparaissent. Du fait que les relations interhumaines se découvrent dans leur intentionnalité naïve, la possibilité disparaît que l'apparence qui les voilait autrefois devienne vérité dans un monde nouveau.

Spéculation. – La philosophie a toujours été bourgeoise. Thalès, le premier philosophe, fut un génie commercial. Il fit énormément d'argent, sinon avec le pétrole, du moins avec l'huile d'olive. Et c'est Spinoza lui-même qui le raconte avec admiration (lettre à Jelles du 17 février 1671). La pensée philosophique ne s'appelle pas pour rien spéculation. Si Thalès avait eu la poisse et que le commerce d'olives eût été pourri, il serait devenu mendiant, et les mendiants ne philosophent pas.

Reflet détesté dans le miroir. – L'antisémitisme provient en partie de ce que, malgré le féodalisme et l'économie de servage, la civilisation européenne reposa sur le commerce – de même que les autres, vraisemblablement. Les Juifs, représentants les plus anciens de la culture dans le monde chrétien, sont connus comme les témoins de l'état de choses qu'on incarne et qu'on refuse de percevoir. Chacun de leurs gestes professe la justice, tel un échange égal, chacun de leurs gestes rappelle le mode de vie qui est le vôtre, chacun de leurs gestes, même quand il sert le mensonge individuel, compromet le mensonge qui traverse la société. C'est pourquoi les Juifs s'en sortirent mieux dans l'Amérique matérialiste que dans l'Allemagne idéaliste. C'est pourquoi également, aujourd'hui, ils sont partout en péril ; la justice qui s'exprime dans leur être et dans leur volonté ne contredit pas moins au capitalisme d'État des pays de l'Est qu'à la société occidentale de monopole. Ils sont attachés au commerce, au libéralisme, à la relation interindividuelle, à la bourgeoisie. Leur existence, quelles que soient ses contradictions dans le détail, mène à une société d'hommes libres aussi bien qu'égaux, mais non à la communauté nationale[1].

Aux positivistes. – On appelle positivisme ou empirisme moderne la conception qui, pour l'essentiel, vit de l'oubli de deux facteurs la concernant spécialement. L'un et l'autre se rapportent au monde de l'esprit. Premièrement, les représentants de cette manière de

1. *Cf.* note 1 page 179. *(N.d.T.)*

voir s'empressent d'assurer que les conclusions généralisantes, les analogies et conjectures qu'on tire de subtiles enquêtes sur des objets individuels et sociaux calquant leur méthode sur les sciences de la nature, et qu'on applique à l'homme et à la société, ne sont en soi nullement fiables. Les études ne visent que le cercle étroit des faits et le segment de temps limité auquel ils se rapportent. Mais les choses étant ainsi, un bon observateur doublé d'un homme sensé a droit à son imagination, à son intuition, à sa spéculation, tout au moins autant que le chercheur en sciences sociales à ses suppositions. Le chercheur court même le danger, inversement, que les arbres lui cachent la forêt, autrement dit : les tendances déterminantes de la vie historique et individuelle, en raison de ses arrangements à lui, de ses *facts and figures*. Deuxièmement, les positivistes ont coutume d'admettre que les sentiments ne présentent aucune différence au regard de la vérité, qu'il est équivalent du point de vue de la connaissance qu'on réagisse à un événement avec plaisir ou malaise, que l'un et l'autre sont en même temps des faits; cependant les positivistes aiment préconiser leur manière de voir comme la plus nette, la plus correcte, la plus utile au bien commun, ils se trouvent dans le rapport le plus étroit qui soit avec le progrès de l'humanité. Aujourd'hui, ils aiment évoquer les masses emportées par l'ivresse totalitaire, les adeptes du national-socialisme, pour illustrer par l'exemple les suites d'hérésies aberrantes, métaphysiques ou autres. On omet alors simplement que le tyran lui-même, que l'instructeur du peuple Joseph Goebbels, qui a mis les masses en branle pour le compte de magnats doués d'une pensée tout aussi lucide, se comporta de façon philosophiquement impeccable selon la doctrine positiviste et, eût-il atteint ses fins, n'encourait aucun blâme devant une quelconque raison. Les positivistes ne connaissent pas la réalité de la juste vision et de la juste action au sens emphatique.

Ils ignorent complètement que la haine envers l'honnête homme et le respect pour l'être vil sont devant la vérité, pas uniquement devant les mœurs, des émotions erronées, des expériences et des réactions non seulement idéologiquement blâmables, mais objectivement erronées, peu importe que leur but soit atteint ou non. Or le but envisagé à chaque fois est le seul critère d'après les positivistes. L'utilité générale, le prétendu bonheur du plus grand nombre dont ils font volontiers, aujourd'hui encore – et point uniquement à l'époque de Bentham –, l'objectif évident des sciences aussi bien que des affaires, ne doit, dans la logique de leur propre conception, préoccuper personne, comme au demeurant cela n'arrive qu'assez rarement. Ô, positivistes éclairés, vous croyez que votre lucidité est tout uniment humanité. En vérité, vous vous reposez sur le ciel et l'enfer, c'est-à-dire sur la religion. Si les hommes ne lui étaient pas attachés, vous n'auriez probablement pas moins de scrupules à préconiser le renoncement à la mythologie que Voltaire, à qui elle semblait encore indispensable pour la *canaille**. La différence vient de ce qu'il le savait, alors que vous, vous croyez naïvement au pouvoir de la lucidité. Le combat de Voltaire contre la superstition s'en prenait à la cruauté du régime menacé, le vôtre vise la théorie qui, face au régime actuellement régnant, a pour présupposé immanent l'idée d'un état de choses plus adapté, plus digne de l'homme, plus vrai. Ne voulant admettre que les faits, vous bannissez du domaine de la raison la différence entre l'intention juste et fausse, et vous laissez à la seule réalité existante le soin de déterminer les tâches et les moyens d'en juger. Votre mythologie, c'est d'élever au rang de l'Un et du Tout la réalité existante, c'est d'en faire l'unique chose à côté de laquelle on ne saurait avoir aucun autre dieu. Par la manière dont vous définissez ce qu'on appelle science, vous désignez le scientifique comme le fonctionnaire du fonctionnement déjà régnant. C'est la raison pour laquelle le néopositivisme est aujourd'hui la marque d'identification de l'élite fiable. L'heideggerianisme rentre parfaitement là-dedans, car non seulement la séparation opérée entre philosophie et science aboutit à ce que cette dernière, comme le veut le positivisme, est tenue de se limiter aux faits, mais encore la philosophie artisanale prétend, au sein de cette division du travail, labourer l'Être aussi lucidement que les autres professeurs en chaire les différents domaines de l'étant. Et tous deux, le positivisme et l'ontologie fondamentale, unis au fond, s'entendront d'autant mieux avec ces messieurs de l'Est qu'il y aura plus à manger là-bas. Que l'idée d'un changement sur place ne puisse habiter la pensée, ce fut toujours une évidence pour les potentats de ces pays. La négation dans la dialectique, la critique, ce furent toujours les dominés qui eurent à l'exercer sur eux-mêmes à l'intérieur, tandis qu'à l'extérieur elle servait la prétention à l'expansion. Le matérialisme glorifiait son propre État, se montrait d'autant plus impérieux que les choses empiraient, maintenant il s'appelle quasiment déjà réalisme ; le terme de positivisme est tabou uniquement à cause de l'ancien écrit[1]. Que la pensée n'oppose à la réalité existante aucun Autre, qu'elle n'ait pas le droit de la voir sous l'aspect de l'Autre, que la théorie au sens propre ne soit pas reconnue, cela n'est pas moins valable pour Moscou que pour New York.

1. Il s'agit de l'écrit polémique de Lénine, *Matérialisme et empiriocriticisme*, de 1909. *(N.d.T.)*

1959-1960

[*Théorie de la convergence*]. – Ce qui marque la décadence de la civilisation occidentale n'est pas qu'elle soit disposée à négocier avec les barbares, même si cela prouve la faiblesse des peuples civilisés, mais qu'elle ait tendance à accueillir Khrouchtchev comme l'un de ses pairs. L'Amérique le reçoit comme une sorte de *rugged individualist*, un *businessman* efficace, un *farmer* frais et joyeux, physiquement et moralement capable d'endurer maintes choses sans rêvasseries humanitaires. Il obtient des résultats pour son peuple, fait de la Russie une usine qui marche, avec lui on peut s'entendre. C'est reconnaître implicitement que les affaires, la production demeurent l'essentiel; christianisme, *diamat*[1] sont l'huile dans les rouages et remplissent leur nécessaire fonction : assurer la cohésion de la société; on a bien besoin de ce genre de chose. Mais comme les Russes doivent d'abord amener leur production au niveau où les Américains se trouvent déjà, ils commencent naturellement par se concentrer sur la technique, l'élément décisif, tout le reste passant alors non moins naturellement au service exclusif de celle-ci – tandis que chez les Américains la même démarche signifie que l'on renonce à aller au-delà. On a déjà connu un rapport

1. *Diamat* : abréviation pour matérialisme dialectique. *(N.d.T.)*

analogue entre les États-Unis et l'Europe. Quand elle s'est ralliée, en l'imitant, à la concentration forcée de l'Amérique sur la production et les affaires, l'Europe, qui auparavant eût été en état de procéder à l'instauration d'une vie plus vraie, a renoncé à sa propre évolution historique, se résignant à ne pas réaliser le développement de l'homme et de la justice selon le principe qu'elle portait en elle. Avec l'Amérique une nouvelle fois, elle a fait du niveau de vie l'objectif principal, sans nécessité. Cela vaut pour l'Allemagne impériale comme pour celle de Hitler, et depuis la fin de la Seconde Guerre mondiale pour les autres pays européens. Maintenant pour tout l'Occident. La profession de foi en faveur de la liberté, prise au sérieux par des individus et des groupes isolés, s'est au total dégradée en phrase, et se révélera aussi comme telle, dès qu'il s'agira de protéger les affaires. Alors – comme c'est déjà visible aujourd'hui –, on prend son parti de la dictature. Khrouchtchev s'esclaffe, à juste titre. *In puncto* technique et niveau de vie, il va finalement rattraper les autres ; ainsi tout ce qui va au-delà, tout ce qui aurait pu constituer l'avantage de la civilisation occidentale : l'épanouissement des individus à travers des formes d'administration auxquelles ils participent véritablement à part entière et, par conséquent, l'extension de la pensée consciente d'elle-même, des instincts et énergies souverains chez les individus par-delà leur pure spécialisation ainsi ramenée à un simple facteur, tout cela donc, on y renonce ici. La réalisation en est alors abandonnée aux nouveaux peuples seigneurs du monde, une fois dépassée leur période de jeunesse, dans laquelle ils rattraperont les Occidentaux. C'est pourquoi l'enthousiasme occidental pour le potentat Khrouchtchev est si confondant.

Derrière la façade. – Que la démocratie *or whatever you may call it* ne possède en Allemagne d'autre tradition que guerres perdues et *ré-éducation*, les Allemands sont les premiers à le dire. Mais, derrière ce maquillage de leur rancune envers les *droits de l'homme**, il y a chez eux cette disposition à verser dans ce patriotisme fanatique distinct de celui des autres peuples en ceci qu'il est dépourvu d'idée, et relève tout simplement d'une barbarie collective. Il n'y a pas d'amour là-dedans, comme suffit à le prouver cette kermesse folklorique, manifestement dégénérée en un kitsch obscène, des *pressure groups* régionalistes et des romans à l'edelweiss. Il n'y a rien de vrai sinon l'appétit de pouvoir et l'agression. Comment un peuple pourrait-il faire preuve de conscience de soi, lorsque, avec la génération encore en vie aujourd'hui, il a exercé douze années durant le meurtre comme métier, sur l'ordre d'un démagogue à la fois rusé et dément ; qu'il a envahi ses voisins et voulu soumettre le monde, mais qu'aussitôt après sa défaite il a salué ses ennemis en libérateurs parce que c'étaient eux désormais les maîtres ; un peuple qui cependant, le premier effroi passé, a découvert la haine envers les libérateurs et qui, chaque jour où la situation s'améliore pour lui grâce à l'aide étrangère, s'arme pour de nouveaux exploits. Nulle part dans les pays civilisés le patriotisme a moins de raison d'être qu'en Allemagne, et nulle part les citoyens exercent moins leur critique à son égard qu'ici, où il a accompli le pire. Berlin, la réunification, les territoires au-delà de l'Oder de cette Allemagne à bon droit vaincue, deviennent autant de stimulants de la nouvelle mentalité patriotique, qui par une volonté funeste se répand contre la contradiction intérieure, voire extérieure. Inaccessible à toute discussion, parce que trop irréfléchi pour s'appuyer sur aucun motif rationnel, empruntant habilement à l'Occident une réputation de peuple libéral partageant l'histoire politique du monde libre, on se prépare à jouer un nouveau tour à la liberté. Les prosternations devant les combattants de la résistance, les abjurations officielles de l'antisémitisme, depuis les visites de synagogues effectuées par les maires jusqu'au silence en hommage à Anne Frank, toute cette culpabilité ostentatoire déjà mise en sourdine, déjà formelle, a simplement pour fonction de se refaire une bonne conscience pour le vrai patriotisme, dans la mesure où elle n'est pas simplement de la réclame pour *Foundations* américaines. Si le patriotisme en Allemagne est si terrifiant, c'est qu'il est tellement peu fondé.

La malédiction de la finitude. – À la dureté nécessaire à l'individu pour s'affirmer dans le monde, tant envers les autres qu'envers la nature, correspond, dans l'histoire des peuples, la disposition à la guerre. L'indulgence, la douceur indifférenciée soutiennent autant le mal que la force et la volonté de s'y opposer permettent seules au bien de s'épanouir. Le christianisme, en érigeant l'affirmation de soi en règle de sa propre pratique et en continuant tranquillement, sans y rien changer, de proclamer l'Évangile qui enseigne le contraire, n'a pas surmonté la contradiction, il l'a tout uniment laissée en l'état. Cela n'est pas moins paradoxal de sa part que, dans la représentation kierkegaardienne, l'invraisemblance du contenu de la croyance ; mieux, il s'agit là du même paradoxe, mais exprimé autrement. À cela se rattache l'impossibilité reconnue de s'opposer au mal sans commettre une injustice. Personne n'est assez sage pour pouvoir être sûr que le coup qu'il porte pour se défendre va justement frapper celui qui le mérite. Quand l'individu ou la société s'attribuent le droit de punir, ils deviennent la bête qui se défend. Toutes les rationalisations de la violence ne peuvent rien y changer. Les humains, en s'affirmant, deviennent des bêtes et sans devenir des bêtes ils ne peuvent être des humains. Ils sont voués à périr et si, par défaut de résistance, quelle que soit la manière de justifier ce manque, ils laissent triompher l'inhumain, ils retombent à l'état de bêtes. Répondre que le saint n'est pas sans force ne permet pas de sortir de l'impasse, car le saint pâtit de sa croyance en l'au-delà. Il n'y a pas d'issue, la finitude est une malédiction.

Pour une association des clairvoyants. – Fonder une association à travers tous les pays, en particulier en Allemagne, qui exprimerait l'épouvante de ceux qui ne possèdent pas de foi affirmative, ni métaphysique, ni politique. La politique leur apparaît, en tant que praxis humaine, impossible dans l'Europe démente de l'après-guerre ; la métaphysique, tel un galimatias. Pour tous ceux qui saisissent l'horreur du miracle économique, la démocratie mensongère, les procès en corruption avec des juges hitlériens, le luxe et la misère, la *rancune** et le déni de toute honnêteté, l'admiration des magnats de l'Est et de l'Ouest, la dissolution de l'esprit, la provincialisation de la vieille civilisation, pour tous ceux-là cette association serait donc une sorte de patrie. Sans prêcher la révolution, parce qu'elle se termine en terreur pure, ils seraient cependant les héritiers, impuissants certes, de la révolution qui n'a pas eu lieu, les malheureux clairvoyants qui descendent dans les catacombes.

Au nom du peuple. – La conscience que les juges, comme toutes les autorités, sont des organes de la collectivité, qui a donc pour devoir de les surveiller, est totalement absente en Allemagne. Les juges sont l'autorité : en haut donc, responsables devant personne. Quand une affaire judiciaire passe dans la presse, nul ne la ressent comme s'il avait mandaté le tribunal ni comme s'il était chargé de veiller lui-même à ce que le juge n'outrepasse pas les pouvoirs dont il dispose. Ce dernier est un haut fonctionnaire, membre de la classe dirigeante, voire son incarnation, il exprime la vérité. L'affect que déclenche l'obéissance a trouvé depuis sa jeunesse le seul et unique chemin que le pouvoir intouchable lui ait encore laissé : l'identifi cation avec ce pouvoir et la vengeance contre l'être stigmatisé par lui. Les sentiments réactivés prennent le cours prescrit, usant des rationalisations prescrites, et en même temps servent aussi à évacuer l'envie quotidiennement accumulée. Tout est mis au compte de l'accusé, surtout si le délit est affaire d'argent ou de brutalité, car c'est à quoi aspire celui qui doit courber l'échine. L'inculpé est seul, un élément au sein de l'économie pulsionnelle des mutilés psychiques qui le consomment jusqu'à ce que s'en présente un autre ; et, par avance, ils jouissent déjà à l'idée que le procureur incontrôlé et le juge vont leur servir la prochaine fois des plats encore plus savoureux en rappelant qu'on ne doit bien sûr épargner personne. Au procès du baron qui s'est laissé corrompre par un déjeuner, nous nous sentions encore atteints d'un léger malaise. Nous ne serons plus troublés si maintenant on s'en prend enfin au vrai corrompu, au débauché et au trafiquant. Ce qui se passe ici nous donne bonne conscience, ou, plutôt, cela justifie après coup la poursuite de ces hommes d'argent et de ces intellectuels et nous donne pleinement droit à la suivante.

Instinct de conservation. – La malédiction de l'humanité réside dans le fait qu'elle est incapable de s'élever au-dessus de l'animalité. Chacun veut bien vivre, bien manger et bien boire, être à son aise, sexuellement aussi. Tout le reste ne représente que détours à cette fin, au cours desquels il peut arriver qu'on se perde et que l'on en vienne à prendre le détour pour la fin elle même. La production du beau et du vrai est au service du bien-être mais, évidemment, elle se prend facilement pour le but lui-même. Elle se distingue du métier de boucher non pas en raison de la façon essentiellement différente dont elle sert d'instrument, mais parce que, considérée en elle-même et dans la mesure où elle n'entraîne pas de plus grande consommation de sang, elle est un moyen plus autonome. Avec sa distinction entre autoconservation et pulsions libidinales, Freud a eu tout à fait raison contre la psychologie mensongère ; les unes sont souples, l'autre ne tolère pas de retard. Mais l'insistance sur la libido peut facilement faire oublier que l'autoconservation est primaire. Freud a perdu de vue le lien entre les deux. Les dérivés des pulsions partielles, comme il les appelle, le narcissisme, la cupidité et l'orgueil, l'appétit de pouvoir et la cruauté sont tout aussi bien des mutations et des fixations de stades de l'autoconservation que de la sexualité, et, même, la sexualité est vraisemblablement la tendance à l'autoconservation inhérente à l'espèce et transformable chez l'individu. La transformabilité de la pulsion sexuelle dévoile que l'individu n'existe que pour la reproduction de l'espèce ; il peut renoncer, car il n'est pas une fin naturelle, et il peut se poser comme absolu, car il n'est pas indispensable. L'élément religieux fait entrer par l'imagination le bien-être dans l'infini. Mais au-delà de ce petit espace de bien-être que l'espèce lui accorde dans sa situation historique, c'est le néant. Il faut aussi partir de cette connaissance quand on considère la politique, intérieure et extérieure. Tous les efforts des industriels, des dirigeants syndicaux et du clergé sont d'abord dirigés vers leur propre bien-être et son maintien, qui ne peut se garantir que par le renforcement du pouvoir ; en second lieu, ils sont dirigés vers les groupes ayant des exigences avec lesquelles il faut compter. Pour l'Est, pour les nations dites en train de s'éveiller, cela vaut de manière encore plus aiguë. Mais quand un individu met sa vie en jeu pour une majorité, il hypostasie la règle valable pour tous les animaux grégaires : un être est moins important que beaucoup, ou bien il devient la victime des rites de célébration fondés à cet effet. Il les prend inconditionnellement au sérieux. Même la pitié, l'amour, sont des hypostases de la conservation de soi et de l'égoïsme inhérents à l'humain, dussent-ils le mener à sa perte. Celui qui aime, s'aime lui-même dans son action propre aussi bien que dans de tout autres actions. Mais si l'on conserve la compréhension de la grisaille uniforme des motivations, l'art et la philosophie disparaissent, en même temps que la noblesse de l'action, dans l'universalité de l'instinct naturel. Cela est vrai tout en étant notoirement non-vérité. La symphonie de Beethoven n'est pas seulement autoconservation, mais tout autant libération par rapport à cette sphère, de même que s'aliéner dans les autres signifie en même temps se libérer de l'étroitesse rigide de son moi propre. Se porter au-delà de soi, c'est exprimer ce qui tient chacun prisonnier, l'apparence d'autre chose fait entrevoir une lueur. Cependant, la liberté qui s'offre ainsi n'abolit pas l'enfermement réel dans la sphère de l'autoconservation qui constitue la finalité de la raison, elle ne fait que le refléter. La liberté consiste en l'apparence de la captivité. C'est la seule consolation qui reste aux humains puissants-impuissants, lesquels en réalité ne sont que des animaux.

Histoire et avenir de l'individu. – Dans la civilisation européenne, l'idée de l'importance absolue de l'individu s'est affirmée à travers le christianisme. Le concept de l'âme immortelle a servi de médiation. De l'idée du Dieu éternel découla le destin éternel de chacun de ses enfants. Si cette conséquence logique est également passée dans la conscience, au lieu de disparaître sous un galimatias préfabriqué, présentable lui aussi comme la conséquence logique et amplement répandu par les théologiens, cela tient aux besoins réels, à l'évolution européenne spécifique de la technique, de la production et de l'économie – évolution certes impossible à détacher complètement du christianisme : elle a produit le sujet économique libre en la personne du chef d'entreprise et la forme correspondante de la société bourgeoise. Mais tandis que le libéralisme se survit nécessairement dans le capitalisme monopoliste, l'idée de l'importance de chaque individu perd aussi de son actualité. Le christianisme, dont la fonction progressiste est épuisée, ne sert plus essentiellement qu'à l'intégration dans la réalité monopolistique, et doit ce faisant entrer en concurrence avec des idéologies fascistes et nationalistes qui remplissent le même rôle aussi bien, sinon mieux. La figure spirituelle avancée serait une conscience qui, tout en réalisant la nature périssable du sujet individuel, resterait attachée à son caractère unique et développerait une société dans laquelle, en dépit de son insignifiance, l'individu représenterait la finalité de l'ensemble : c'est pourquoi justement cela aurait un sens pour lui de se mettre à son service. Puis, l'exaltation de l'individu dans le mythe de l'âme aurait acquis après coup une légitimation historique, un peu comme le totem, l'image rehaussée de l'animal dans la domination des animaux, la vénération du lion et du mouton dans la chasse et l'élevage. L'élévation d'un concept au niveau religieux indique généralement son impuissance dans la vie réelle, sa promotion au rang d'objet de vénération est le commencement de son dépassement. Cela peut vouloir dire surmonter ou liquider. À l'Ouest, la notion d'individu semble se dégrader en menue monnaie du conformisme : « ce qui compte, c'est l'homme » et « la valeur de la personnalité ». Tout cela fait partie du voile qui dissimule la domination des milliardaires, laquelle n'a plus d'avenir historique. Les monopolistes de l'Est ne sont pas plus moraux. Au contraire. Cependant, comme ils déifient la société et non l'individu, prenant l'antithèse du christianisme pour ainsi dire, et parce qu'ils se trouvent au début d'une période historique, il pourrait sortir de cette réalité sanglante, comme autrefois la bourgeoisie des terribles combats de la Renaissance, une société maîtrisée, c'est-à-dire qui fonctionnerait pour tous les êtres humains. Alors le concept d'individu ne serait pas liquidé, mais conservé. Pour cela il faut en tout premier lieu que les constellations historiques permettent aux intellectuels européens, qui sont à l'origine des idées modernes de l'Est sur le marxisme et la technique, de maintenir leurs propres idées et d'y intégrer le nouveau qui va également se répandre sur l'Europe dans la terreur. Il viendra de l'extérieur et de terrible façon, puisque l'Europe ne l'a pas réalisé en elle-même, de sorte qu'il doit maintenant s'étendre avec barbarie à partir de la barbarie ; et il n'est pas impossible que se perde à nouveau au sein de l'humanité l'idée que l'individu ne saurait se perdre.

Fonction et limites de la culture bourgeoise. – Fonction historique de la culture bourgeoise : transmettre aux humains, après leur emprisonnement aveugle dans les collectivités et les hiérarchies du passé, une conscience de soi individuelle, les éduquer à l'idée que la pensée habite en chacun, que sa dignité se communique à chacun, que la liberté de l'individu est universelle. Limite de la culture bourgeoise : se durcir dans l'isolement et la singularité, et par là même tourner au mensonge. La conscience de soi est conscience de la vie, des capacités, des émotions, des expériences, qui se construisent aussi bien à partir des structures sociales, de la nature agissant avec et contre elles, de l'histoire et du présent, qu'à partir de l'énergie subjective encore indéterminée et apparemment libre, à partir de l'élan de l'individu. L'étranger a toujours su cela : le pauvre qui a vu le riche, l'indigène qui a vu le colon, le sans-culotte qui a frappé l'aristocrate et inversement. Les étrangers eux aussi se perçoivent mutuellement comme des individus, toutefois la détermination naturelle et sociale de l'autre, depuis la langue jusqu'à l'armement, depuis le vêtement jusqu'à la couleur de la peau, leur apparaît plus importante que la prétendue individualité. Dans la vie pratique cependant, ils sont tous étrangers les uns aux autres. C'est pourquoi les associations nationales, religieuses et autres s'adressent aux individus qui les composent avec le nom de leur collectivité respective, et non comme à des êtres individuels ayant une vie propre. La culture bourgeoise, incluant la contradiction ainsi posée entre l'être humain, par lui-même tel, et l'être humain conditionné, a coutume de l'ignorer dans le quotidien quand elle additionne les contraires sans tenir compte des signes dont ils sont affectés, l'individuel avec le social, l'universel avec le particulier. Selon elle, l'individu est lui-même, plus ce que la nature et la société y ajoutent, il est sujet singulier, plus sujet historique, supra-individuel, plus les influences du monde. Dans sa théorie philosophique, elle ne se laisse pas embarrasser, l'idéalisme subjectif conserve le sujet, le matérialisme philosophique l'objet seulement, et le positivisme logique, rendu prudent par les débats ardus, met fin au concept de sujet et d'objet, tire un trait dessus comme étant pratiquement inutile. Cette question insoluble de l'individu, hypostasiée par la nouvelle ontologie fondamentale, habillée de façon charlatanesque telle une sorte de miracle – l'être devenant un « être-là » excentrique –, est ce qui rend en même temps le positivisme tellement commode et plausible ; nier la difficulté, ou la déifier et s'en proclamer le prophète, telles sont les deux faces d'un même refus de la surmonter pratiquement ; l'absolu du sujet particulier est maintenu en tant que thèse bourgeoise fondamentale, et en même temps on reconnaît qu'il est déterminé par autre chose, donc relatif. Mais le maintien immuable, l'absolutisation, donne à l'individu, dans la théorie, ce que la pratique doit lui refuser. Moins la bourgeoisie a été capable, au cours de sa domination dans le monde occidental, de ratifier l'émancipation politique des individus en soumettant la société à leur activité consciente commune, plus elle s'en est tenue autoritairement à l'idéologie de la liberté de l'individu, dont participe le dogme de la souveraineté inviolable de la nation. Pour que le Français et l'Allemand puissent s'appeler du nom de leurs peuples au lieu de leur nom personnel, et cela non plus en tant que mineurs dirigés mais en tant que sujets autonomes, il faudrait que la France et l'Allemagne deviennent à tel point la cause de l'individu qu'elles ne seraient plus simplement la France et l'Allemagne, mais des éléments d'un monde justement organisé. La bourgeoisie, au contraire, n'ayant pas su rendre possible la négation autonome rationnelle de l'individu vers une société qui fût sa propre société, réellement codéterminée par lui, voici maintenant que s'avance, après le terrible prélude du fascisme, la caricature de la négation de l'individu, le collectivisme à l'Est. Le fascisme a exprimé l'impuissance de la bourgeoisie à surmonter l'inauthentique absolu du sujet individuel, il était une fin, l'État autoritaire russo-chinois est un début, qui n'a pas en lui la conscience de soi bourgeoise. En face de l'Ouest, qui a échoué, il ne peut apparaître que comme le fascisme, comme le déni aveugle de l'autonomie individuelle. Pourra-t-il de lui-même produire la forme supérieure, pourra-t-il rendre universelle la subjectivité particulière sans que périsse l'organisation universelle qu'il se prépare maintenant à réaliser dans l'épouvante, à la mesure de la technique nouvelle ? L'histoire à venir le dira. Mais les individus, dans le monde bourgeois, doivent apprendre que la formule : je suis autonome, je suis libre, je suis ma propre fin, n'est pas moins abstraite et fausse que l'affirmation des Russes, d'après laquelle leur société est la réalité vraie, ou que le réalisme abstrait de la scolastique, d'après lequel seul existe l'universel – *id est* l'Église –, tandis qu'à côté, immédiatement, se maintenait la doctrine de l'âme individuelle immortelle, jusqu'à ce que le nominalisme, l'avant-garde de la bourgeoisie, vienne renverser le rapport. La croyance en soi de l'individu est alors devenue stérile. Elle fut un facteur du processus d'émancipation de la bourgeoisie et en tant que tel un facteur de vérité ; aujourd'hui, la doctrine exige comme réponse que l'individu doit mourir sans avoir la possibilité de se fondre activement dans un tout significatif, mourir commandé, dans les guerres modernes qu'il fait comme si c'étaient les siennes, par lavage de cerveau ou par contrainte physique ; il doit vivre et mourir entraîné dans les circonstances qu'il a inconsciemment contribué à créer. Tant que la mort ne sera pas maîtrisée, il mourra toujours comme un animal, dans la mesure où la fin vient de l'extérieur, opaque, absurde, même dans le sacrifice conscient. Mais la mort et la vie seront d'autant plus absurdes que le monde que se sont créé les humains est lui-même chaotique et absurde, lui-même non identique à l'homme, purement extérieur à lui. La culture bourgeoise – tout en elle – se falsifie exactement à proportion et à mesure qu'elle dépasse le moment où il lui était encore possible de devenir plus qu'elle-même. Cela s'exprime dans toutes les branches. Si l'art, l'art plastique autant que la musique et la littérature, a représenté jadis un facteur critique, dont l'impuissance n'était pas essentiellement habitée par le désespoir, aujourd'hui le désespoir devient de surcroît un ornement. L'architecture, les salles hautes, le mobilier destiné à l'individu et auquel pouvaient se rattacher des souvenirs avaient élevé cet individu, fût-ce aux frais des masses, en paraissant faire du moyen lui-même, maison, chaise, lit, tapis, le but. En eux, dans la façon dont ces objets, chacun selon sa particularité, jouaient leur partition dans les longues journées de l'enfance, l'individu prenait connaissance de sa propre particularité, dont ils étaient partie intégrante. Aujourd'hui, tout est rabaissé par le progrès à un rôle d'instrument, et il ne reste rien pour rehausser le sujet propre, ni la nourriture, ni le vêtement ni la parure, afin qu'il puisse, à partir d'eux, se reconquérir comme individu unique. Le sujet devient objet de la production, qui n'est pas maîtrisée par lui ; devenu totalement la fin, il s'est perdu dans la masse, dont les dirigeants sont les plus rusés et les plus brutaux. Dès que l'histoire des individus et des peuples n'avance plus, commence la régression.

Fausse modestie (octobre 1959). – Que maintenant la social-démocratie liquide officiellement aussi de vieux restes de la théorie révolutionnaire, c'est tout à fait dans l'ordre. Dans le monde occidental, la révolution aurait encore pour sens, tout au plus, de livrer plus rapidement les formations étatiques provincialisées aux mains des puissances de l'Est intéressées. C'est ce qu'escomptent Otto Strasser et consorts, sans parler des laquais communistes. La social-démocratie veut s'installer dans la démocratie dirigée existante et – sans transformations fondamentales – en fournir un jour elle-même les dirigeants. Le parti démocrate américain fait fonction de modèle pour les Européens. Mais ceux-ci arrivent tard. Dans la période qu'abordent les États occidentaux, la lutte pour le pouvoir ne relèvera plus longtemps d'une compétition pacifico-démocratique ; les cliques rivales doivent forcément viser leur oppression réciproque. Cela se manifestera dès que la conjoncture faiblira ou que la supériorité du niveau de vie, par comparaison avec la Russie, diminuera visiblement. Alors les monopolistes, qui soutiennent les actuels partis de gouvernement, auront recours au totalitarisme de droite, et les sociaux-démocrates devront, en dépit de toutes leurs abjurations de la révolution, avoir recours de leur côté à des moyens violents ou périr. Il y aura lutte des cliques, avec ou sans liste de proscrits, si l'impuissance de l'opposition face aux techniques modernes de suggestion et d'armement n'est pas auparavant scellée.

Puis c'est la guerre – locale – qui décide. Il n'y a plus d'alternative à la domination sur les masses ; dans la vieille civilisation est révolu le temps pour les humains de devenir majeurs.

Triste est l'utopie vraie. – Le despotisme des Russes a ceci de commun avec le christianisme qu'il appelle les humains à s'unir, et proclame en même temps bien haut que tout se fait pour leur bien. La croyance, nationaliste ou catholique, en légitimant le sacrifice, depuis le martyre et l'ascèse jusqu'au renoncement à ses propres pulsions par nécessité sociale, réalise un travail civilisateur. Le matérialisme, en tant que credo collectif, peut se passer de la consolation de l'immortalité individuelle, parce qu'il a en vue la satisfaction sur terre au bout de quelques générations. C'est sa propre Église qui en profite d'abord, quels que soient les dangers encourus par ses chefs. Sa doctrine, qui correspond au stade de la technique avancée, a pour effet que l'on peut accomplir des miracles avec des masses solidement dirigées. Peut-être la décentralisation, qui s'est révélée efficace ces dernières années et fut imposée de force par les nouveaux dirigeants, annonce-t-elle une évolution de la machinerie qui permette de plus en plus aux individus de développer toutes leurs capacités. Ainsi un facteur libéral, après une mutation qualitative, serait intégré après coup et sur un mode nouveau dans l'ensemble totalitaire. Les individus plus humains qui auraient ainsi en grand nombre accès au développement parviendraient peut-être à s'en tirer avec aussi peu de représentations mythiques que les libres penseurs affranchis du christianisme dans les siècles passés ; à moins qu'ils n'idolâtrent l'humanité, laquelle en vérité, loin d'incarner le royaume hégélien de la moralité, représente plutôt une race prédatrice bien organisée dans la nature. Ce n'est qu'en se reconnaissant comme telle qu'elle pourrait se dépasser elle-même et, pleinement consciente de son absurdité, réaliser en tant que totalité le sacrifice en lequel le martyr chrétien, avec sa fausse croyance à la félicité éternelle, a jadis mué sa vie. L'utopie vraie est triste.

Amour et égoïsme. – Le facteur égoïsme, présent en toute espèce d'amour de l'autre, joue cependant à chaque fois un rôle différent, et peut à chaque fois changer de fonction et d'intensité. L'attente de la récompense divine, dans la miséricorde du chrétien, peut au fil des ans perdre toute importance par l'exercice même de celle-ci, soit que le plaisir de la gratitude exprimée par l'obligé ou l'habitude, le goût de la répétition viennent la supplanter, soit qu'une véritable compassion passe au premier plan. L'amour sexuel, dirigé, selon la situation personnelle et sociale, par la pulsion aveugle, le narcissisme ou la tradition, peut parfois passer au stade de la vie en l'autre et de l'identification totale, qui n'est différente de la chrétienne que par une intimité plus profonde, due à cette limitation à un seul être. Toutefois il y a quelque chose de vrai dans le vulgaire mépris avec lequel la jeunesse, en présence d'un amour de cette sorte, cite Philémon et Baucis. La capacité de réagir aux charmes de l'autre a su peu à peu découvrir en un seul être humain, au cours d'une longue vie commune, l'infinie différenciation que tout être vivant porte en lui ; elle est en même temps devenue si modeste qu'elle se satisfait justement de cet être-là. Dans la réaction cynique de la jeunesse est contenu le pressentiment que l'exclusivité, malgré toute sa noblesse, signifie en même temps, objectivement, paresse. Aucun amour n'est pur.

La vérité du positivisme. – Les philosophies substantialistes sont toujours symptôme de tensions sociales. Elles annoncent des luttes historiques, révolution et réaction. La seconde moitié du XIXe siècle en Europe tendait à un kantisme formel, et même là, simplement comme pâle réplique à Vogt et Moleschott. Le positivisme correspond à la conjoncture d'après la Seconde Guerre mondiale. Ni les hautes sphères ni les travailleurs en bas ne veulent autre chose que l'ordre existant ; l'imagination produite par la philosophie est donc sans force. La différence avec les périodes antérieures est simplement que les rêves qu'elle serait capable de tisser ne disposeraient plus d'un seul jour pour se réaliser. Le contentement à l'égard de ce qui est ne naît pas seulement d'une volonté paralysée, mais du sentiment qu'après cela rien ne viendra, du moins rien qui dépende de nous. L'histoire de l'Europe est achevée, c'est pourquoi le positivisme a raison, il n'y a d'autre refuge que la machinerie. Tous les concepts qui ne se laissent pas réduire à des faits sont sans importance.

Esprit et liberté. – L'esprit comme fin, non comme simple moyen, perd aujourd'hui sa signification. Le bonheur qui s'attachait à lui autrefois et se communiquait aussi bien au producteur qu'aux récepteurs de biens spirituels provenait en dernière analyse de la relativisation de la mort, ou plutôt de l'ignorance du caractère définitif de celle-ci, encore répandue aux stades dits primitifs de la civilisation. S'occuper de l'au-delà lorsque l'on peut espérer y parvenir à une vie supérieure procurait jadis en soi du plaisir, comme tout ce qui est lié à un plaisir à venir. De même que le malheur, le bonheur lui aussi colore la pensée qui s'y rapporte. C'est le christianisme finissant qui a connu ce bonheur avec le plus d'intensité, quand déjà la nouvelle science gagnait tout l'univers à sa théorie et à sa pratique terrestres, et que cependant la croyance en autre chose était encore capable de cette contradiction logique : affirmer qu'il existe par-delà l'infini de la nature un lieu pour la félicité, non seulement pour les idées, comme chez Platon, mais pour le paradis. Tout ce qui renvoyait à une telle possibilité impossible était esprit, et fut jadis exprimé par la musique et la philosophie allemandes. Il n'est pas de bonheur en pensée et en imagination qui ne se déduise du pressentiment, aussi lointain soit-il, d'une jouissance réelle ; même l'aspiration la plus sublime est tributaire de la pulsion naturelle. – Ce qui vaut pour l'esprit vaut pour la liberté, qui lui est identique et contradictoire. Elle fut recherchée et aimée en tant que voie menant à la satisfaction des besoins dans l'existence historique, un moyen qui est apparu comme une fin parce qu'il fallait d'abord le conquérir de haute lutte. La liberté sur terre a pris l'éclat du paradis spiritualisé, comme autrefois ce dernier s'était approprié celui du firmament, le reflétant plus brillamment que les véritables étoiles d'où il tenait son origine. La science nouvelle, pour laquelle on exigeait la liberté, se croyait encore, à ses débuts chez un Giordano Bruno, vouée à Dieu et à l'éternité. Ce n'est qu'au XVIIIe siècle qu'elle qualifia cette idée de simple hypothèse et l'abandonna. La liberté comme principe politique se déduit de cette sécularisation, en constitue un facteur, qui s'est développé par la suite jusqu'à devenir gigantesque. Les idéaux de la politique libérale ont encore emprunté pour les objectifs matériels le souvenir des objectifs célestes, qui avaient eux-mêmes tiré leur force à l'origine de la projection des objectifs terrestres. Maintenant que les machines des usines de la consommation et celles de la suggestion de masse apaisent les besoins pour ainsi dire à la racine, la médiation par l'esprit et la liberté disparaît, tous deux perdent leur intérêt. La conscience retourne vers elle-même en tant qu'organe de confrontation avec la nature, vers la satisfaction de besoins physiques comme arme spécifique de la race humaine ; les individus à l'Ouest deviennent semblables à ceux de l'Est : face à la technique, la liberté, qui avait été nécessaire à son développement, devient superflue. Le processus semble même s'inverser. À l'Est, la liberté se prépare à devenir un bien à acquérir, tandis qu'à l'Ouest, où elle est supposée impérissable, elle dégénère. N'étant plus employée que comme moyen, elle cesse d'être de surcroît une fin. Elle n'est pas dépassée[1], mais dissoute. Ce qui, en revanche, a toujours passé pour un moyen, les vivres de toutes sortes, et spécialement les moyens de ces vivres, machines et transports et tout ce qui leur sert, est devenu fin en soi. Avec son impératif catégorique d'utiliser l'être humain comme fin, Kant a pour ainsi dire présumé évident que l'homme de toute façon se sert toujours de l'homme comme d'un moyen. Kant avait raison. Être un moyen, c'est la condition pour valoir comme fin et c'est justement de ce paradoxe de la pensée autonome qu'il fait l'expérience sur lui-même. Certes, Kant a cru reconnaître le postulat du bien suprême dans la signification de l'autonomie elle-même, et ce bien inclut, avec la liberté, la justice. Si pour exister, en définitive, la société avait aussi besoin d'elles comme moyen, l'esprit aurait un autre avenir que sa propre dissolution.

En laisse. – Parmi les menus symptômes de la destruction du pouvoir individuel de décision due à la concentration industrielle, on peut compter le conditionnement des produits de l'industrie pharmaceutique. Autrefois, les comprimés étaient dans de petits flacons ou des tubes, eux-mêmes dans de petites boîtes en carton. On y trouvait un descriptif, autant que possible en plusieurs langues, avec la présentation de la composition, les effets, la liste des indications, posologie et mode d'emploi. Aujourd'hui, on vous livre un dispositif en plastique, fort important par rapport au contenu, sur lequel ne se trouvent plus que la marque et aussi quelque brève indication supplémentaire. La grosse industrie n'a plus besoin de renseigner le consommateur de manière détaillée, mais seulement

1. *Cf.* p. 49, note 1. *(N d T.)*

de l'inciter psychologiquement par une grosse réclame. Le reste, ce sont les médecins qui s'en chargent, avec lesquels l'industrie fait alliance, comme en Amérique. Là-bas, elle livre au patient le moins possible de chaque produit, au surplus en lui en taisant le nom, afin qu'on soit obligé, à chaque nouvelle commande, de faire revenir le médecin ; et la consommation augmente pourtant, car chacun tient à sa santé. Il doit maintenir son corps, sa machine à lui, en bon état, pour qu'elle puisse fonctionner tout comme les autres. C'est l'industrie qui utilise les médecins comme une sorte de partenaires, et non les patients qui utilisent les médecins ou l'industrie. La même chose vaut pour les autres branches de l'approvisionnement. Commettants prétendument autonomes, les êtres humains sont incités à adopter un comportement dépendant, par des objets toujours plus fonctionnels qui leur prescrivent de manière de plus en plus précise comment les servir. Aller chercher l'eau du puits était dur. Sur le chemin, les femmes ne pouvaient pas concevoir que cette nécessité pût changer. Aujourd'hui, la *housewife* ne connaît ces difficultés que par la peinture ou l'opéra, mais la liberté que les robinets de la cuisine et de la salle de bains lui donnent, à elle et aux siens, est occupée par d'innombrables autres gestes, tout à fait semblables à celui d'ouvrir le robinet, dans le métier comme dans le temps libre. La nécessité de s'y conformer n'est pas moins autoritaire, et le chemin sur lequel les humains n'étaient sollicités par aucun *gadget* ni aucun panneau indicateur a cessé d'exister. En devenant sujet, la femme l'est de moins en moins.

Trop tard. – Depuis plus de cent ans, la politique allemande est placée sous le signe du « trop tard ». Le slogan de l'unité qui finalement accompagne encore les événements sous forme d'appel à la réunification, comme si les expériences antérieures ne devaient pas faire reculer tous les Européens devant une telle répétition, a déjà servi à la révolution manquée de 1848, alors que la Hollande, l'Angleterre, la France étaient unifiées depuis longtemps. La vraie nouveauté apportée au monde par l'Allemagne prussienne, lorsque par une série de guerres elle a pu s'écrier, peu après l'Italie : « Le but est atteint ! », a été la course aux armements comme marque des rapports entre les nations, le casque à pointe du chancelier et de l'empereur, l'empereur chef des armées, non pas, comme autrefois Napoléon Bonaparte, parce que plus versé en stratégie que d'autres, mais pour vite rattraper la gloire. Trop tard, la flotte et le colonialisme, trop tard, la révolte sans gloire après la guerre mondiale numéro un volontairement déclenchée. Le national-socialisme peut représenter un modèle historique. Bien qu'il ait suivi l'exemple du fascisme dans l'Italie nouvelle historiquement apparentée, il peut servir de flambeau à la France de demain, voire au continent européen balkanisé, dont les pays doivent se concevoir de manière d'autant plus autoritaire qu'à l'Est les forces croissent dans tous les domaines, et que les États-Unis sont contraints de s'entendre avec la Russie, éventuellement de se détendre. Mais il est arrivé trop tard en un double sens. Il voulait, par la force, de même qu'aujourd'hui les pays en retard, les nations prolétariennes, comme disait Hitler, rattraper l'Amérique, les usines géantes, les villes modernes, les autoroutes, le *teamwork*, l'absence de scrupules des anciens magnats. D'autre part et en même temps que cela, il a permis de rattraper ce qui existait ailleurs depuis longtemps, la société bourgeoise sans hobereaux et sans mouvements ouvriers radicaux, l'intervention de l'État dans l'économie. L'ivresse nationaliste[1] devait

1. *Völkisch* : cet adjectif dérivé de *Volk* (peuple) a été largement utilisé par les nazis pour sa coloration ethnique et, partant, raciste. Il en va de même pour le substantif composé *Volksgemeinschaft* (communauté nationale). *(N.d.T.)*

favoriser la rationalisation, le succès économique et l'accès au rang de puissance mondiale. Roosevelt a pu combattre la crise avec le *new deal*, la bourgeoisie allemande, elle, était aux prises avec les traditions et les communistes : tel était le *social and cultural lag*[1] qui a fait de cette dernière caricature de la révolution bourgeoise, de cette grande remise en ordre du XXe siècle, une image de l'enfer. Le présent signifie l'exercice de la démocratie imposée, alors que celle-ci est historiquement déjà condamnée.

En lisant Voltaire. – Quelle différence marque le même mot à différentes époques. Lorsque les grandes œuvres de Voltaire révélèrent sa conception lucide de l'histoire, elle triompha d'un millénaire de charlatanerie érudite ; aujourd'hui tout est déjà évident, l'*Essai sur les mœurs* dépassé par les minutieuses méthodes socio-psychologiques, et les attaques contre l'histoire politico-religieuse ressemblent davantage à la résignation positiviste qu'à l'annonce d'une mentalité nouvelle. Tout cela est connu. L'idée d'un grand homme passe d'abord pour insensée, a-t-on dit, puis pour évidente, et finalement pour un lieu commun. Mais ce que l'on remarque plus rarement, c'est, dans les écrits qui font date, la force de la résistance envers l'époque ouverte par eux. Celui qui lit Voltaire très attentivement éprouve, vivante à chaque ligne et lui conférant sa grandeur, cette opposition, aujourd'hui disparue, entre le pathos de la nouveauté et la résistance. Les répétitions ne sauront pas retrouver ce ton dans lequel passe encore, lors de la première percée, ce qui par la suite représentera juste un *curiosum*, pour peu qu'il ne soit pas complètement oublié. La répétition est plate, la nouveauté signifie en même temps plus qu'elle-même. Bossuet, que Voltaire laisse loin derrière lui, se révèle aujourd'hui beaucoup plus

1. *Lag* : retard. *(N.d.T.)*

dans l'*Essai* que dans l'*Histoire universelle*[1], devenue illisible. Le véritablement nouveau est toujours en même temps davantage que ce qu'il a l'intention d'être. C'est pourquoi la Réforme appartient à la politique plus qu'à la marche de la pensée, à la pratique plus qu'à la théorie. Son action a eu pour effet une transformation de l'administration sociale, non une révolution de la pensée. Luther est plus proche des croisades que de la raison, en revanche le style de Voltaire a plus en commun avec le *Grand Siècle* qu'avec la Révolution française.

La vérité de la religion. – Quelqu'un a dit de Tolstoï qu'il était devenu pieux une fois trop âgé pour jouir encore de la vie. La religion comme consolation : cela signifie cependant bien plus que ce que le prêtre entend par là. Ce n'est pas la vérité de la religion qui s'ouvre à l'être dans le besoin, c'est le besoin qui constitue cette vérité, et non seulement le besoin individuel, mais aussi le besoin social. L'histoire de la religion depuis le déclin de l'Antiquité est clairement structurée, phylogénétiquement elle suit l'ontogenèse de la conscience religieuse d'un enfant issu d'une bonne famille bourgeoise. Après que, dans les commencements, le monde a été perçu à travers des catégories religieuses, comme le voulaient les moines et les parents, le doute surgit avec l'augmentation du savoir, qui entra en conflit avec ces catégories. Les dieux disparurent en même temps que la crainte dont, selon Lucrèce, ils étaient nés. Les citadins devaient gagner leur vie, l'obéissance, à elle seule, ne représentait plus un guide sûr, ils devaient se charger eux-mêmes du monde et, entre la solide règle de l'existence et l'attente de l'ailleurs, vint s'interposer l'intérêt d'ici et de maintenant. Et de même que l'enfant, une fois

1. Il s'agit du *Discours sur l'histoire universelle* de Bossuet et de l'*Essai sur les mœurs et l'esprit des nations* de Voltaire, dont l'introduction reprenait *La Philosophie de l'histoire*. *(N.d.T.)*

libre et adulte, éduque à son tour ses propres enfants dans la religion à toutes fins utiles, de même les bourgeois, après toutes les révolutions, imposent la croyance aux masses dépendantes. Si le besoin constitue aujourd'hui la vérité de la religion, elle n'est pas ici plus mal partagée que la philosophie. En effet, cette dernière apporte aussi la consolation, ne serait-ce que la suivante : après que se furent révélées vaines ses tentatives pour réconcilier la religion avec la science ou du moins pour lui permettre de subsister inattaquable à ses côtés, elle apporte la consolation qu'il n'est point de consolation. Chaque fois que la raison tente de rationaliser l'expression de l'espoir ou du désespoir, que ce soit avec Kant en tant que postulat possible ou avec Hegel en tant que négation devant finalement tirer sa force de la pensée d'une vérité qu'on ne peut plus nier, chaque fois qu'elle se fait en quelque sorte reconnaître comme moyen ou comme but – l'un étant déjà donné avec l'autre –, chaque fois qu'elle pense réfléchir sur elle-même et par là dépasser la réflexion, chaque fois qu'elle interprète l'expression comme vérité – et c'est ce qu'elle fait partout où elle ne se borne pas simplement à fonctionner –, elle devient consolation, comme la religion. Non seulement elle est nécessaire à l'impuissance sexuelle telle que ce critique de Tolstoï l'avait à l'esprit, mais en outre il arrive à chacun de nous, dès la jeunesse, de se trouver, à maints égards et à maintes reprises, vieux et impuissant. Dans les jours heureux, certes, en période de bonne conjoncture et de plein emploi, la philosophie perd de son intérêt, dans la mesure où elle n'est pas mobilisée, de même que l'ontologie fondamentale, comme stimulant latent pour des exploits à venir. Le malaise réel de la jeunesse intellectuelle, c'est qu'elle est déjà beaucoup trop saturée d'expérience technique pour soupçonner dans la philosophie plus qu'une illusion sympathique, une sorte de drogue. La jeunesse d'aujourd'hui sait mieux que Tolstoï à quoi s'en tenir sur sa propre vieillesse. Cependant ce savoir, toute cette réflexion sur l'impossibilité et la désuétude de la philosophie, tombe sous le verdict en quoi elle consiste. Le scepticisme, dit-il dans sa rhétorique formaliste, s'abolit lui-même. Il joue en faveur de ce qu'il nie, aussi bien que contre ce à quoi il s'attaque. Une philosophie contre la philosophie est impensable, elle affirme la vérité qu'elle déclare inexistante. Le positif serait-il donc vrai ? Parce que le scepticisme se contredit, la philosophie non sceptique, la religion, une croyance quelconque auraient-elles raison ? On peut en tirer une autre conséquence : le silence. Tout ce qui est dit n'est pas dit, car celui qui doit l'entendre, l'être échappant à la finitude, ne l'entend pas. Les humains auxquels nous parlons ne sont que des objets que nous mettons en branle, par des mots, comme aussi par des bras, des armes et des machines. Si la philosophie ne veut pas se contenter d'être pure instruction demandant confirmation, science par conséquent, elle fait abstraction du locuteur et de l'auditeur et se pose elle-même en tant qu'absolu. Le langage au sens emphatique, le langage qui veut être vérité, est silence bavard, personne ne parle et il ne parle à personne. C'est pourquoi rien n'est vrai. Il n'est pas même vrai que nous sommes dans la nuit, pas même que cela n'est pas vrai – et l'érection de la négation et de l'insuffisance en une philosophie, autrement dit le positivisme logique faisant de la nécessité une vertu mathématique, vit de l'apparence de ce que cette philosophie a pour seul contenu de nier.

Sur l'origine du langage. – Qu'il le veuille ou non, le langage doit prétendre à être vrai. Mais son origine, ce qui constitue son essence, c'est le troupeau, dont la cohésion et l'existence sont assurées par des sons. Il faut retraduire dans des catégories zoo-physiologiques perverties l'appel de l'individu, la pensée, le dialogue avec l'éternité et jusqu'au sujet/objet de l'idéalisme, qui s'automédiatise quand il cherche à se concevoir. C'est-à-dire qu'il ne peut pas se concevoir, mais seulement se comprendre – en tant que troupeau.

Esprit, art et bourgeoisie. – Depuis la Renaissance, l'avant-garde de la bourgeoisie a été la nouvelle science. Plus sa vérité se répandait, plus sa persécution était universelle et plus il fallait de dévouement pour la professer. Ainsi la raison fut divinisée et ses adeptes, les libres intellectuels, formèrent un groupe de conjurés porte-flambeaux. C'est la pensée qui prépare la voie à la société libérale, laquelle se réclame d'elle aussi longtemps qu'elle n'a pas encore atteint son but. Cette profession de foi signifie que l'*intelligentsia* est soutenue comme leur propre cause par ceux-là mêmes qui ne l'ont pas encore suivie. À la fin de la bourgeoisie, à l'époque de la décadence, l'*intelligentsia*, ayant franchi les limites du compréhensible, a perdu sa fonction sociale progressiste. Les jours de fête, la bourgeoisie chante les mérites de l'esprit, dont les porteurs sont cependant devenus les prophètes de ce qui est déjà, des fabricants d'ornements plus ou moins raffinés, d'instruments de luxe pour les plus ou moins bien nantis, selon les besoins. Mais il en est aussi qui continuent à épouser en eux la logique immanente de l'esprit, qui, dans l'oubli d'eux-mêmes, s'écartent de la foule bourgeoise, allant pour ainsi dire la précéder là où on n'a pas intérêt à les suivre et donc pas de compréhension pour le faire. Quand la conjoncture est bonne, de tels intellectuels passent tout juste pour élégants, en périodes menacées, pour des recrues peu sûres. Il est d'autant plus difficile de faire rimer avec leur propre cause le fait que ces soi-disant gardiens de biens sacrés aux hommes viennent dévotement s'offrir à cette société qui est incapable de les suivre. Ce sont des montreurs de chemin qui, dans l'obscurité, ont perdu depuis longtemps leurs protégés et se persuadent que c'est par la faute de ces derniers. Ils offrent à la bourgeoisie la marchandise dont le bon usage devrait mener à son propre dépassement, ils sont intégrés dans la division du travail en tant qu'experts artistiques, littéraires ou philosophiques, en tant que pièces d'ornement, eux dont le métier est d'en sortir. Mais la tromperie a un effet en retour sur leur produit. Si celui-ci se met en accord avec lui-même, il devient aussitôt muet. Le signe en est qu'il a besoin d'explication, de familiarité avec le monde qu'il condamne. À la fin de la bourgeoisie, les intellectuels avancés ne peuvent plus dire la vérité, dont le sens était de l'aider à parvenir au pouvoir. La vérité vit sa fin elle aussi, et la preuve en est qu'elle prétend encore être présente. Pour le passage à une forme de société dans laquelle la liberté serait alliée à la justice, une société bourgeoise supérieure donc, qui contiendrait en soi la première, il y a bien longtemps qu'il est trop tard, et les barbares commencements d'un autoritarisme socialiste à l'Est ne connaissaient l'intellectuel que dans la mesure où, dans les tout premiers stades, il s'agissait là-bas aussi de libéralisme bourgeois. L'intellect progressiste a sa place dans la transition – libératrice – menant du féodal à l'existence émancipée du chef d'entreprise concurrentiel : lequel se détermine politiquement lui-même et organise à ses propres fins les masses en nation. Tel était le sens de la grande littérature comme de la grande musique, dont le caractère directement compréhensible coïncidait avec leur actualité pour les affaires. Aujourd'hui, les œuvres du passé existent dans des concerts-musées, et celles du présent comme raretés réservées aux familles des *managers*. Dans leur incompréhensibilité ne se dissimule plus aucune pointe. Le malaise qui s'empare quelquefois du public avec des œuvres avancées datant du tournant du siècle et des années vingt naît de l'obscur pressentiment que l'accomplissement de l'esprit bourgeois, encore concevable alors, a été remplacé et effacé par les guerres mondiales et le fascisme. De ce sentiment secret de culpabilité vient le caractère de pénible désuétude qui s'attache encore à tant de productions de ces périodes. Pour les tableaux, le sens fatal peut être compensé par des prix élevés ; pour les morceaux de musique, dont les réanimateurs veulent recueillir quelques fruits conjoncturels, c'est déjà plus difficile ; quant à la littérature, elle se situe entre les deux. Les passages conservateurs de Kafka peuvent aussi être réutilisés dans l'histoire littéraire et la consommation de masse comme un plaisir bon marché. Karl Kraus demeure, en dépit du conservatisme, limité aux étudiants. Schönberg cependant, malgré toute la mentalité réactionnaire, rappelle trop des occasions manquées. Il n'est pas tout à fait aussi dépourvu de contenu que les tableaux abstraits du temps présent, lesquels, quand ils ne sont pas destinés au bureau du président-directeur général, restent cependant assez muets pour y prendre place. Aujourd'hui, l'art abstrait est par rapport au surréalisme comme le positivisme par rapport aux Lumières. Il n'a plus d'ennemis.

Après les croisades. – Ce qui a été devise et mot de passe est devenu maintenant réclame. Chacun le sait, et cependant l'effet n'en est pas entamé, preuve du peu d'influence de la *ratio* quand l'inconscient sent qu'il a le vent en poupe. Et de même que les affiches et les colonnes Morris, les pages en couleur et jusqu'aux illustrés sont tributaires des affaires, de même les grandes idées, au nom desquelles les masses ont exercé la violence, ont été depuis toujours au service de la puissance à qui les circonstances paraissaient trop étriquées. Si la mainmise sur la Terre sainte, tout autant que la réaction des papes aux victoires des musulmans et aux positions de Byzance témoignaient de l'appétit des commerçants italiens et des jeunes fils de princes, les grandes tendances fascistes renvoient aux rêves d'hégémonie des intérêts capitalistes les plus actifs du continent européen, les allemands en tête. Le vieux slogan publicitaire disait : « Dieu le veut* » ; le nouveau : « Longue vie à l'Allemagne » ; simplement, aujourd'hui on sait d'avance qui sont les victimes et on s'écrie aussitôt : « Dehors les Juifs. » Car le pouvoir qui se sert des masses fascistes ne sait que trop bien qu'il ne peut, ni ne veut, tenir la promesse du royaume éternel, de l'utopie présente tacitement malgré l'héroïsme dans tous ses appels. Au lieu de cela, cette parole se perd dans les concessions à la cruauté, à la colère des frustrés. Et ils acceptent d'avance. Ce qui est nouveau, c'est qu'ils le savent déjà maintenant et qu'ils sont d'accord. Lors de la première croisade, les Juifs ont été massacrés dans l'enthousiasme aveugle, et l'utopie qu'il y avait derrière cela était la félicité éternelle ; aujourd'hui on a passé une sorte de contrat : les masses vont à la guerre et ont le droit en échange d'assassiner les Juifs – et derrière cela il y a le néant.

Dialectique de la raison (II). – La dialectique de la raison consiste pour l'essentiel dans le retournement de la lumière en ténèbres. Cela ne vaut pas seulement au sens que, dans la dissolution de la mythologie, expérience et capacité d'expérimenter disparaissent en même temps. Par la passivité intellectuelle dans laquelle les humains sont plongés avec la nouvelle économie, par la concentration exclusive sur l'argent et le *job*, par la haute astuce à quoi se limite l'appareil psychique des individus, les idées folles les plus transparentes ont toutes leur chance, il suffit qu'elles se profilent à l'horizon et passent le *screening* de la communication de masse. Toutes les valeurs mensongères produisent les liens dont tel ou tel groupe d'influence a besoin. Quand Durkheim pense que le relâchement du tissu social favorise le suicide de l'individu isolé, il aurait pu ajouter que plus la société se disloque, moins on a recours au mensonge qui la maintient de la mauvaise façon. Qui ne préfère avoir foi en la communauté nationale plutôt que de se supprimer, à moins qu'il ne soit déjà assez fou pour hausser les épaules aussi à ce mot ? La schizophrénie, continuation logique du refus de toute prétention d'un objet à l'amour ou à l'estime, la destruction dernière de la mythologie, constitue finalement un état d'esprit plus humain que cette disposition à rallier mensongèrement l'idée qui se substitue à la capacité de solidarité. En périodes de décadence, comme la présente, c'est la folie qui détient la plus haute vérité.

Aufklärung et religion. – Les éclaireurs des nations disaient que le concept des dieux ou de Dieu servait à expliquer l'inexpliqué, la création, les corrélations dans la nature, et les destinées des humains dans la société. À mesure que la connaissance de la nature progresse, que la société accède à la justice et à la transparence, au point que toutes les différences et les souffrances conditionnées par elle ne demandent plus à être expliquées par le doigt de Dieu, les humains auront de moins en moins besoin de la religion. On a pu répliquer aux rationalistes que c'est seulement quand la religion sera libérée de sa fonction idéologique que se posera sans ambiguïté la question de sa vérité. Mais, pourraient-ils répliquer à leur tour, n'aurons-nous donc pas alors besoin de religion, puisque nous sommes voués à mourir et que la créature non humaine souffre à cause de la nature et surtout de l'impitoyable humanité ? N'y aura-t-il pas toujours besoin de religion, puisque la terre, même si la société était en ordre, demeure l'horreur ?

La tromperie du bonheur. – Deux personnes âgées, deux jeunes amis, deux amoureux ou tous êtres se rehaussant mutuellement par la parole et le geste et se rendant l'un l'autre l'existence plus belle sur le fond sombre de la réalité, vivent dans un monde d'apparences par eux-mêmes engendré. Le langage est vrai ou non vrai. L'expression qui rehausse l'autre avec exaltation est un jugement et, s'il ne désigne pas les faits tels qu'ils sont, un jugement faux. Les déclarations « tu es bon », « tu es la beauté même » relèvent également de l'apparence, même si l'amoureux perçoit la beauté qui échappe à l'indifférent, car les yeux plus clairvoyants ne peuvent pas donner la pleine valeur ni la preuve de ce « tu es », posé dans un instant de bonheur et qui veut dire plus que cet instant. La réplique selon laquelle la vérité serait seulement dans l'instant, brillerait d'un éclat fugitif et disparaîtrait, sans être annihilée, sans se renier, telle est justement la croyance des gens heureux, et elle est trompeuse. Aussi trompeuse que le cri du supplicié accusant le monde. La vérité de ce cri disparaît avec lui. L'expression n'est qu'apparence, parce qu'il n'y a pas de dieu pour l'entendre. Aussi longtemps que quelqu'un a le pouvoir d'entendre et de percevoir que la réalité donne raison à quelqu'un, aussi longtemps la résistance contre la réalité possède la vérité qui constitue sa substance. Elle est, de par son propre sens, condamnée à l'impuissance, il n'y a pas d'absolu qui l'accueille en lui et la conserve. La douleur et le négatif demeurent abstraits, même dans le mythe hégélien de la totalité.

Rationalisation de la ratio. – Le progrès consiste à se débarrasser du superflu. Plus il épargne de détours, plus il est progrès. Que les humains aient été poussés vers leurs lieux de travail par des supputations personnelles, par la liberté offerte à tout individu de choisir entre mourir de faim et gagner un peu, c'était là un détour. Ce dernier peut s'épargner grâce à une organisation centralisée. La pensée peut s'épargner. Dans un triple sens : premièrement, le travail de chacun ne doit pas être déterminé par une réflexion que vient compliquer la liberté de circulation, mais par un programme global pour toute la société; deuxièmement, l'économie doit être déterminée, sans les anciennes crises, non par tant de chefs d'entreprise individuels, mais par un commandement unique doté de pouvoir ; troisièmement, il n'est pas nécessaire que chacun, ou du moins que beaucoup de gens aient quelque connaissance de beaucoup de choses, mais il suffit que l'individu soit capable dans sa spécialité étroite et que la coordination elle-même devienne une branche de plus en plus spécialisée; la pensée administre, il faut la rationaliser et par là même rationaliser la *ratio*. Une telle idée se révèle un mythe et le bonheur qu'elle apporte une magie de primitifs. Devenez enfin adultes – paresseux que vous êtes. Vous êtes encore des libertins – les simples successeurs des théologiens dont vous vous gaussez.

Tables délabrées. – Nietzsche parlait du *décadent**. Il voyait que le vieux monde auquel lui-même pensait appartenir s'achevait. Il remarquait la décrépitude et, à travers celle-ci, le conditionnement des valeurs qui se donnaient pour objectives. Le prétendu sens, tout ce qui, au-delà d'une reproduction quotidienne des individus, accomplissait leur vie en lui conférant un fondement, se révéla creux, à son époque. Les valeurs, en tant que réalités objectives, indépendantes de la volonté des sujets, avaient exigé la négation du plaisir individuel et s'étaient dévoilées par là même comme une piètre consolation pour les individus économiquement ou psychologiquement inaptes au plaisir. C'est ainsi que Nietzsche donna pour but aux hommes la volonté elle-même, la force de l'indépendance, y compris par rapport au maximum de plaisir dont ils sont capables. Mais Nietzsche ne savait pas pourquoi le vieux monde s'achève. Il est fini parce qu'il n'a plus de fonction à exercer dans la structure que l'univers a maintenant adoptée, géographiquement et socialement. La culture européenne s'est écroulée par manque d'avenir, les individus cessant de s'épanouir quand il n'y a plus de tâche collective à laquelle s'identifier. Dans la philosophie hégélienne de l'histoire sont laissés de côté les peuples qui ont rempli leur mission. Ils fournissent son objet au philosophe tant que l'esprit du monde les habite, ainsi les chapitres sur les Orientaux, les Grecs, les Romains, les Germains traitent-ils de l'époque où ces peuples furent les plus avancés. Ensuite le penseur se tait, et aucun acte désespéré de valeurs s'auto-affirmant n'y peut plus rien. Les tables sont délabrées avant même qu'elles ne soient brisées.

Come and go. – Les peuples arriérés, comme on les appelle de nos jours, regardent avec avidité vers ceux qui sont hautement industrialisés, mais la souffrance de leur privation est atténuée par la conscience de la force qui leur permettra finalement d'égaler les pays arrivés. Il en va autrement de l'individu arriéré dans ces pays déjà eux-mêmes arrivés. Comme maintes cultures anciennes déclinantes, il s'est peut-être prémuni contre sa propre envie. Mais la satisfaction dans l'univers de l'esprit, la compensation par le mythe et l'imagination créatrice – dues à des stades historiques où une moindre richesse générale imposait un haut degré de différenciation sociale et, de là, mentale – ne lui sont plus accordées, aussi la confiance dans l'avenir évoquée ci-dessus ne lui sied-elle point. Sous la fascination directe du paradis de la consommation, il ne peut plus penser qu'à la honte de ne pas en être. La privation, fût-elle moindre dans l'absolu que celle autrefois courante, mesure sa violence exclusivement à l'aune du présent. L'individu en question n'est pas un *newcomer*, mais un ancien qui s'en va.

En haut et en bas. – Celui qui a toujours été en bas ne peut être généreux, il n'a pas l'expérience du monde tel qu'il apparaît d'en haut. Celui qui a toujours été en haut peut aussi connaître le monde par en bas ;

mieux, il voit s'offrir à lui, pourvu qu'il ne soit pas endurci, la vivante identification avec les pauvres, avec les persécutés. L'homme a de l'animal un savoir, l'animal, lui, souffre de l'homme, c'est tout. L'impossibilité d'inverser la relation qui énonce la structure du monde fournit en même temps la formule de l'injustice à laquelle il se plie. La compréhension, le bonheur, la générosité sont la dot de ceux qui sont en haut. Moins ils en usent et plus se pétrifie l'injuste répartition. Le pressentiment de ces corrélations fait le sens légitime du christianisme. L'homme le plus haut est celui qui condescend au plus bas, et c'est par là justement qu'il devient l'être supérieur encore à même de libérer les autres. Se prodiguer au plein sens du mot, seul un dieu le peut. Telle est l'injustice avec laquelle il aménagea le monde – et telle aussi la justice, car l'individu qui n'est pas lui-même capable de magnanimité ne peut guère se plaindre.

Protestation dépassée. – La protestation que renferment les pièces naturalistes du tournant du siècle, et encore celles des années vingt, sans oublier le théâtre de Brecht, a perdu de sa force. Elle paraît au fond bien fade, parce qu'il est admis déjà comme une évidence qu'on ne puisse mener de vie respectable qu'au moyen d'escroqueries – c'est cela aujourd'hui le conformisme –, et que l'iniquité ou l'aveuglement font partie intégrante de la carrière. Dans la situation psychologique de tout un chacun, les idées sur lesquelles la protestation s'appuie font figure d'idéologie, tandis que cette situation psychologique, elle, se fonde sur la réalité sociale historiquement donnée. Toute justice allant au-delà de l'ordre existant devient pure abstraction, du fait que les peuples anciens ont abandonné la tâche historique. Les nouveaux, après de barbares débuts, sauront-ils la développer ? Cela reste incertain, en tout cas elle leur a été abandonnée par la résignation de l'Occident, qui fut le moteur de l'histoire au cours de ces derniers siècles.

Faux retour à la religion. – Utiliser à des fins de domination la tendance à projeter les situations terrestres dans l'au-delà, tel parut à la théorie critique le rôle social de la religion. Aujourd'hui, ce type de projection semble déjà transparent, usé. Les fusées spatiales ne vont pas sans perturber le Royaume des bienheureux. Mais la même utilisation se poursuit, continue à fonctionner selon la loi de l'inertie. Désormais identifiée comme un moyen de contrôle, elle trouve un plein emploi et fournit en outre sa contribution aux préparatifs de la prochaine tentative pour conjurer par des moyens guerriers le destin européen, et l'accomplir alors malgré soi. La religion ainsi devenue creuse révèle ce qu'elle recelait jadis, cette aspiration à l'Autre, face auquel l'immanent représentait la mauvaise part. Aussi acharnée fût-elle à maîtriser la contradiction inhérente qui l'opposait à l'ordre existant, elle dut néanmoins aussi la maintenir, la réactiver sans cesse jusqu'à ce que, devenue théisme et athéisme dans la philosophie des Lumières, elle dépouille l'apparence de la religion pour aider à naître une autre forme de vie sociale. Cette même contradiction, certes conditionnée par la nature comme la faim et la soif, visait néanmoins au-delà l'ordre juste, l'ordre vrai ; sa force productive, elle la tirait du fait que l'ordre présent, plus mauvais, en la légitimant la stimulait, et tout à la fois lui refusait l'accomplissement. À l'Ouest, cette force est désormais paralysée. Tandis qu'à l'Est la pression de la terreur éprouve déjà, telle une prescience, la future résistance, orientée après tant de migrations et de catastrophes vers une élévation sociale, ici même se dissipent totalement les illusions. Le matérialisme auquel se trouvent contraints les gens de là-bas porte sur lui, malgré toute la puissance qu'il exerce, toute la stupidité qu'il maintient, l'estampille du provisoire, devrait-il durer mille ans comme le Moyen Âge en Europe ; ici tous savent dans leur for intérieur que l'idée ne peut plus que se retirer entièrement de leur monde. La structure en soi plus solide auprès de laquelle la société occidentale cherche refuge lui est imposée par la concurrence avec l'Est, elle n'est pas capable d'y abriter sa propre pensée – la liberté de l'individu et son droit –, mais plutôt de l'abandonner dans des dictatures sans cesse renaissantes ou dans l'alliance avec celles-ci. Au lieu de mener à terme, en pleine conscience, la philosophie des Lumières, au lieu de pousser la liberté fallacieuse de la Révolution jusqu'à la justice, la société occidentale s'est résignée. Le retour à la religion ne signifie pas qu'elle se remet à croire au ciel, il signifie qu'elle manque de foi pour mieux aménager la terre et ne veut rien de plus qu'elle-même. La substance de la religion : se transformer en quelque chose de supérieur, plus généralement se vouloir soi-même dans un autre, voilà ce que la société a perdu en présentant cette religion comme une chose solide en faveur de sa cause. Une chose solide, on peut l'échanger contre une autre chose solide, comme c'est arrivé avec le christianisme aryen en Allemagne et partout dans le nationalisme. Ainsi les *Völkischen*[1] se sont-ils reconvertis après la *débâcle** en chrétiens religieux, sans avoir changé. Le jeu peut continuer de la sorte jusqu'à ce que le continent passe en d'autres mains.

Mass medium. – Dans la civilisation menacée de naufrage, qui avec une hâte furieuse cherche à contrer le danger d'une nouvelle et puissante migration des peuples en produisant des moyens pour décimer la vie et en s'assimilant à des dictatures hérissées d'armes, explose la folie par manque d'un quelconque autre but que l'argent et le pouvoir. Ouvre-t-on l'entonnoir

1. *Cf.* p. 179, note 1. *(N.d.T.)*

de la radio, pour entendre sa voix quotidienne à une heure indifférente – sans *event* –, alors résonne en Amérique, le pays le plus avancé, un *show* bouffon de camelots déchaînés, mêlé à des bribes de jazz-bands et de boogies-woogies désuets. L'espoir qu'il en aille mieux dans la provinciale Europe est démenti au premier son, c'est pire. Les mélodies à la guimauve, la gaieté mensongère, le folklore des nations arriérées trahissent bien, à travers le gestus de l'innocence et de l'harmonie, qu'ils sont le masque de l'envie et de la bassesse. Plus on nourrit au fond de soi un désir de vengeance, plus on réagit avec sensibilité aux douleurs et aux dissonances du kitsch et de l'art. La voix quotidienne des peuples proclame qu'ils n'ont plus devant eux de tâche discernable, qu'ils sont abandonnés de l'esprit. S'ouvre l'époque de la nouvelle migration des peuples.

[*Pacte de l'Atlantique Nord*]. – Durant la Seconde Guerre mondiale, l'Angleterre et l'Amérique combattaient encore l'antidémocratie, l'agression totalitaire en soi. Elles passèrent alliance avec la Russie lorsque celle-ci fut attaquée par le fascisme, bien que Herr Staline eût d'abord reconnu, d'un infaillible instinct, sa parenté avec Hitler. Les Allemands étaient comme les Russes des *newcomers*, plus anciens seulement ; voilà aussi pourquoi les uns et les autres devinrent nationalistes par rancune. Aujourd'hui, depuis que les Allemands ont été surclassés, les Anglo-Saxons se trouvent seuls non plus devant l'éveil des Germains, mais devant celui de deux continents. Ils n'ont pas les moyens de tenir tête à l'antidémocratie et doivent s'allier aux formations autoritaires de droite pour résister aux Asiatiques. On voit ressortir clairement que le slogan « Guerre à la barbarie totalitaire » n'est que la rationalisation d'intérêts bien tangibles. Rationalisation opérée non seulement par des alliances avec les gouvernements les plus réactionnaires de la planète, mais aussi par les invitations et les offres d'amitié aux seigneurs totalitaires du front adverse aussitôt que ceux-ci, ne serait-ce qu'une fois, offrent un visage aimable. On câline, on embrasse les tueurs de masse, il faut que l'offense soit énorme pour qu'on se sépare d'eux dans les conférences, et encore, à regret. Un régime de terreur ne rend plus personne infréquentable, à moins que l'intéressé ne soit chassé par ses propres gens. Battista, l'ami d'hier, n'est plus regardé avec plaisir, et Khrouchtchev ne serait pas vraiment accueilli au cas où il devrait comme le premier fuir son pays. Les dictateurs ne sont pas jugés selon leurs actes, mais selon leur destin. Voilà un signe entre autres que sont en voie de disparition accélérée les contenus objectifs, dont le prétendu monde libre se fait le défenseur. Le sens qu'on a d'eux tend à s'évanouir – le voilà déjà disparu. C'est l'œuvre des années qui suivirent la Seconde Guerre mondiale, de ces quinze années où le monde anglo-saxon passe de la lutte contre le national-socialisme – ou plutôt contre le danger que l'Allemagne représente pour l'Angleterre et l'Amérique – à une alliance avec ses homologues du monde entier. L'évolution était préfigurée dans la politique de Chamberlain et de ses semblables, ils n'avaient rien contre les camps de concentration de Hitler ni contre ses intentions belliqueuses envers la Russie ; de nos jours, ils viendraient à son aide. Roosevelt, l'unique, n'est plus là – il n'aurait aucune chance non plus de se faire élire : c'est bien fini.

Contre la logique, dialectique ou ordinaire. – Le christianisme et la chrétienté font deux, Kierkegaard a en cela raison, mais il n'a pas su le saisir à travers la dialectique de leurs rapports. Même dans ses pires méfaits, la chrétienté doit au moins prendre l'Évangile pour prétexte, et l'Évangile, lui, ne parlerait pas, si les papes et les marchands n'avaient conclu un pacte tellement profitable aux deux côtés que payer une armée de propagandistes devenait rentable. Les prédicateurs font partie de la chrétienté. Ils servent les groupes les plus âpres au gain de l'histoire universelle, tout en prononçant avec solennité ce verdict contre le niveau de vie érigé en but de l'existence. Ils bénissent les armes, l'équipement et la guerre, et proclament qu'il faut rendre le bien pour le mal. Ils plaident pour la surpopulation et inscrivent la chasteté sur leurs drapeaux. L'histoire du christianisme est le symbole de ce funeste destin qui relie même la doctrine la plus pure à l'exercice de la terreur, à l'alliance avec le pouvoir et avec l'injustice. Sans l'inflexible volonté de pactiser avec le diable, non seulement le sublime n'aurait pas nourri une force historique universelle, mais on ne pourrait même plus l'arracher à l'oubli. En découle-t-il la nécessité d'un oui affirmatif à la dialectique, ou plutôt à l'absurdité d'une réalité ne produisant l'idée qu'en la désavouant ? Cette idée est-elle maintenable quand elle se sait abstraite et ne peut se tenir pour vraie qu'en liaison avec le cours infâme du monde, à tel point que, isolée, elle est obligée de se tourner elle-même en dérision comme une prétention vide, une stricte profession de foi ? La condition reste-t-elle extérieure ou conditionnée ? Le christianisme, plutôt que démenti, ne se voit-il pas purement et simplement nié par la chrétienté ? La mort sur la croix, semble-t-il, n'a pas racheté le monde, elle a, au contraire, manifesté la vanité de la foi en la vérité. C'est le sublime qui reste après le départ de la superstition. C'est le rien ; et l'Être : la terreur.

Philosophie et idéologie. – La *Critique de la raison pure* est la doctrine de l'idéologie, l'analyse de l'apparence nécessaire. Kant l'a dit lui-même à propos de la dialectique transcendantale, mais ce n'est pas moins exact de l'esthétique et de l'analytique transcendantales. Le matériau sensible, perçu à travers les lunettes de l'espace et du temps, est transformé par le travail de l'entendement, par les forces de l'aperception originaire pure, en ce monde que nous tenons pour le monde réel, indépendant de nous-mêmes. Le phénomène, nécessairement, est regardé comme la chose en soi. Et cette inversion n'est pas simplement nécessaire, elle est socialement nécessaire, car le fait que Kant, malgré toutes ses tentatives ultérieures pour sortir de là, ait défini le travail synthétique de l'esprit comme celui du sujet personnel, comme l'activité de chaque moi individuel, découle nécessairement d'un état de la société où celle-ci se trouve déterminée par l'activité de multiples sujets individuels dotés de forces semblables. Par suite de sa théorie critique, relativisant le tout, Kant apparut comme le broyeur universel – malgré la conciliante doctrine des idées qui permettait la foi tout en lui retirant son assise prétendument ferme. Ses successeurs ont donc assez vite aussi recouvert la critique avec la doctrine positive de l'Absolu. En faisant du sujet, caractérisé de façon encore fluctuante chez Kant, l'inconditionné, ils reproduisent en philosophie le processus social indiqué par Feuerbach, où le père devient Dieu et la famille bourgeoise la Sainte Famille. L'aboutissement, la résolution d'éliminer du kantisme les hésitations et les contradictions pour en tirer toutes les conséquences logiques, a ramené la philosophie à de l'idéologie.

Le bourgeois Schopenhauer. – Le pessimisme de Schopenhauer domine la philosophie européenne parce que, pénétrant le caractère mécanique de tout événement – à l'égal des empiristes, des sceptiques et des rationalistes –, il réalise et exprime en même temps, vue identique à la précédente, l'abandon auquel l'ensemble est voué. Le défaut de sa pensée consiste en ceci qu'elle épouse cette malédiction. À la nature propre de son style éclatant appartient le cruel pathos selon lequel la vie mérite tout ce qui lui advient. Il parle de l'instinct d'exister, de la tendance au bien-être qui forment l'essence de la créature, avec un arrière-ton dénonciateur, injurieux, et sa langue, justement parce qu'elle moralise, contredit à la morale qu'elle proclame. De la pitié, il fait le fondement du Bien, voire la source de l'intuition, qui est plus profonde que le savoir. Mais pour éprouver celle-là, il faut pouvoir aimer le bonheur. Schopenhauer le pressentait lorsqu'il a dit que le partage de la joie était la forme suprême de la pitié, ce partage de la souffrance. Mais jusque dans ces mots résonne un sarcasme : que précisément si peu d'individus soient capables de pitié. Schopenhauer est un bourgeois, et l'humeur dont découle sa pensée, froideur et avarice. Un seul le savait : Nietzsche. Schopenhauer ignore les débordements. C'est le défaut entachant la vérité de son œuvre, l'inverse de celui propre à Spinoza. L'éthique de ce dernier réfléchit le bonheur et dédaigne la miséricorde : en tant que personne, pourtant, il était bien meilleur que Schopenhauer.

Spéculation historico-philosophique. La politique extérieure est la poursuite de la politique intérieure, et ce que les autochtones en apprennent à l'ère de la radio et de la télévision relève de la manipulation de masse au moyen du divertissement. À l'Ouest, on veut des relations commerciales ; les diplomates, dans les pays qu'on dit en voie de développement, agissent en représentants des intérêts commerciaux réunis de leurs pays respectifs, et même l'espionnage sert pour l'essentiel à éliminer les concurrents. À l'Est, la production demande à être augmentée. Il faudra encore longtemps avant qu'elle en arrive au stade souhaité, aussi importe-t-on avant tout des produits industriels. Ce faisant, les maîtres de là-bas cherchent bien sûr à éviter le danger que le meilleur rendement des adversaires occidentaux ne rejette les pays étrangers dans l'autre camp et qu'en outre leur propre suprématie géographique, dont un jour le monde doit devenir la proie, ne soit entravée par ce qu'ils appellent un encerclement. En dernier lieu, tout, même la donnée stratégique, conduit au niveau de vie garanti, sauf qu'à l'Est, où il est plus bas, il y a, derrière, un plus grand *impetus*, une idée, le communisme planétaire. Les idées ont encore eu constamment besoin jusqu'ici de la pénurie pour ne pas dégénérer en clichés. Et ici vient s'ancrer la question de la substance même de l'humanité, la spéculation proprement historico-philosophique. Si la préhistoire a pris fin parce que la nourriture, le logement, et l'habillement ne sont plus un problème pour personne où que ce soit, est-ce alors le début de l'histoire supérieure, l'histoire proprement dite, la culture, comme on l'appelle – à moins que les cinémas et les stars des pays arrivés n'indiquent où mène ensuite la pente ? Au-delà de ses besoins naturels, l'humanité, veux-je dire, n'en a de plus nobles ensuite que si les premiers ne sont pas encore satisfaits. J'ai peut-être tort. Cela signifierait que l'idée n'est pas liée au manque, ni l'amour de la justice à l'injustice régnante, ni la magnanimité à la misère et à la puissance. L'existence de la nature extra-humaine, que les hommes pourraient aider sans se trouver menacés par elle, suppose à elle seule déjà une aspiration fraternelle, à peine concevable sans qu'il y ait oppression parmi les hommes. Même la violence inhérente à l'éducation n'a guère plus de support quand tout est disponible et que la détresse a pris fin. La régression paraît l'unique but du progrès. Mais cette pensée est infâme, aussi longtemps que subsiste une souffrance qui pourrait être éliminée par le progrès.

Bonheur et conscience. – Du bonheur fait partie la conscience, le bonheur irréfléchi n'en est pas un. C'est après avoir été empêchée que la respiration devient une jouissance. Aussi longtemps qu'est recherchée la liberté, elle paraît un bonheur, et des individus autonomes, ne cédant pas à une simple séduction, risquent leur vie pour elle. Acquise, elle s'oublie comme la respiration. La clarté qui pénètre dans la chambre par les volets ouverts, le regard jeté par la fenêtre de la pièce encore crépusculaire donnent l'expérience de la lumière ; elle s'évanouit dans les *picture windows* et les maisons de verre, et même le discours des responsables de la construction, à savoir que l'humanité a besoin de bâtiments ayant de l'air et de la lumière, se rattache encore au souvenir, à la mémoire des *slums*, auxquels manquaient à vrai dire moins les fenêtres que les toilettes. La vie se poursuit dans le changement, néanmoins la marche du progrès, qui détruit le bonheur présent et futur, n'est pour l'essentiel qu'un déclin sans fin si le passé n'est pas en même temps sauvé. Le proverbial fonctionnaire de la sombre chancellerie regardant par l'étroit guichet et refermant celui-ci d'un claquement à l'heure sonnante, faisait l'objet de railleries et de jalousies, toutes aussi justifiées, de railleries parce qu'il avait son gîte dans l'obscurité bureaucratique, de jalousies parce qu'il pouvait s'y enfermer à clé. De nos jours, il siège avec ses semblables dans l'immeuble de verre, contrôlé par tous ceux qui passent, et la fermeture générale des guichets est respectée en silence par le public. Les choses se sont améliorées, le fonctionnaire s'installe dans la lumière, et les gens n'ont plus rien contre lui, mais en écartant le pire on a perdu aussi son aspect positif, le bienfait de l'obscurité, la liberté de fermer comme celle de poster avec conviction.

Famille et principe d'échange. – Que le principe d'échange ait pénétré dans la famille apparaît comme une dissolution de celle-ci. En effet, les formes féodales, en fin de compte, ne résistent plus dans ce qu'on appelle la cellule de base de la société. Les conservateurs l'acceptent mieux que l'opposition. Ils se sont habitués à cette société. Les choses allèrent avec une lenteur suffisante. En revanche, l'opposition trouvait la société de l'échange déjà dépassée quand elle remporta la victoire politique ; ce principe est pour elle le négatif même, le contraire de la solidarité. La critique de la société eut dès le début quelque affinité avec de Bonald et de Maistre, parce qu'elle se mit à comprendre l'irrationalité de la *ratio* bourgeoise. Elle trouve à présent confirmé que même au sein de la famille, dans l'échange, le plus fort garde le dernier mot, en dernière instance le plus fort économiquement, celui dont l'argent, ou la capacité d'en gagner, pèse davantage – le mieux pourvu triomphe. Toute la psychanalyse des difficultés conjugales repose sur la reconnaissance d'une pareille norme. Il n'est pas sain, dit-on, qu'un partenaire donne plus que l'autre. Voilà néanmoins pourquoi est lésé celui qui n'apporte guère plus que l'amour. L'extension du principe d'échange à la famille doit forcément la mener à l'explosion. La puissance du père vu comme seigneur féodal, puissance qui s'était encore affirmée dans le refuge de la vie domestique, est à bon droit remplacée par le principe supérieur – et l'échange entre personnes libres est ce principe supérieur. Mais la véritable liberté n'est pas encore réalisée. En attendant qu'elle existe et que les vieilles formes soient surmontées, seule la surabondance de la vie individuelle périme le principe d'échange. Probablement continuera-t-il à végéter dans certains pays et sous certaines latitudes, quand le monde aura été renversé depuis longtemps par les barbares qui déterminent maintenant l'évolution.

Autonomie. – Quand l'autonomie de l'individu s'étend jusqu'au point où commence le conditionnement social, jouit-elle d'une existence propre ? Kant estimait que la raison y avait un intérêt. Pourtant ce qu'il nomme raison est périssable, ses idées naissent dans l'histoire et sont dépassées par celle-ci, et en ce qui concerne l'intérêt, tous les intérêts, il n'en va pas autrement. Tous les sentiments sont, dans leur fondement comme dans leur but, de nature sociale. Si quelqu'un connaît la gratitude d'autrui, c'est l'homme détenant la puissance, c'est-à-dire de l'argent ou une influence, du moins une qualité ayant une valeur reconnue dans l'ordre existant. Quant à celui qui en paie le tribut, il fait usage de la faculté qu'il hérita des origines mêmes du troupeau, un usage naïf ou fort bien calculé. Ce qui s'appelle beauté dans les deux sexes dépend de la structure de l'époque aussi étroitement que la valeur de la force corporelle et intellectuelle, laquelle – déterminée par les circonstances jusque dans sa qualité – est capable de prestations bien différentes et connaît donc une cote très variable selon les conditions alimentaires, l'intensité du combat pour la subsistance et pour le niveau de la technique. Le courage personnel, si étroitement lié à ce que signifie l'autonomie, et exigé à un degré d'autant plus élevé que grande est l'intelligence ainsi que par ailleurs la superstition, a survécu, depuis les temps seigneuriaux qui le cultivèrent, jusque dans le présent. On a encore besoin de lui du côté des ministères de la Défense et dans maintes carrières, et c'est pourquoi il n'est pas un pur objet de théâtre. Dans les gangs d'adolescents, il paraît croître de lui-même, ne faisant qu'un avec le défi sarcastique au monde qui n'offre plus de motif sincère à côté du pouvoir et de la consommation. Le désespoir chaotique des jeunes, ainsi que la résignation avec laquelle les esprits pensants se détournent de l'universel en déclin, au total les phénomènes les plus manifestement conditionnés de cette époque, semblent les faibles traces de l'impossible autonomie, laquelle n'a en vérité jamais existé.

Seconde classe. – Le wagon-restaurant roule d'abord pour la première classe. Quand les gens de la seconde veulent manger quelque chose, ils doivent faire plus de chemin que ceux de la première dans le train qui les secoue. Lorsqu'ils reviennent à leur place, c'est plus étroit, plus sonore, plus sale. L'ensemble du voyage est pour eux plus fatigant. Est-ce de leur faute ? Sont-ils punis de quelque chose ? Dans le compartiment bruyant – et telle est toute leur vie, ainsi que celle de leurs enfants –, on ne saurait devenir délicat, on doit avoir une peau bien dure pour se sentir à l'aise. Autrefois, la première classe et la seconde, ou plutôt la troisième – il y en avait trois, on l'a déjà presque oublié –, se trouvaient séparées encore plus nettement ; à présent c'est mieux (semble-t-il du moins), mais il faut avoir la peau plus dure. La délicatesse ne peut se développer ici, à quoi bon du reste ? La délicatesse, en soi, est facteur d'humanité, sans doute même condition de celle-ci, ce qui veut juste dire qu'elle pourrait prospérer en première classe, sans qu'on l'y trouve nécessairement. Mais de quoi ceux de tout à l'heure sont-ils réellement punis ? Le travail de l'individu, chez eux, n'a pas socialement autant d'extension – autant d'importance serait quasiment trop dire – que celui des occupants du wagon-restaurant ; en Allemagne, ces derniers utilisent déjà des trains spéciaux où il n'y a que des premières, avec toutes les commodités. Les autres sont punis parce que, parmi eux, aucun n'a d'importance économique. Le principe de la justice selon Saint-Simon n'est pas si loin du présent, au contraire, les différences se mesurent à l'importance économique. Seulement, est-ce juste ? Ou devrait-il en aller comme Marx concevait le stade final, à tous selon leurs besoins, à tous le maximum que puisse fournir la technique ? Est-ce qu'alors l'ensemble ne va pas forcément régresser, parce que manque le bon vieux stimulant ? Pas de zèle sans son prix ? Ou faudrait-il que tout marche selon Nietzsche, de telle sorte qu'aux individus les plus capables de souffrance iraient les plus grands égards ?

Est-ce que finalement les libéraux les plus radicaux, ligués avec Saint-Simon et les stakhanovistes de l'Est, n'ont pas raison quand ils s'opposent à la suppression des différences matérielles ? L'injustice n'est-elle pas inhérente à l'essence de cette affaire ? Tant qu'il s'agit de dépeindre la préhistoire, juste est l'idée que ceux d'en bas veulent aller en haut, mais si au bout du compte il n'y a plus que la première classe, le train entier ne va-t-il pas retomber dans la troisième, à supposer qu'il marche encore sans que toute la *chose** soit à reprendre depuis le début ? L'Autre se dérobe au concept. Le Royaume de la liberté serait celui du surhomme ; mais indique-t-on cette direction, elle devient illusion.

Sur l'habileté. – Quand quelqu'un dit « habile » devant les gens, il entend par ce mot la faculté de s'adapter au monde existant, de s'y promouvoir, l'action selon le principe du profit. Insensé signifie être en contradiction avec le principe universel, vivre pour d'autres intérêts, ou encore, tout simplement, ne pas maîtriser les mécanismes internes et externes d'une affirmation de soi au sein de la hiérarchie sociale. Les causes d'une telle incapacité sont infiniment nombreuses, depuis l'envie trop hâtive de faire ascension jusqu'au *désintéressement** schizophrène, qui ôte à l'individu l'habitude de s'approprier les méthodes efficaces. Entre les deux extrêmes, il y a le sacrifice à l'apparence, la consécration exclusive à l'art et à la philosophie, ainsi qu'à la résistance politique. Il y a des génies habiles et des génies sots. Le matériau dans lequel vont s'exprimer les habiles est la réalité donnée du moment, ils montrent alors ce qu'on peut devenir en elle et accomplir avec elle. Quant au matériau des autres, pierre, langage, couleur, son et l'histoire elle-même, il a besoin de l'imagination et de l'enthousiasme. Le génial entrepreneur comme le révolutionnaire ne sont pas moins possédés tous deux que le poète, à cette différence près que le premier se voue aux réalités d'ici et de maintenant, et ce dernier à l'Autre – sauf s'il est habile à la manière de l'homme d'affaires et transforme sa production en une entreprise. D'un autre côté, le génial entrepreneur a plus d'affinités avec la ruine que l'homme qui n'avance qu'à coup sûr.

La fin du christianisme. – Contrairement aux époques égyptienne, babylonienne, gréco-romaine, la civilisation qui se nomma un jour chrétienne élut l'amour de l'Autre comme règle d'action. L'Autre avait un double sens. C'était l'amour infini et en même temps, découlant de là, l'amitié de la créature. Par la confrontation avec la résistance intérieure ainsi postulée, et à travers toutes les concessions à son contraire – l'histoire de la concession est l'histoire de la théologie –, le principe a fait ses preuves en tant que force civilisatrice. Dans la science libre, tournée contre la scolastique, aussi bien que dans les slogans politiques de l'égalité et de la fraternité. Mais par-delà son domaine propre, face aux reliquats des vieilles civilisations et aux continents étrangers, ce sont exclusivement les instincts négatifs qui se montrèrent tout crûment, contredisant le principe et non maîtrisés par lui. Vers les hommes de couleur, les Blancs furent poussés par l'envie d'une puissance plus grande, par la perspective d'un gain plus élevé, par la domination sur le travail d'autrui et par leurs propres guerres. Aussi sérieuse qu'ait été la mission chrétienne aux yeux de ses porteurs, elle fut stoppée lorsqu'elle ne remplissait pas sa fonction pour le commerce, comme jadis au Paraguay. La subordination du principe chrétien à son contraire, par lui conditionné autant que toléré, devient désormais funeste à la civilisation qui porte son nom. Il s'avère que le nommer, y renvoyer, se l'attribuer dans ce monde, affirmativement, l'utiliser, est en même temps le nier. Que les chrétiens soient apparus aux autres comme des tyrans n'est pas le plus grave de ce qui se venge aujourd'hui, leurs tyrans à eux n'étaient pas moins cruels. Le doute hautement fondé envers leur propre principe, le pressentiment que ce dernier, dans leur propre société, se trouve depuis longtemps réduit au rang d'une fonction et ne peut plus évoluer, enlève aux peuples chrétiens la conscience que leur civilisation puisse déterminer les autres. La force confiante en elle-même s'est transférée depuis longtemps aux nations, qui dans leur profession de foi donnent la priorité au niveau de vie, à la satisfaction des besoins de tous, à la matière, lesquels selon la profession de foi des autres doivent rester au second plan. Les peuples, en trahissant le christianisme dont ils se réclamaient au lieu de l'accomplir, ont renoncé à la confiance sans laquelle toute éducation est inconcevable. Les autres imitent maintenant leur pratique – et pas seulement la pratique, mais aussi la théorie. Ils professent la liberté et radotent sur la souveraineté. En fait, ce sont les malins qui mènent le jeu. La civilisation blanche passe, en tant que matérialiste, des Russes aux Chinois, les nègres ne sont pas touchés par le christianisme. Les tentatives désespérées de l'Église débouchent sur les armées ou les régimes autoritaires; chez les Noirs, même les musulmans leur sont supérieurs. Comme dernier espoir reste une dernière croisade. Elle scellerait la trahison.

Sur l'histoire de la sexualité. – Le cercle décrit par la philosophie des Lumières revenant au mythe devient manifeste quand on observe l'histoire de la sexualité. Elle retourne à son origine. L'amour, l'amour romantique comme on dit, surgit au Moyen Âge de la même constellation que le commerce et la science. L'individu prit de l'importance, ses décisions gagnèrent en conséquence, non pas dans l'au-delà, mais dans l'avenir terrestre. Avec l'absolutisation de la politique séculière, les événements historiques dépendirent de plus en plus étroitement de la situation des familles régnantes, et la famille bourgeoise citadine se développa sur leur modèle. Mais l'importance de l'héritier, d'où découla dans les unes et les autres le code de la conduite féminine, ne suscita directement que la discipline dans la famille et non l'amour. Probablement l'apparition de ce dernier en tant que phénomène social est-elle due à la négation de la discipline, à la rébellion contre l'intérêt de la famille, contre un régime de relations qui avait pris l'apparence de la sainteté. L'exclusivité du don sexuel n'étant plus imposée de l'extérieur, mais voulue en considération du partenaire, la sexualité fut libérée de sa finalité contextuelle transfigurée en morale éternelle, et alors seulement la personne acquit sur cette terre la valeur infinie qu'elle avait perdue dans l'au-delà avec le retrait de la théologie. Le danger mortel qui se répétait dans chaque événement particulier avec la destruction du tabou, le dépassement à chaque fois de la crainte devant le sacré ainsi que des résistances extérieures, conférèrent à la sexualité le sublime qui la convertissait en amour. Avec la disparition de la crainte et de la résistance, avec la transformation des fondements sociaux de la famille, la sexualité est de moins en moins capable de structurer sous forme d'amour la vie entière jusque dans chaque détail, en vue de la relation avec un seul et unique être. Le contexte ainsi fondé est plus lâche, le passé se transporte moins dans l'avenir, lequel se différencie par là même ; un motif de sublimation, un élément de civilisation s'évanouissent. Un signe extérieur en est l'assimilation et la refonctionnalisation du vêtement des deux sexes : elle matérialise la liquidation du tabou sexuel en soi. Les peuples arriérés, les Bochimans d'Afrique, qui sont sur le point de rattraper le processus de manière accélérée, s'habillent, les Blancs, eux, se déshabillent. Ils se rapprochent d'une sorte de monogamie, qui se distingue de la promiscuité davantage peut-être par une plus grande commodité dans les circonstances données que par une expérience plus intense. Elle sera facilement convertible en réglementation planifiée du commerce sexuel, comme on s'y exerce aujourd'hui en Chine. Sauf que là-bas, elle représente un début, et ici un phénomène de régression. Ce qui sur ce continent isolé, le nôtre, apparaît détaché, comme un cercle, constitue peut-être le moment d'une évolution. La philosophie européenne des Lumières pourrait remplir une fonction historique, laquelle, vue d'Europe où le cercle paraît se fermer, n'est plus discernable.

Pro patria. – Qu'on doive être prêt à mourir pour la patrie n'est pas un commandement moral universel. Au contraire, le principe vaut juste dans la mesure où la patrie connaît un régime qui fondamentalement respecte chaque individu à l'égal de tous les autres, et lui accorde autant de liberté qu'il est possible sans limiter justement les mêmes droits humains chez les autres. Pour autant que ledit principe se rapporte à la guerre, il s'applique dans le cas où la patrie est menacée par des pays cherchant à altérer ses conditions, comme il ressort visiblement de la situation de leurs propres institutions et des volontés de conquête et d'asservissement qui en découlent. Les citoyens d'États totalitaires, en guerre avec des États libéraux, n'ont pas l'obligation morale de combattre. La patrie *in abstracto* n'est pas une idée authentique. La destination de l'homme aussi, à vrai dire, demeure abstraite et mensongère tant qu'elle ne connaît pas son plein développement. L'état de liberté générale tend, selon la maturité technique et le degré de tension avec d'autres peuples, à réserver la puissance et le plaisir qui lui est lié à un cercle toujours plus restreint, et à tenir en laisse les autres individus au moyen de quelque pâture spirituelle ou matérielle. Si, à des niveaux techniques plus bas, il faut limiter la liberté pour la liberté, c'est-à-dire pour l'obtention de savoir-faire supérieurs, il le faut également aux niveaux les plus élevés pour empêcher la rechute. Elle ne s'annonce pas seulement par la puissance d'une infime minorité, le signe en est tout autant la pauvreté de cœur chez les peuples à niveau de vie élevé. Moins il y a d'affamés dans l'impuissance, moins ils ont de voix, et plus ils désavouent le petit groupe du sommet et le grand nombre qui les oublie. La liberté *in abstracto* n'est pas plus vraie que la patrie. Quand une bonne cause demande qu'on mette sa vie en jeu, il se trouve souvent des hommes prêts à faire leur devoir. Habituellement, la bonne cause échoue. Plus tard, beaucoup plus tard, se présente une situation historique où les survivants doivent être récompensés. Alors ce seront les faux ; d'ordinaire les vrais bénéficient rarement de la conjoncture – sinon ils ne seraient pas les vrais. La réalité, même améliorée, les oublie. Elle a ceci de commun avec le pire, où ils risquaient leur vie, de sourire davantage à ceux qui ont plus d'affinité avec le pouvoir qu'aux justes qui deviennent les victimes.

Un genre particulier d'antisémitisme. – Il existe en Allemagne une sorte d'antisémitisme lié à l'amour envers les parents. Ceux-ci, dans la chambre bien gardée, ont parlé à l'enfant du Mal qui est à l'extérieur, du danger de la vie dépourvue de pitié. L'antisémitisme qui pénétra ainsi dans la jeune âme n'est plus dissociable, ensuite, de la mémoire du Bien, et le rationalisme agit comme la froideur des temps nouveaux, qui évacue complètement le beau. C'est le monde à l'envers. Il reste alors seulement une chose à espérer : que devant la face du meurtre l'erreur nourrie dans le Bien se détourne. On n'escomptera pas qu'elle affronte le meurtre, à moins que l'expérience n'ait éclairé l'erreur. L'univers du marché en offre rarement l'occasion. L'amour des parents ne contribue pas seul à l'antisémitisme, il y a aussi l'angoisse devant l'inférieur. Elle est profondément apparentée au premier. Autrefois, en Allemagne, les Juifs cultivés se faisaient baptiser parce qu'ils voulaient échapper à l'inférieur, non admis dans la civilisation, comme cela est apparu dans le comportement des assimilés envers les Juifs orientaux. Ils ne voulaient pas être des Tsiganes. Ainsi les non-Juifs peuvent-ils alors se détourner de l'assimilé, qui pour cette raison même porte encore en lui quelque chose du ghetto. L'antisémitisme, en soi, peut fournir un élément de très nombreuses mentalités, y compris d'honnêtes. C'est ce qu'ont prouvé beaucoup de conservateurs, qui furent antisémites jusqu'à Hitler. Leur antisémitisme était en quelque sorte innocent. Dans quelle mesure cela est possible en Allemagne à d'autres que les Juifs eux-mêmes, je n'oserai le dire. Il faudrait que ces antisémites non juifs soient exempts de toute forme d'antisémitisme courant – des êtres réellement humains.

Surmontement du passé (fin novembre 1960). – En l'année 1960, on a donc fait subir au passé national-socialiste, en Allemagne, l'opération du « surmontement ». On mit ce passé en discussion sous des signes négatifs, du moins tout d'abord. C'était déjà beaucoup, car, enfin, que n'avait-on enduré à cause de lui ? En fait, c'eût été le moment, d'après les rythmes psychologiques, de se rebeller contre la mise au ban de son propre comportement par les étrangers. Mais on est devenu si fort déjà, qu'on peut se permettre d'abord de blâmer aussi son passé, en quelque sorte de sa libre initiative – non point à cause de la défaite, mais bien parce qu'on est juste, même quand c'est à son désavantage. Nous ne laisserons personne… Une fois cela réglé, c'est avec une légitimité bien plus grande qu'on pourra procéder dans ce pays contre ceux qui jadis, en 1945, triomphèrent quand l'Allemagne gisait à terre, contre les peuples arrogants de l'Occident – qui dans leur folie écrasèrent les Allemands et firent alliance avec les Russes, tandis que pour s'opposer à ces derniers ils ont maintenant si amèrement besoin des Allemands – et contre tous les individus, émigrés, Juifs, éléments douteux qui, depuis lors, se répandent à nouveau, alors qu'ils n'ont pas entendu siffler les bombes avec « nous », ni partagé notre détresse et notre honte. Déjà, la conjoncture vacille, déjà on tient « le levier le plus long », comme le prévoyaient il y a dix ans les esprits avisés, déjà aussi capitule la social-démocratie, parce que même cette forme d'opposition n'a plus de sol sous les pieds. Il faut que le peuple s'unisse comme jamais. Cela aurait-il de quoi étonner les autres ? Nous répétons simplement l'histoire. Si le nazisme fut l'unique et horrible *Grande Révolution** dans ce pays, Robespierre et Bonaparte en une seule fois, le temps est venu de rassembler les Grands à nouveau dans l'écrin du cœur national. « *Enrichissez vous** », s'écriait Louis-Philippe. Maintenant que nous sommes devenus riches, ramenons, comme lui après dix ans de règne, les Grands au Panthéon. Sauf que chez nous les choses vont plus vite. Napoléon III, ou plutôt sa façon de restaurer, a déjà fait son entrée. Faut-il que nous soyons plus mauvais que la *Grande Nation** qui passait, jusqu'il y a peu, pour la championne de la liberté ? Les analogies ne manquent pas, dans l'ordre chronologique ou non. Si la révolution de 1918 et les quelques années qui s'ensuivirent trouvèrent finalement leur réponse appropriée dans le règne nazi, alors certainement succédera un jour au modeste soulagement de l'honnêteté, à ces temps meilleurs de la misère antérieure à la réforme monétaire, un gouvernement qui, non moins que le IIIe Reich, rappellera le massacre de la *Commune**. La vengeance est l'âme des victoires nationalistes, et, devant la « dénazification », nul besoin de commencer par servir une légende du coup de poignard. Pour l'instant, justement, nous donnons encore dans la faute collective et dans l'amitié avec Israël, mais, un jour, il faudra bien que cela aussi cesse. Bientôt, nous tirerons le trait final.

Atomisme. – L'Antiquité pensait que les éléments, les atomes, étaient mus, attirés ou repoussés, par l'amour et la haine, qu'aucune particule de la matière ne restait isolée. Mais que de l'union naissait la vie. Aujourd'hui, à la fin de la civilisation dont le début est marqué par cette philosophie, les hommes eux-mêmes sont devenus des atomes et aucun amour ne les unit. Chacun demeure seul comme dans la nature inorganique, depuis longtemps dépouillée de tout instinct par la science. Et même, leur volonté sans fin de domination brise encore ce qui passait jadis pour l'unité dernière, aussi naturelle qu'éternelle. Comme ils ont appris à scinder l'atome, s'ouvre – telle une sorte de consolation – la perspective que les hommes, rabaissés dans leur société au niveau d'une existence contrôlée, jusqu'au dernier détail soumise à la domination, bouclent le cercle et redeviennent pure matière. Puisse alors quelque part en elle un mouvement recommencer à neuf, qui mérite le nom d'amour.

Grosse entreprise. – La démocratie bourgeoise du XIXe siècle et des premières décennies du XXe reposait sur les intérêts différenciés du commerce et de l'industrie, ainsi que sur les espoirs du prolétariat. Le Parlement était le lieu de la confrontation. Aujourd'hui, les intérêts de l'économie, dans la mesure où ils divergent, sont harmonisés dans les coulisses, les députés étant de simples fonctionnaires. L'opposition, en Allemagne la social-démocratie, se distingue des autres uniquement par un certain intérêt pour l'augmentation des prétendues prestations sociales, accompagné du désir de voir ses propres secrétaires de parti continuer leur ascension. C'est une compétition entre bureaucrates, comme dans une grande firme ou n'importe quelle administration. Le Parlement ne retrouvera pas non plus d'autre importance. Le pays est une firme – dotée d'une armée propre.

Du mythe au chaos. – Le déclin du respect envers le seul et unique mariage que doive conclure et observer un être humain relève de la dialectique de la raison. Au fur et à mesure qu'il devient plus courant de se marier plusieurs fois, décroît l'importance de l'individu, dont la vie tient sa cohésion du reflet dans l'autre avec lequel il vieillit en commun ; dès lors, ce ne sont plus deux personnes qui constituent ensemble le moi de chacune d'elles, qui l'enrichissent et l'épanouissent par le souvenir ; au contraire, ce moi ressemble de plus en plus à la succession chaotique des expériences vécues. En même temps, l'individu s'émancipe du mythe du mariage. Le dépassement du mythique se paye par la rechute dans le chaos. Autrement dit, la vérité elle-même se révèle dans ce processus comme un produit mythique. L'homme conçu comme radicalement autre que l'animal est lui-même une erreur.

Sur la capture d'Eichmann (décembre 1960). – Un sbire du national-socialisme, nommé Eichmann, qui était chargé de l'élimination des Juifs en Allemagne comme dans les pays occupés par les Allemands, a été capturé en Argentine par des citoyens israéliens et ramené en Israël. Il doit là-bas être déféré devant un tribunal et jugé. Le nombre de Juifs assassinés sur l'ordre d'Eichmann est estimé de façon variable, entre 750 000 et quatre ou cinq millions. Il fut fier de son rôle dans la « solution finale », et selon la loi en vigueur il était dans son droit. Si le tribunal, en Israël, veut se prononcer en toute justice, alors il doit se déclarer incompétent. Que les raisons formelles du procès soient intenables, cela est évident. Eichmann n'a pas tué en Israël, et Israël ne peut vouloir que la capture de criminels politiques – dans l'asile qu'ils trouvèrent à tort ou à raison – devienne la règle générale. Le châtiment est un moyen par lequel un État déterminé impose dans ses frontières le respect des lois, son but est la dissuasion, toutes les autres théories de la punition relèvent d'une mauvaise métaphysique. Admettre que la punition en Israël soit susceptible de dissuader les successeurs possibles d'Eichmann est une folie. Quoi qu'il advienne d'Eichmann en Israël, cela prouvera l'impuissance et non pas le pouvoir des Juifs conscients d'eux-mêmes et de leur droit, ou la prétention, et non l'habitude, de l'autorité de l'État en Israël. Chacun sait qu'on a toléré encore une fois chez les Israéliens, en considération de New York, des allures totalitaires qui rappellent Benito et les Russes. Les raisons substantielles invoquées pour cet acte de justice sont tout aussi insuffisantes. Le procès, dit-on, doit éclairer la jeunesse à l'intérieur et les peuples à l'extérieur sur ce que fut le IIIe Reich. Cependant, si ce type de connaissance ne peut se transmettre par la littérature bien faite qui se trouve dans les ouvrages scientifiques comme dans ceux d'accès général, publiés dans les langues de grande culture, et doit au contraire acquérir l'actualité qui lui revient, dans la conscience des générations présentes et futures, sous la seule forme des derniers comptes rendus de procès et autres sensations internationales, alors, s'il en est ainsi, les choses sont bien mal parties. La conscience sur laquelle la mort des Juifs à l'époque de Hitler ne fait impression que par de nouvelles *headlines* a fort peu de profondeur, et le souvenir sera en elle mal préservé. Les conséquences réelles d'un retentissement judiciaire de l'extermination, les effets politiques et socio-psychologiques produits sur les peuples du temps présent demeurent imprévisibles. Dans la jeunesse d'Israël, comme aussi dans les masses bien disposées des autres peuples qu'on espère gagner, doit faire obstacle le soupçon inconscient que les victimes abattues ne deviennent un moyen politique, ne servent une tactique ou une propagande, fût-ce pour un but national entièrement légitime. La résistance des forces bénéfiques contre les forces destructrices se trouve paralysée, quand elle doit se servir d'armes spirituelles qui vont de soi chez l'adversaire. Les procès criminels par calcul politique font partie de l'arsenal de l'antisémitisme, et non du judaïsme. Les calculs des autorités israéliennes sont faux. La persécution, le meurtre en masse représentent des thèmes fondamentaux de l'histoire universelle. Les systèmes politiques parvenus au pouvoir et s'y maintenant avec leur aide furent exposés un bref moment, une fois défaits par l'ennemi intérieur ou extérieur, à la répulsion des peuples, jusqu'à ce qu'ils renaissent sous une forme similaire. Durant des décennies, personne n'avait pu se réclamer de Bonaparte, pour ne rien dire de la grande Révolution. Puis, à l'époque du miracle économique sous Louis-Philippe, le cercueil revint en triomphe à Paris, et Napoléon l'infâme finit par occuper le trône impérial rénové. Innombrables les victimes, et pourtant la France passait à la fin du siècle pour la gardienne de la liberté. La puissance de l'oubli embrasse tout, elle s'est accrue avec l'extension de la circulation, et le procès sera impuissant là contre. Une *news value* chasse l'autre des pleins feux de la presse et de la radio, tandis que dans l'ombre se cumulent les effets néfastes. Comme dernier ou premier motif du procès, en quelque sorte une évidente nécessité humaine, on entend nommer l'expiation. J'ai une profonde méfiance pour ce mot, l'expiation, il me paraît couvrir des sentiments inavouables, émaner d'un monde étranger, il rappelle la préhistoire germanique et l'Inquisition. Mais l'idée qu'Eichmann puisse expier ses actes selon le jugement et le verdict des hommes est une dérision envers les victimes, une effroyable et grotesque dérision. Je comprendrais mieux la volonté avouée de se venger, aussi pauvre qu'elle doive rester en regard des forfaits commis. À supposer que quelqu'un ayant perdu son père et sa mère par le règne de Hitler ait repéré le bandit en Argentine et l'ait tué en pleine rue, il n'aurait pas agi là en tacticien, mais en être humain, que chacun serait obligé de comprendre. Mais le procès en Israël, malgré tous les raffinements qu'on met à le préparer, est à la fois simpliste et révoltant. – L'intention de mettre Eichmann hors d'état de nuire, dans la mesure où il participait aux complots des agents internationaux du fascisme, serait tout à fait légitime, mais le désir de lui faire subir quelque chose ne trahit pas seulement un manque d'intelligence politique, il trahit aussi une grossièreté de sentiment. Aucun peuple n'a souffert davantage que le peuple juif, la souffrance est le motif fondamental de son destin, et il l'a muée en un facteur de durée et d'unité. Au lieu d'engendrer avant tout la méchanceté, la bassesse, ici la souffrance s'est convertie en une sorte d'intelligence et d'expérience collectives. Souffrance et espoir sont devenus indissociables chez le peuple juif. À un moment de son histoire, les peuples européens l'ont pressenti et ils ont intégré à l'histoire, en se réclamant du rédempteur martyrisé, les tourments que les Juifs ont soufferts pour cet avenir éternel auxquels ils refusent de renoncer. Les Juifs ne sont pas ascétiques, la souffrance, ils ne l'ont pas adorée, mais éprouvée. Plus encore que chez d'autres, cependant, elle est liée au souvenir de leurs morts ; la souffrance ne fait pas d'eux des saints, elle confère à la pensée des morts l'infinie tendresse qui peut se passer de la consolation offerte par la vie éternelle. – Le Juif auquel, devant Eichmann, vient l'idée naturelle de le voir souffrir n'a pas encore fait retour sur lui-même. Ce genre de désir, chez lui, ne va pas à l'encontre de sa religion, mais de tout ce qu'il a reçu de l'histoire. L'entreprise consistant à punir Eichmann sans nécessité aboutit à lui faire subir quelque chose de ce qui ennoblit les morts. – Les politiciens d'Israël manquent non seulement d'intelligence, mais de cœur. Ils ne savent ni ne sentent ce qu'ils font. Je plaide pour l'incompétence du tribunal et la remise d'Eichmann au pays d'où on l'a enlevé. Du procès ne sortira rien de bon, ni pour la sécurité ou la situation des Juifs dans le monde, ni pour la conscience qu'ils ont d'eux-mêmes. Le procès, une répétition : Eichmann va nuire une seconde fois.

L'esprit. – Le contenu, dans les ensembles forgés par l'esprit, est abstrait. La doctrine d'une religion, prise en soi, dit peu de chose de ce qu'elle est. Torquemada et Victor Hugo se réclamaient du même enseignement, qui en est un autre simultanément, sa propre contradiction. La religion dans l'Allemagne de nos jours signifie chez tel croyant le sentiment d'appartenir à une cause forte, un toit sur la tête après l'effondrement du nazisme, chez tel autre un substitut de la pensée personnelle, une raison de ne pas trop avoir cure de la souffrance d'autrui, du monde en général, mais de se limiter à ses propres affaires, chez un troisième le motif du pharisaïsme. Pour un petit nombre encore l'attachement à la religion s'identifie au souvenir de l'enfance, à l'amour des parents défunts, une sorte de gratitude. Ils viennent de maisons bourgeoises protégées, d'un genre de bien-être encore suffisamment récent pour ne pas basculer dans la dureté ou la routine. Chez ceux qui ont cette origine, la religion se distingue mal de la bonté, et les Juifs de l'Allemagne impériale, dont le dieu courroucé réclame, comme chez les autres, œil pour œil et dent pour dent, ont souvent développé sur la base de leur religion un sens pour l'éclat de la bonté dont ne sont pas mieux capables, à tout le moins, les chrétiens allemands, ayant pour dieu l'amour. D'un autre côté, il est tout aussi faux de contester l'importance du contenu relativement au sens de la construction spirituelle. L'enfant qui n'a pas le bonheur de connaître, de par les paroles et les gestes de sa mère, un enseignement ne considérant pas simplement le ciel comme un champ d'activité pour fusées spatiales, mais comme la promesse de la félicité, ne rencontrera de nouveaux amis, ou leur substitut, que sous des formes atrophiées. L'expression ne se laisse pas vraiment séparer de l'exprimé. Ce n'est que dans le royaume lui-même abstrait de la science – et là encore, dans la mesure où elle se réduit à un pur dispositif dont le sens est tacitement présupposé – que forme et contenu peuvent se dissocier sans jamais s'altérer. La logique est en soi mensongère, tout comme ce qui a juste besoin d'elle et ne la possède pas. Il n'y a de vrai que le tout – lequel en dernier lieu se dérobe à nous, et par là rend le spirituel à la fois abstrait et mensonger, aussi vrai qu'il soit.

Permanent education. – L'humanité se fait encore éduquer. L'éducation veut dire apprendre, se plier à des règles, qui viennent d'abord de l'extérieur et doivent finir par s'intérioriser. Une fois totalement intérieures, elles sont automatiquement suivies, comme pour la marche debout, le calcul, le respect des lois. Ce qui est maintenant demandé à la société euro-américaine, c'est de concourir avec d'autres peuples et d'autres civilisations pour finalement devenir membre du monde. Ce faisant, elle doit niveler en elle l'individualisme, qui dans l'histoire universelle ne fut qu'un moyen de technicisation profitant à tous au bout du compte. La culture de l'individu voit de plus en plus disparaître ses fondements, elle renvoie aux pharaons et aux esclavagistes. Plus se libère l'humanité, et moins la liberté de l'individu a de sens. Méconnaître cela fut l'erreur de Karl Marx. Son système est non dialectique. Dans l'ultime changement, dernière et vaste bascule de la quantité, où la liberté d'une partie de la société est appelée à se renverser dans celle de tous, la qualité, malgré tous les grands mots, reste la même. La liberté de tous est celle du citoyen qui peut épanouir ses facultés, semblablement à ce qu'imaginait déjà Goethe. Que ces facultés appartiennent de leur côté au mode de production bourgeois, à la science et à la technique dont a besoin la société pour sa croissance et dans la lutte avec la nature, c'est un aspect auquel n'ont pas réfléchi les fondateurs du socialisme moderne. C'étaient en somme des idéalistes, et ils croyaient en l'autoréalisation du sujet absolu. Passant par Hegel, ils sont revenus au Fichte métaphysicien de la Révolution française. Or la liberté n'est pas un achèvement, mais un moyen provisoire d'adapter cette race animale qu'est l'homme aux conditions de son existence. Le but de son éducation n'est probablement rien d'autre que la poursuite de la reproduction avec la moindre résistance possible. Chaque système est faux, celui de Marx non moins que celui d'Aristote – malgré toutes les vérités qu'ils ont pu apercevoir l'un et l'autre.

1961-1962

Philosophie en livre de poche. – L'importance que les pensées de Kant, de Hegel, de Nietzsche et des poètes peuvent avoir pour l'individu est inversement proportionnelle au nombre d'exemplaires de leurs écrits jetés sur le marché. De même que le destin et l'aspect extérieur des volumes se rapprochent de ceux des journaux, de même l'impression produite par leur contenu se rapproche de celle produite par la dernière nouvelle. Et à vrai dire, plus sérieuses sont les nouvelles. Beaucoup d'entre elles ont des conséquences pour l'action – au sens le plus propre du terme –, voire pour l'aménagement de la vie, l'évolution des projets professionnels, l'appartenance politique, l'émigration. Quant aux philosophes, ils ne prêtent plus aujourd'hui à aucune conséquence, ni pour l'esprit scientifiquement intéressé ni pour le lecteur moyen. La fonction qui leur échoit équivaut à celle des romans et des films courants. Qu'on ne parle pas de leur vertu formatrice. Un texte dont rien dans la vie ne dépend ne laisse aucune sorte de trace qui, jointe à d'autres, composerait un mode de pensée. Les tirages massifs de certains philosophes prouvent le caractère inoffensif de ceux-ci.

Sur la philosophie morale de Kant. – La maxime de Kant : « Tu ne dois jamais utiliser un homme, ou plutôt l'humanité en lui, comme simple moyen, mais toujours en même temps comme fin », est le principe suprême de la morale. Mais s'il n'y en a pas de plus élevé, quelle est donc cette « fin » ? Justement, que tu dois toujours agir ainsi. En déduit-on – comme le fait Kant lui-même – qu'il faut aménager le monde de façon à ce que chacun *puisse* agir de la sorte, on lit dans le principe quelque chose qui ne s'y trouvait pas. En vérité, il conduit à un *progressus ad infinitum* ne cessant de répéter que la fin doit être l'homme, précisément, et non pas le moyen. Il n'est pas dit ce qu'est la fin, et si on désigne comme telle la transformation du monde, alors on passe de l'ordre formel, où Kant aimerait tant demeurer, à l'ordre matériel. Comment définir à quoi le monde doit ressembler pour qu'une telle action devienne possible ? Y a-t-il à différencier ? Schiller n'a-t-il pas raison de prêter à Kant la pensée que l'homme reste libre dans les chaînes – puisque le contenu, avec une telle maxime, n'importe absolument pas ? Il faut passer du formalisme à la dialectique, même la philosophie morale suppose déjà au fond cette conséquence : « Tu dois prendre l'homme pour fin, parce que ce monde est tout autant la fin que l'homme peut l'être. » La philosophie kantienne est la plus sublime traduction du christianisme dans le langage de la bourgeoisie libérale. La *Critique de la raison pure* fonde le dualisme de Dieu et du monde comme celui de la chose en soi par rapport au phénomène, autant que de l'idée par rapport à la connaissance ; ces deux couples de contraires veulent dire une seule et même chose, car l'idée est précisément ce qui se dévoilera comme la chose en soi dans le développement infini de la théorie, et donc ce qui domine très conséquemment de bout en bout le développement de la connaissance elle-même, tel un principe directeur, présent à chaque pas de la pensée comme la chose en soi dans chaque fait donné (c'est ce que sentait Schopenhauer quand il disait sa répugnance à l'égard de ce terme, « donné »). La *Critique de la raison pratique*, l'impératif catégorique, exprime un commandement : qu'on ne doit pas respecter les hommes pour l'amour d'eux-mêmes – ce serait alors une inclination –, mais pour ce qu'il y a en chacun de vivante exigence, donc pour l'amour de Dieu. La *Critique du jugement* cherche la réponse à la question qui agita Kant jusqu'à sa mort : de quelle manière s'ajustent et se concilient les deux termes, transcendance et immanence, idée et réalité, Dieu et le monde ? C'est le protestantisme, incapable devant ce monde de définir encore Dieu, c'est la doctrine du dieu inconnu, dont l'existence doit néanmoins passer pour le fondement de toutes choses. Dans la nature secourable du monde, d'un ordre foncièrement bon, Kant eut l'audace – contrairement à l'ancienne scolastique – de ne pas voir l'unité (bien que la bonne humanité, projetée dans l'infini, se réalisant à travers l'histoire malgré toute la misère, toutes les luttes et toutes les guerres, qui, mieux, *est* grâce à elles, représente la ruse de la raison, l'histoire du salut sécularisée sous la forme de la concurrence). (Combien moderne l'idée que la concurrence entre les peuples, sur le modèle de la concurrence entre les individus, conduit à la paix perpétuelle.) Ce n'est pas dans l'ordre des choses considéré comme un tout que se manifeste l'unité de la raison et de la réalité, c'est seulement dans le travail de la connaissance, dans la constitution des êtres vivants, dans l'art que peuvent se présenter l'unité, l'adéquation, l'achèvement ; il n'y a de réconciliation qu'en image. Aussi est-il logique que ce pas menant de l'impératif à l'action, que le concept de l'humanité comme fin par opposition au simple moyen et même que le concept de fin, soit à la fois *non* logique et concluant. Autrement, la philosophie de Kant ramènerait à la scolastique, à l'époque où le monde paraissait en harmonie.

Entre la pauvreté et le superflu. – En général, seuls les petits-bourgeois bornés et les forces tournées vers le passé dénoncent le matérialisme, ce qui entraîne chez les autres un préjugé contre sa mise au pilori, et une préférence envers lui. Il n'y a pas lieu de penser uniquement ici au matérialisme dialectique, mais d'abord à ce qu'on nomme le matérialisme vulgaire, voire à l'exaltation « de la bouffe et du boire », rejetée autant par les représentants de la théorie précédente que par ses adversaires. De nos jours où la société entière n'a en tête, à côté de la puissance, que le niveau de vie, le droit de récuser le matérialisme devient manifeste à nos yeux. Les pays développés – eux-mêmes contraints, pour que roulent les affaires, d'ériger en dieu la consommation, justement donc la bouffe et le boire, sans oublier l'automobile, la télévision et les appareils ménagers – accomplissent ainsi contre leur gré la critique objective de la philosophie qui leur est depuis toujours immanente, et dont le christianisme ne fut probablement qu'un masque. Un repu, c'est vrai, n'a pas à traiter de matérialiste l'affamé qui souffre et veut vivre. Mais la question est de savoir, quand il y a déjà suffisamment pour une existence passable, si le principe d'un mieux constant ne relève pas d'une dangereuse folie. Qu'on ne m'ennuie pas avec le « minimum culturel ». Ce n'est valable que dans la mesure où le minimum physiologique, dans une situation historique donnée, conduit en fin de compte à ce que le premier soit également inaccessible ; en d'autres termes, le christianisme, qui a servi de rationalisation, n'a-t-il pas néanmoins raison ? Les hommes ne peuvent-ils avoir réellement une autre destination ni connaître un autre bonheur que le bien-être ? Là commence l'embarras. Vraisemblablement, ils ne se montrent capables d'un tel bonheur qu'à partir du moment où leur sont accordées, dans la société comme dans leurs familles respectives, les conditions matérielles les meilleures, plus les conditions culturelles. Si les actuelles productions littéraires et cinématographiques contre la *dolce vita* restent aussi stupides, c'est parce qu'un million de riches bouffons ne prouvent rien contre le fait suivant : penser, peindre et composer supposent un certain développement du bien-être matériel de tout l'ensemble, développement qui certes, quand il va trop loin – et c'est le cas, semble-t-il, dans le monde occidental aujourd'hui –, peut en retour porter des coups à la culture, surtout au sens où chaque mot devient alors une tromperie. L'expérience que les peuples soi-disant les plus avancés ont dépassé le but – laissons ici de côté qu'ils tolèrent chez eux la faim, la misère et le désespoir – pourrait nous renvoyer à Aristote et montrer le bien-fondé de l'état intermédiaire entre la pauvreté et le superflu : le *juste milieu**.

Nietzsche et les Juifs. – Nietzsche l'a bien vu. Aux Juifs, selon lui, appartiendrait une sorte de familiarité insistante. C'est chose vraie. La très longue période de vie commune dans un environnement hostile a produit ce geste d'accord, le « entre nous soit dit » si facilement adopté par un Juif quand il parle, même s'il n'a rien à dire que d'indifférent. Entre le parler formel, sans âme en quelque sorte, et une pareille attitude, aucune transition n'est faite, aucun degré intermédiaire n'existe, c'est soit l'un, soit l'autre. Donc le langage s'adresse ou bien aux êtres de l'extérieur, qui ne se comportent pas comme des humains, mais auxquels il faut néanmoins parler si l'on veut vivre, ou bien à quelqu'un de ceux dont on fait partie et qui possèdent un cœur. « Entre nous » est la tournure figée pour annoncer qu'à présent on parle dans la communauté des hommes. Elle ne signifie nullement, comme on le croirait en allemand et comme c'est également mal compris aujourd'hui par les Juifs, « entre toi et moi ». Elle vise moins les deux en train de parler que le peuple, le sérieux, la vérité. « À présent je vais parler comme on le fait quand on ne ment pas. » De cette racine créant la familiarité provenait justement ce que Nietzsche éprouva comme les « dangers de l'âme juive », « l'impudeur de la bonté », l'adaptation parasitaire. Les Juifs qui restèrent juifs – devenus non pas persécuteurs, mais compagnons des victimes – ont éveillé un penchant à sympathiser avec les êtres en difficulté. Dans ce genre de compassion n'entre pas seulement de la générosité, mais aussi un sentiment d'appartenance, mis à part la satisfaction d'être le donneur, le supérieur, le plus puissant. Faire son nid dans le monde des autres a pour origine l'habitude de se sentir « entre soi », là où il est permis de rester, parce qu'il y a juste un dehors et un dedans et aucune transition de l'un à l'autre. En tout lieu où on les traite en humains, les Juifs se comportent comme s'ils étaient parmi ceux qui, durant des millénaires, subirent la haine du monde pour l'amour d'une idée commune ; leur attitude, leur langue prennent du moins ce sens objectif. Ce qu'ils pensent alors eux-mêmes n'est pas tranché par là. Comme chez d'autres peuples, la langue est capable de garder son sens propre, tandis que ceux qui la parlent lui sont depuis longtemps étrangers. La langue française véhicule de l'humanité, même si des meurtriers s'en servent, et les gestes juifs contiennent la grande histoire, même si un escroc les a également reçus en partage.

Stades du mythe. – Les hommes, abstraction faite de la manipulation délibérée qui exploite purement ce phénomène, sont objet de suggestion, et l'autonomie reste un concept limite. La position que l'on va occuper sur l'échelle allant de la passivité à l'indépendance de la pensée ou de l'action ne relève pas seulement de soi, mais aussi de la constellation. Ici revient la vieille doctrine de la grâce, à un stade théorique supérieur. La différence de caractère entre citoyens américains et européens repose avant tout sur le fait que les premiers ont créé leurs institutions par une réflexion rationnelle, aussi efficacement que possible. Issus de pays d'Europe hautement développés, ils avaient émigré en Amérique, très souvent par suite de conflits religieux dans lesquels ils se révélèrent le parti le plus avancé, organisant finalement leur propre vie sans fanatisme. Fait symbolique de ce progrès dans la civilisation : l'Union des États fédérés, une fois détachée de l'Angleterre et parvenue à l'indépendance, ne fut troublée par aucun conflit sérieux dans l'immédiat, et par qu'un seul, la guerre civile, dans les trois quarts de siècle suivants. En comparaison, l'attitude des nations européennes au cours des dernières décennies se révèle éminemment pathologique, malgré leurs efforts pour se rassembler, et encore, devant le plus grave péril extérieur. Les attitudes au sein de la vie commune entre individus ou entre collectifs se transmettaient, sur le vieux continent, moins par le canal de l'intelligence que par celui des mythes. Le respect de l'histoire et des origines, le dévouement à la nation, concepts métaphysiques anciens vers lesquels se tourna l'histoire religieuse dans les temps modernes, sont des stades préalables de la rationalité, de même que le dieu de la tribu est la forme première du dieu spirituel. Les hommes n'ont aucun pouvoir sur eux. Mais simultanément les idées européennes se sont vidées de l'intérieur par suite du processus scientifico-technique, elles servent tout juste encore à couvrir la lutte pour le pouvoir en sa nudité. Parce que en Europe les mythes ne sont pas dissous mais ont néanmoins vieilli, le cynisme est devenu le mode de comportement général, et c'est pourquoi aussi les professions de foi s'imposent essentiellement sous la forme du fanatisme. Au plus profond, elles ne sont pas crues, et la furie en résultant s'attise devant qui démontre l'inutilité d'y croire. En Amérique, en revanche, le côté artificiel du mythe est manifeste ; au lieu de précéder la rationalité, il l'a suivie. La loi, l'État, le pays natal furent érigés en Idées éternelles, et pourtant on n'ignore pas qu'elles doivent leurs objets aux hommes qui les aiment. Ces objets sont reconnus comme des produits du travail historique. Mais là encore le processus de l'économie moderne raccourcit les pensées, de sorte qu'un jour les individus et les masses pourraient, par commodité ou par angoisse, se livrer au fanatisme. Ce serait alors la fin du monde appelé occidental ou encore libre. Mais peut-être les modes de comportement mythiques comme ceux que conditionne la raison seront-ils au bout du compte si rodés qu'on n'aura plus besoin des médiations de la conscience, quelles qu'elles soient, seule subsistant alors l'autoconservation mécanique de l'espèce. Les Américains sont plus proches de ce stade que les Européens, et il se pourrait que les Asiatiques le parachèvent, même si une bonne partie de l'espèce a été exterminée entre-temps. L'ère euro-américaine aurait alors surtout servi à préparer les machines, bras prolongés de ces êtres vivants qu'elles rendent si dangereux pour les autres.

Tous sont criminels. – L'espoir de vivre en paix dans le monde tel qu'il est, le geste d'évidence avec lequel même de soi-disant intellectuels s'établissent comme de graves bourgeois dès qu'ils ont acquis de l'argent – que ce soit par leurs écrivailleries, lesquelles dénonçaient précisément ce genre de vie, ou par un riche mariage, ou encore par un héritage –, un tel espoir, donc, est démenti par l'esprit reconnaissant le monde pour ce qu'il est : la perpétuation de l'oppression. L'espèce humaine qui bouffe d'autres espèces animales, les peuples qui laissent d'autres peuples exposés à la faim alors que les greniers à blé sont pleins à craquer, les gens honorables vivant à proximité des prisons où les pauvres végètent dans la puanteur et la misère parce qu'ils voulaient améliorer leur sort ou ne pouvaient surmonter leurs difficultés, tous sont criminels, si l'infamie objective s'appelle crime. Les gestes sûrs d'eux-mêmes, la supériorité expérimentée ou encore la modestie mensongère dont maintes personnes ont pris l'habitude sont bien moins adaptés que la détresse du rêveur qui, plus il connaît le monde de près, moins s'y retrouve. Seul peut vivre en réaliste celui qui est rejeté.

Vain espoir. – L'espoir d'introduire la justice dans la société développée, civilisée, est en soi contradictoire. Les mêmes lois économiques ayant pour effet de rendre les gros plus gros et les petits plus petits, quand bien même la majorité de ces derniers obtient plus à manger, veillent à ce que la technique progresse en dévaluant ce que les petits ont à offrir, en le regardant pour ainsi dire comme abstrait. L'économie pourrait aussi se développer en favorisant l'autonomie des individus. Le fait qu'il n'en soit rien signifie l'impossibilité de parvenir à la justice autrement que par l'augmentation de l'injustice. L'erreur des optimistes en matière sociale, au rang desquels il faut compter les classiques du libéralisme non moins que Marx et les réalistes modernes, est de croire qu'à la fin, une fois que tout, y compris l'humanité dans son ensemble, serait modelé de bout en bout par la technique – chose qui ne saurait advenir parce qu'on ne peut dépasser les oppositions collectives entre nations –, cette erreur, donc, est de croire qu'alors il n'y aura plus quelques gros disposant seuls des moyens concentrés de domination, mais bien la sagesse unie de tous les hommes. Cela comme si l'esprit de sagesse et de paix, l'amour et l'expérience allaient survivre au processus que présuppose une aussi terrible concentration ! Pareille représentation, mis à part son impossibilité sous l'angle théorique, est aussi absurde moralement. L'asservissement accru de la nature fait apparaître comme une déraison la société idyllique des « asservisseurs ». Extrapoler à partir du processus observable dans le libéralisme de jadis, où les bourgeois devinrent tout à la fois plus puissants et, dans un premier temps, plus pacifiques entre eux, plus « civilisés », ne permet pas d'aller au fond de cet « entre eux ». Plus civilisés, ils l'étaient dans la vie privée, non pas dans les affaires, ils l'étaient au foyer domestique, non pas sur le marché. Dans la réalité économique, on dut leur arracher toute amélioration et, quand nul pouvoir ne leur arracherait plus rien, ils verseraient dans la sauvagerie ou dans l'hébétude, et non pas dans l'idylle de la liberté.

Occupation lucrative. – Aujourd'hui, un meurtre imaginatif, mieux encore un meurtre de masse – même sans imagination –, est en tout cas un moyen sûr de pourvoir aux besoins de sa famille. Si l'on n'est pas capturé, on est promu héros ou millionnaire, ou les deux à la fois. L'affaire tourne-t-elle mal, les mémoires, la *publicity* de toute espèce rapportent toujours plus pour les parents que si l'on demeurait parmi les inconnus. Ce n'est pas sans raison que les femmes du chah, les vedettes de cinéma et les assassins se partagent dans les *mass media* le temps et l'espace, tous au même niveau que les chefs de tribu nègres et les cosmonautes humains ou animaux. Ils meublent les loisirs, devenus trop longs et trop absurdes dans la même proportion où le travail devenait trop mécanique. Ce sont les deux faces d'une même réalité.

Illusion. – Que le nationalisme soit parvenu au pouvoir en Allemagne est explicable, bien que ce qu'il a fait demeure inconcevable. Le Juif revenu pour aider à ce que ça ne recommence pas est un insensé gardant fidélité à maints Allemands qui donnèrent leur vie en s'opposant à la terreur. Mais que maintenant il reste, après avoir vu l'Allemagne de l'après-guerre réaliser de pures affaires politiques et commerciales sur les monceaux de cadavres, et selon les besoins du moment surmonter ledit passé ou bien l'engager tacitement comme une réclame pour l'exportation, alors que les assassins en chef siègent de nouveau dans les sommets ou bien touchent leur pension, que les instigateurs et les bénéficiaires une fois de plus font leur beurre, quand ce Juif donc voit cela et ne hurle pas si fort qu'on lui enlève aussitôt la parole ou bien la vie, quand au contraire il continue à participer, voilà qui est digne du dernier mépris. Ceux qui réalisent seulement des affaires peuvent encore dire que l'argent est pour eux plus difficile à gagner ailleurs. Ils ne font pas mystère de leur motivation. Le pire, ce sont les soi-disant intellectuels. Ces messieurs, dont le *métier** est censément la vérité, renforcent dans le monde, par leur science, le crédit moral du pays assassin, ou même lui ajoutent, par leur ton critique, l'ornement hypocrite de la liberté, jusqu'à ce que survienne la prochaine crise économique ou telle autre occasion, et qu'on jette alors les oripeaux du libéralisme. L'intellectuel juif qui entre dans ce jeu renie les martyrs par chacun de ses mots, car l'illusion qu'un Juif ait le pouvoir de changer quoi que ce soit ici en s'alliant aux assassins sans se faire crucifier par eux est aussi manifeste que le mauvais dessein de ce peuple lui-même. Je ne connais pas de collectif plus endurci dans le monde entier. Et ils ont leurs prisons et leurs abattoirs, leurs millionnaires et leur armée, leurs églises et leurs services secrets – comme si jamais rien ne s'était passé.

Fausse importance. – Ces moines qui comptaient pour rien la vie terrestre, qui dormaient dans des cercueils afin de rester en présence de la mort, tout comme les Juifs apparaissant à la synagogue vêtus d'un linceul lors de très grandes fêtes, ils ont raison pour ce qui touche à cette vie terrestre. Que leur notion de l'éternité, où ils attendaient la récompense, soit une illusion devant la pensée, non seulement scientifique, mais plus généralement authentique, cela ne peut rien changer à la vérité de leur point de vue fondamental sur l'existence même. Ils étaient dans leur bon droit. L'énorme importance accordée maintenant aux événements du jour, grands ou petits, marque le déclin de la civilisation et explique bien des querelles entre les nations, voire l'injustice intérieure et extérieure, l'absolution de la puissance ; ou plutôt, elle s'identifie avec ces phénomènes. La vérité du christianisme surgit en pleine lumière avec son évidement, son abaissement au niveau d'une simple idéologie. La disparition de ce qu'on appelait la culture en Europe ne fait qu'un avec l'absolutisation de l'ici-bas, déchaînée par l'effacement de la croyance superstitieuse en l'au-delà. Chez la majorité des chrétiens régnants, il en fut toujours ainsi.

Sur l'histoire de l'autonomie. – Ce que Kant appelait autonomie désigne la capacité, en chacun, à organiser son action de telle sorte qu'elle intègre l'objectif d'un état raisonnable pour l'humanité. Bien que puissent exister des situations où l'avantage personnel de l'individu, et même sa vie propre, entrent en conflit avec l'attention due à l'ensemble, il n'y a pas nécessairement contradiction, car la juste relation entre les hommes inclut la conservation de soi, la sauvegarde des intérêts personnels. C'est ce que veut dire cet « en même temps » inscrit dans la formulation de l'impératif catégorique d'après laquelle, pour tout un chacun, les autres ne doivent pas être un « pur » moyen, mais aussi une fin. Impossible néanmoins de fixer *a priori* que la relation de l'individu avec les collectifs dont il est membre, et surtout avec la nation, doit être harmonieuse. Au contraire. L'autonomie entraîne la remise en question, à chaque instant historique, du rapport à son propre peuple, sous l'aspect des intentions finies et infinies. C'est pourquoi l'autonomie perd de plus en plus son actualité à l'époque présente. Elle constitua un moment de la tradition bourgeoise, de cette période où l'épanouissement de la société demandait que beaucoup d'individus prennent leurs décisions propres, aussi autonomes que possible. Par suite de l'évolution technique et politique à l'échelle du monde, les intérêts au sein des concentrations de puissance sont devenus tellement uniformes de nos jours que l'importance des nombreuses décisions indépendantes à prendre par un grand nombre ne représente plus un élément nécessaire au progrès. La conquête bourgeoise de l'autonomie n'est pas intégrée dans le stade futur, elle dépérit parce que superflue pour la bonne santé de la société. Elle apparaît d'abord comme un danger, puis comme une lubie. Reste à se demander si le bien-être qui peut se passer de tels moyens offre encore un autre but que celui de l'espèce naturelle. La réponse est non. Le bien-être n'est pas un but, mais un effet de la dynamique naturelle qui ne paraît « historique » au sens propre que par un enjolivement idéologique. De but, il n'y en a pas.

Sur la métaphysique de la haine des Juifs. – L'antisémitisme appartient essentiellement aux instincts primitifs niés par la civilisation. Ce serait, d'après la thèse première de Freud, un instinct sadique partiel, d'après sa thèse ultérieure une destruction incontrôlée. En vérité, il relève directement de l'aspect négatif réprimé de la sexualité ambivalente, de la promiscuité non sublimée, barbare. La civilisation est prise inconsciemment pour la quintessence d'interdits détestés, non maîtrisés. Cela ressort en toute clarté dans les autres obscénités, dans les symboles et les dessins antisémites sur les murs des cabinets, le plus révélateur étant celui où le pénis fait fonction de nez juif. Les mouvements pulsionnels les plus divers s'engrènent alors les uns dans les autres, de même que les stades les plus variables du refoulement, du goût de l'obscène, de la sexualité, de la furie contre la civilisation en général. On veut faire ce qui est interdit, ou du moins le crier à l'extérieur, et par surcroît juste à l'endroit tabou, qui éveille l'association par l'odeur. Profession de foi quant à ce qu'il faut haïr, présenté comme un objet détesté. La révolte conformiste des laissés-pour-compte.

À propos d'Eichmann (18 juillet 1961). – Les raisons pour lesquelles le procès d'Eichmann ne peut avoir que des effets funestes ne manquent pas. Peu à peu, elles se disent alentour. L'une, pas si notoire mais d'autant plus réaliste, se révèle dans l'interrogatoire. Durant la période de déclin de la démocratie, c'est-à-dire le présent et le proche avenir, les États ont besoin dans une mesure croissante de gens qui prêtent une obéissance de fer et sont poussés par une bonne dose de sadisme non sublimé. À l'époque de la classique bourgeoisie victorienne, le sadisme se manifesta, changeant d'aspect, dans la concurrence, et l'obéissance, elle, dans l'adaptation au marché. Plus la société se transforme en bastion militaire, plus caractéristique devient le type du sous-chef adolescent aux lèvres minces. Enviables les peuples chez lesquels il y a beaucoup de Eichmann. On sent qu'ils incarnent l'avenir. Et voilà que le pauvre procureur de Jérusalem doit mettre de son côté l'esprit du monde !

Mœurs, culture supérieure. – Les bonnes choses qu'on devait jadis à la foi deviennent, dans le monde bourgeois, affaire de prestige, réclame, pure gesticulation. Quoi d'autre sinon ? Elles devraient disparaître de par la loi. L'art lui-même se dégrade en culture quand la dernière lueur de la croyance en l'incroyable s'est éloignée de lui. L'art pour l'art, déjà, était la résistance à la dissolution dans l'industrie éducative et culturelle, et à ce positivisme en arrière-plan, qui admet encore l'art telle une rubrique des loisirs, pour ne pas avoir l'embarras de rejeter Shakespeare, Goethe et Michel-Ange, suspects de réformer la réalité. Les artistes de la *fin de siècle** ne concevaient pas l'art comme but en soi, mais comme vérité, ayant pour seule raison d'être le refus de se contenter du médiocre, de l'erroné, du mensonger. Ils voulaient réellement signifier « cela », c'est-à-dire l'expérience qui à chaque fois vise la totalité sans pouvoir se légitimer devant le savoir officiel. Les religions remontent aussi à l'expérience, elles se sont pétrifiées en de gigantesques appareils qui fonctionnent encore partiellement, le christianisme et l'islam. Cependant, l'expression exacte où l'expérience accède à elle-même devient enfin ce qu'elle est, ce fut l'art. Les belles formes du commerce humain, toutes les bonnes choses viennent de là, par des détours à travers le social. Aujourd'hui, l'art est si intégralement assimilé qu'il laisse disparaître, avec d'innombrables autres outillages de la réalité, la faculté même de l'expérience, le dernier reste de naïveté, de foi. Quand les hommes parlent des choses supérieures, ils ont l'habitude de plisser malicieusement les yeux, à moins que, au contraire, ils ne les écarquillent sous l'effet de l'enthousiasme pour aussitôt vendre la marchandise. Deux attitudes signifiant qu'ils n'y croient pas. Il faudrait que les bonnes choses s'évanouissent, que le discours à leur propos s'arrête, et que le monde paraisse aussi froid qu'il est. La logique de la culture est de se liquider elle-même pour que ne subsiste pas uniquement le mensonge.

Politique allemande. – Si par liberté il faut entendre le droit pour chacun de n'être limité dans ses actions que dans la mesure où cela est nécessaire à la liberté de tous, alors la politique allemande depuis le début du XIXe siècle n'a pas fait un seul pas avant les autres pays. Quand on prononçait ce mot en Allemagne, on avait autre chose en tête. Qu'on s'informe seulement sur ce qui advint à cette liberté quand les Prussiens eurent gagné les guerres de libération – puisqu'on les appelle encore ainsi aujourd'hui – après la bataille de

Waterloo. Qu'on lise donc les démocrates eux-mêmes, le maître de gymnastique Jahn et les amis qui partageaient ses convictions. La gymnastique, la marche en colonnes, le chant, les exercices militaires et l'ethnologie, telles furent les notions connectées avec celle de liberté. Soyez unis, unis, unis, et pas d'égards pour qui n'est pas en union avec cette attitude, voilà ce qu'ils baptisaient de ce beau nom, qui ailleurs, de temps à autre du moins, signifia essentiellement le contraire. Les nombreux individus qui en savaient davantage depuis Emmanuel Kant restèrent politiquement suspects à partir de ce moment et jusqu'à leur propre fin, une fin qu'en Allemagne on accéléra bien souvent au nom de la liberté. Qui plus est, le nazisme avait quelque chose de la Révolution française : le slogan de la *Volksgemeinschaft*[1] de la *Grande Nation**, du surhomme si galvaudé, de même que déjà auparavant la *levée en masse** sur l'ordre de Guillaume et ses précédents au XIXe siècle. Mais tout cela vint après l'heure, et ce qu'ils ajoutèrent de leur cru, ce fut la perte du facteur humaniste, de l'ultime lueur de la philosophie des Lumières. La liberté, qui dans le monde est en voie de disparition, n'avait même pas encore atteint la politique allemande.

Masques. – La ressemblance des deux systèmes sociaux se manifeste en d'innombrables points. À l'Ouest, un puissant moteur immanent : la baisse du pouvoir d'achat, l'inflation comme phénomène permanent. Elle a pour effet que les uns deviennent de plus en plus riches et puissants – ceux dont la position sociale repose sur des valeurs matérielles utiles –, et les autres de plus en plus dépendants. Le processus est masqué par trois facteurs. D'abord la montée du niveau de vie. Dans les pays industriels, les gens pour la plupart mangent plus, se logent et s'habillent mieux,

---

1. Voir p. 179, note 1. *(N.d.T.)*

effectuent un travail moins long et plus facile qu'auparavant. La plupart, pas tous. Dans toute leur vie en revanche, et même dans leurs prétendus loisirs, ils sont réduits par l'appareil économico-technique à des fonctions, calculables et orientées, cela jusque dans leur dernier désir et leur dernière pensée. Deuxièmement, la puissance des syndicats. La tâche que ceux-ci remplissent est d'adapter autant que possible les salaires et les traitements à la montée des prix et donc de continuer à les augmenter. Leur bureaucratie, pour de nombreuses raisons, est aussi indispensable au processus global de l'économie que n'importe quel autre monopole. Mais ni la position de leurs représentants ni leurs immeubles et autres possessions ne sont caractéristiques du pouvoir dont disposent les individus au nom desquels ils parlent. Leur puissance n'est pas moins éloignée qu'il y a un siècle de celle des véritables dirigeants de la société. Troisièmement, les nouveaux millionnaires. Ils sont moins le symbole d'une possibilité d'ascension plus grande que d'une adaptation déjà presque achevée de la hiérarchie au nouvel état de l'industrie. La différence avec l'Est réside dans la plus forte ampleur du hasard et des détours. Elle continuera dans l'avenir à se rétrécir, car il faut marcher du même pas. Le fait décisif est que, par la force des circonstances, le tout sera de plus en plus dirigé et surpuissant à la fois, la vie de plus en plus planifiée et chaotique, de plus en plus confortable et inconfortable. La liberté ne disparaît pas uniquement parce qu'elle compte des ennemis, mais parce que dans le monde elle perd son sens. Que peut-on en faire dans la société de masse ? On n'a plus besoin d'elle, et l'individu conscient de soi ne sait rien entreprendre avec.

Marx et le libéralisme. – Karl Marx parlait déjà de « la » société capitaliste, qui devait devenir « la » société communiste de par l'action du prolétariat. Or ce n'est pas « la » société qui est ici concernée, ce sont des États et des blocs d'États singuliers. La superstructure, pour autant que l'État en fasse partie, est dans une interaction hautement réelle avec la base. L'intérêt pour l'abolition des barrières de classe, dans la période qui succède au libéralisme, disparaît dans l'intérêt pour l'augmentation du niveau de vie. Or ce dernier se trouve lié à la puissance et au prestige de la nation, et se révèle dans une mesure croissante comme leur sens réel. Quant aux énergies humaines qui la plupart du temps paraissent engendrer la solidarité prolétarienne, quant à la souffrance due aux différences sociales, quant à la volonté subséquente de vie meilleure et plus juste, de *liberté, égalité, fraternité**, on voit qu'elles conduisent – à travers la situation économique et politique ainsi que par l'influence délibérée de ceux qui siègent aux leviers de commande – non point à la vraie société, mais à la communauté nationale. Du fait même que les États existent, ce qui va susciter l'enthousiasme n'est pas le mot d'ordre : « Prolétaires de tous les pays, unissez-vous », mais l'appel *Allons, enfants de la patrie** ou le coup de fanfare de notre Guillaume : « Je ne connais plus de partis, je ne connais que des Allemands. » Alors, nous prenant par le bras, nous marchons. Le national-socialisme du Führer, le « socialisme dans un seul pays » du maréchal Staline, caractérisent cette identité mauvaise qui était déjà préfigurée dans la danse autour de la guillotine. L'accomplissement comme régression, et non pas comme sauvetage de ce qui fut réussi une première fois. La théorie de Marx, conçue à l'origine telle une critique du libéralisme, fut elle-même une critique libérale, et elle succombe à la violence autoritaire de l'histoire.

[*La prière et l'amour romantique*]. – La prière naquit des rites, elle mène du Moyen Âge à l'époque moderne. Les tendances cléricalo-politiques et mystiques telles qu'elles s'exprimèrent en Savonarole, la Réforme surtout, firent de la prière individuelle un facteur essentiel de la religion. La fonction historique des phénomènes culturels se révèle rétrospectivement. La prière contribua en tant qu'énergie psychique à l'épanouissement de la conscience bourgeoise, et devint elle-même, à travers les forces historiques auxquelles doit son existence la société bourgeoise, élément de la religion. Ce qui n'est point encore et demande d'abord à mûrir se transfigure à l'égal d'une chose éternelle. La prière par laquelle un individu implore Dieu non plus pour la pluie ou pour la force de son peuple, mais pour la promotion de ses propres buts, fait de l'individu comme tel la finalité de l'infini, la finalité infinie. Cela ressort particulièrement lorsque d'autres, son épouse, ses enfants, se mettent à prier pour lui. Ce qui jadis ne valait que pour le souverain tout-puissant, dans l'ordre spirituel ou séculier, constitue la règle pour le bourgeois. Il est le pourvoyeur, le maître et seigneur. Prière et amour romantique ont un passé semblable. Aujourd'hui, les voici en déclin, rien ne l'annonce plus nettement que la propagande faite en leur faveur, que les éloges et les élans à eux dédiés, que les sanctions envers le sceptique. Quand ce dernier persiste dans la pure négation, il participe en réalité de la régression. Maintenant que l'impuissance de la prière et la débilité des hommes sont devenues connaissance triviale, se donner pourtant à un autre comme on le recherchait autrefois dans la prière, maintenant que les conditions sociales et psychologiques de l'amour sont dévoilées et comprises, se perdre en celui-ci avec la pleine conscience de celles-là – de même que, chose impensable avant la transfiguration de l'amour dans le monde bourgeois, rejeter derrière soi le scepticisme sans oublier ce qui avait mené à lui –, telle est la résistance au faux progrès que le sujet puisse encore offrir. Elle n'arrêtera pas le déclin. Elle témoigne seulement de la position juste dans le naufrage.

[*L'État d'Israël*]. – Durant des millénaires, les Juifs ont fait corps dans les persécutions subies pour la justice. Leurs rites, le mariage et la circoncision, les règles alimentaires et les fêtes furent des facteurs de cohésion, de continuité. Pas d'État puissant, mais l'espoir de la justice à la fin du monde, voilà ce qu'était le judaïsme. Ils formaient un peuple et le contraire d'un peuple, vivant reproche à tous les peuples. Désormais il y a un État qui revendique de parler pour le judaïsme, d'être à lui seul le judaïsme. Le peuple juif dont le cas dénonçait l'injustice de tous les peuples, ces individus dont les paroles et les gestes réfléchissaient le négatif de la réalité existante sont désormais positifs à leur tour, une nation parmi d'autres, des soldats, des chefs, des *money-raisers* pour leur compte personnel. Le judaïsme doit voir dans l'État d'Israël son objectif premier, comme autrefois le christianisme le voyait dans l'Église catholique, avec toutefois moins de perspectives que ce dernier ; mais combien ne s'est-il pas résigné en triomphant ainsi dans l'ordre temporel ! Il paye sa continuation par un tribut à la loi du monde tel qu'il est. Si sa langue est l'hébreu, c'est la langue de la réussite, non pas celle des prophètes. Il s'est assimilé à l'état du monde. Que celui qui se sait sans faute lui jette la première pierre. Seulement c'est bien dommage, car une telle renonciation chasse justement du monde ce qu'elle devait y maintenir, comme ce fut le cas avec la victoire du christianisme. – Le bien est le bien non lorsqu'il est victorieux, mais lorsqu'il résiste à la victoire. Puisse la soumission nationale à la loi de l'existence ne pas connaître une fin aussi radicale que celle des individus dans l'Europe de Hitler, de Staline, de Franco, avec leurs successeurs à venir.

Le moi comme fonction. – Le moi non empirique est un présupposé de la logique transcendantale ou plutôt une hypothèse, le moi empirique une prestation dans la lutte pour l'existence, une prestation socialement conditionnée, devant être constamment recommencée par chaque individu, et toujours en péril. Elle a pour sens exclusif de mettre à disposition de l'homme, qui sans cela en serait réduit comme les autres animaux à l'instinct et aux impressions momentanées, les expériences de sa civilisation et de sa propre existence non encore assimilées par l'espèce ni transmissibles héréditairement. C'est là une sorte d'organe psychologique de digestion. Sa fonction touche à l'affirmation de soi dans la nature, indirectement à l'établissement d'une coopération sociale dans ce but. Quant aux fins dites plus élevées, la morale et l'utopie, elles proviennent aussi de cette tendance à l'organisation, de la nécessité de s'intégrer. La dégénérescence, l'autonomisation de pareils éléments chez les individus respectifs présentent autant de nuances qui répondent à la maladie d'autres organes. La sainteté est un raté de l'évolution.

Formes de souffrance. – C'est seulement sous sa forme extrême que la souffrance est identique en chaque individu. Sinon elle se diversifie selon la constitution de l'individu lui-même. La compassion est appelée à en faire l'expérience, elle est – pour autant que vraie – non moins différenciée que la souffrance elle-même. La façon de souffrir n'est pas séparable de la façon d'aimer ou de désirer. Monsieur Franco souffre autrement qu'un honnête homme.

Théorie de la conscience morale. – La théorie de la conscience morale telle que Freud l'a développée ne vaut que pour les cas pathologiques. Elle explique l'action, ou les impulsions menant à celle-ci, dans la mesure où elles reposent sur des préceptes assimilés, intériorisés. Avec la loi morale de Kant, c'est autre chose. Là, l'élan moral existe tout aussi bien en chaque homme et n'a nullement à être réfléchi. On a besoin de la philosophie pour le formuler après coup en tant que règle ou prescription, après coup car le fait, lui, existe depuis qu'il y a des hommes. Ni Kant ni Freud cependant n'ont indiqué l'origine de l'action morale chez l'individu, or celle-ci est due à la mimésis. Dans les phases enfantines de l'évolution surtout, à des moments ultérieurs parfois aussi, le geste de générosité, d'amour, de liberté, en particulier d'affranchissement par rapport à la vengeance, pénètre si profondément qu'il passe à la longue dans le comportement. Il est vrai que les conditions de cette expérience ne résident pas dans la situation uniquement, mais aussi dans la biographie du sujet affecté, qu'en d'autres termes une interaction se produit ; au fond, pourrait-on dire, l'expérience suppose déjà cette constitution spéciale qu'elle appelle à naître. Qui est capable d'aimer l'amour jusqu'à le faire sien, sans déjà le posséder ? Telles sont les spéculations auxquelles se vouait la théologie sous le concept de la grâce. Elles sont en définitive aberrantes, parce que, positivistes tout autant que mythiques, elles ne veulent pas admettre le nouveau, cet autre qui à tout moment peut historiquement surgir d'une constellation, sans qu'on puisse l'en déduire. Quant à établir la conscience, prise comme instance morale, sur la faculté mimétique, cela correspond fort exactement au sens du Nouveau Testament. La démarche du disciple[1], appelée à distinguer la vie du chrétien, la vénération qui pousse à suivre le divin fondateur, représentent manifestement un processus mimétique. Ce dernier forme le noyau de la doctrine chrétienne. Règles, lois et dogmes demeurent secondaires, plus encore : à peine devraient-ils être conformes à l'esprit du Messie, bien qu'il soit arrivé à celui-ci de s'exprimer par impératifs. Dans la mesure où la conscience et l'action morale vont de pair, les préceptes fournissent l'expli-

1. *Nachfolge Christi* en allemand : désigne l'« imitation de Jésus-Christ ». *(N.d.T.)*

cation grossière, non le mobile. Quand ils le deviennent, commencent la jurisprudence et la philosophie.

L'individu. – Ce que signifie en vérité l'individu dans son unicité, dans son individualité à jamais inédite dont participe toute l'histoire de l'univers, de la terre, de l'humanité, se dévoile seulement au regard qui atteint cet autre à partir d'une vieille expérience et dans un amour infini. Or justement, cet incomparable se révélant à l'amoureux est en même temps ce qui constitue l'essence de l'autre dans son unicité. La vérité du général est le plus particulier du particulier, et l'impossible à nommer est précisément le plus général qui soit, dont n'est pas exclu l'animal lui-même.

[*Une incitation à la recherche sociale*]. – Réaliser sur le terrorisme une étude, non pour dénoncer son horreur – la chose, avec bonne ou mauvaise conscience, a déjà été faite –, mais bien plutôt pour exposer son utilité dans certaines conjonctures sociales. On ne révèle jamais mieux l'état spirituel véritable de la nation qu'en montrant à quel point le terrorisme convient aux gouvernements aussi bien qu'aux populations dès qu'il faut un excitant nouveau, spécial, pour des raisons économiques et diplomatiques, ou parce qu'un système de gouvernement tout récent doit se roder. La petite minorité qu'on sacrifie alors – les prétendus comploteurs, les traîtres, les koulaks, les Juifs, les étrangers, les communistes, les libéraux –, elle pèse bien peu ; les masses trouvent là leur plaisir, elles prennent volontiers en prime le frisson d'effroi, elles le savourent, et n'en résulte-t-il pas de considérables économies budgétaires ? Je ne pense pas à la guerre civile ni à l'Algérie, à ces pays conquis où le terrorisme est directement nécessaire, inévitable, en quelque sorte une légitime défense, mais bien au terrorisme exploité comme une pratique de gouvernement. Une telle étude s'impose.

Vérité de la parole. – Quand deux individus discutent et qu'un troisième écoute, il ne pourra se fier aux faits et à la simple logique, pour prendre parti, que s'il s'agit bien là de réalités ou de conclusions. Une complexité à peine supérieure entre-t-elle en jeu, il faut alors, pour juger du bon droit des deux adversaires, apprécier leur conviction d'ensemble et sa relation au sujet en question ; qui plus est, la thèse soutenue par la conviction sincère, plus profonde, est même encore plus vraie lorsque, mesurée aux faits, elle semble moins exacte. La vérité de la parole ne tient pas au jugement nu, sorti du contexte, et comme imprimé sur fiche, mais au comportement, face au monde, de la personne qui parle, comportement qui s'exprime dans le jugement, se concentre à cet endroit et se rapporte à l'objet déterminé. La présence de cette personne dans le jugement peut se manifester sous d'infinies modalités et à d'infinis degrés. – Les dirigeants savent exploiter cela en demandant à la société de renoncer à toute vérification méticuleuse, de s'abandonner à leur jugement comme il convient seulement avec un familier, c'est la caricature, la dérision de l'amour qui ne rend pas aveugle mais voyant, c'est son *ersatz*. Ceux qui suivent les guides n'ont qu'un enthousiasme apparent. Ils sont fort conscients, au fond, de la réalité nue, de l'imposture, du pitoyable caractère du prétendu héros. Celui-ci entre tout à fait dans leur économie mentale, il les arrange bien, il les libère du poids de la civilisation, encore (et parce) qu'ils ne doutent point que ce soit un fantoche. Les partisans, devant eux-mêmes comme devant les autres, font semblant de croire qu'ils croient, mais sont dépourvus de toute foi. – Suivre ainsi, c'est le contraire, une piètre contradiction à un type de compréhension ayant la foi pour présupposé et la prise de parti absolue pour conséquence. Qu'une pareille attitude conditionne fortement l'anticipation de la mort, voilà qui la révèle avec la chute du guide comme l'apparence qu'elle est, et avec la mort de l'amante comme la raison authentique.

Contre le refoulement de la mort. – Une humanité plus vraie, je le soupçonne, serait amenée à vivre infiniment davantage dans la conscience de la mort. Tout se montrerait sous la lumière de celle-ci, sans goût amer pour autant, il y aurait juste là un facteur relativisant, propre à mettre les choses à leur place. Le refoulement qui caractérise le stade présent suscite une fausse estimation des richesses, le contentement stupide, les airs d'importance pour des futilités gonflées. Non qu'il s'agisse de rejeter le plaisir. Au contraire. De même que l'amour romantique acquiert toute sa douceur par sa relation à la mort, la vie accède à l'expérience de la vie en accueillant la pensée de la mort. Il n'y a pas lieu, loin s'en faut, d'absolutiser dans le désespoir les contenus périssables : c'est ce qui résulte, à l'inverse, du refoulement. Maintenus en présence de leur caducité, ils sont plutôt envahis par le deuil, qui confère à la dévotion envers eux sa vérité. La plupart des choses qui, pour les besoins fabriqués industriellement, sont réputées bonnes et belles, voire amusantes, seraient alors ressenties comme la camelote qu'elles sont ou à quoi elles se réduisent dans la consommation culturelle. Bien des nullités continueraient, sans pompe ni réclame, à servir l'habitude. Mais le désir dément, d'où puissance et violence tiennent leur caractère si terrifiant, perdrait ce fondement qui, selon Schopenhauer et à son corps défendant, est à la base du vouloir aveugle : l'illusion d'une réalité inamovible, absolument légitime, et de l'ordre qui règne en elle. Certes on pourrait concevoir que le pouvoir de dominer les hommes, de disposer d'eux, doive d'abord son charme à la conscience de la caducité, comme l'amour cité plus haut, ou la liberté, ou la familiarité en soi. Je n'en crois rien. Ce qu'éprouvaient : ces moines qui dormaient dans des cercueils, les Juifs revêtant le linceul le jour de la Réconciliation, ce n'était pas le ressentiment dévoré par l'envie de se satisfaire mais, à l'inverse, l'identité même du vivant. Et à un stade supérieur l'humanité vraie répétait le rite ancien où la vie, cherchant à oublier la mort, tombe justement sous son fouet.

[*La normalité, cas limite*]. – Pas d'expérience plus nette de la relativité du monde phénoménal et du moi propre, percevant et sensible, que la métamorphose radicale du sujet et de l'objet, de la personne et de la réalité, lorsqu'on sombre dans la détresse, la maladie, la souffrance physique et morale. Ce qu'on associe trop facilement à l'ivresse, à la folie ou aux divers types de caractère, comme s'il était établi que ce sont là des variations inhérentes à des facteurs non essentiels, ou encore des cas limites, se révèle le principal dans l'histoire propre : en sorte que c'est la normalité qui devient justement le cas limite. Elle dure certes plus longtemps, à ce qu'il semble du moins, et constitue le médium de l'entente et de toutes autres raisons militant pour que la réalité quotidienne et les émotions qui s'y rapportent soient le vrai, l'adéquat. Qu'est-ce qui plaide pour cette hypothèse ? Un peu de durée ? La détresse qui surgit à la fin ne garde-t-elle pas l'avantage – ou la nuit qui la suit ? La réponse est laissée au hasard.

[*Éruditions alimentaires* (février 1962).] – Chez les Juifs, on dit : « Tu ne dois pas te servir de la Torah comme d'une charrue », donc tu ne dois pas gagner ton pain avec la doctrine. À l'époque moderne, ce ne fut pas la règle non plus. Descartes et Spinoza ne font pas de la philosophie pour l'argent. Au temps des Lumières, en France, on devenait écrivain ; au temps de l'idéalisme, en Allemagne, professeur d'université. L'influence sur le contenu est manifeste. Les intellectuels du XVIIIe siècle servaient l'émancipation de la bourgeoisie, et les philosophes allemands son installation dans l'ordre existant. Il s'agissait là de deux processus socialement nécessaires, et c'est pourquoi la doctrine était progressiste et conservait sa validité. Elle donnait la formule adéquate d'une constellation historique. Les prestations théoriques honorées aujourd'hui par la société servent exclusivement à la domination, soit sur la nature, soit sur les hommes. De cela fait partie aussi la consommation culturelle, y compris celle du niveau le plus élevé. Encore un peu de temps et tout sera vénal, même la vérité. Mais parce que cette vérité, qui existe dans la seule mesure où elle est pensée pour elle-même, se révèle uniquement lorsque l'histoire a besoin d'elle – c'est-à-dire lorsqu'elle sert à quelque chose –, dans la société condamnée elle va se transformer en son contraire, la fausseté. Mêmes les pièces de théâtre honnêtes, pour ne pas mentionner les analyses, diagnostics, interprétations et protestations philosophiques, ont pris le caractère d'une marchandise, dont la consommation repose sur des besoins fabriqués industriellement ; ceux-ci continuent même à coller aux mots qu'on écrit dans la souffrance à ce sujet. Tout comme l'exemplaire d'un genre de marchandise que le fabricant offre aux siens chez lui est enveloppé par l'aura du magasin auquel il était destiné, ainsi le domaine des amants, aussi vrai qu'il soit, se trouve codéterminé par le total non-sens que peut seul exprimer encore le langage voué au marché. Labourer avec la Torah était jadis une contradiction, de nos jours la différence n'existe même plus.

Bon et méchant. – Différence entre bon et méchant : quand le voisin est méchant, l'habitant de la maison d'à côté, comme dit le proverbe, ne peut rester bon. Mais quand le voisin est bon, l'autre n'a pas encore besoin de l'imiter, loin s'en faut. L'homme bon devient martyr, même s'il s'accomplit de la manière la plus sublime. Dans la mesure où l'on veut vivre, on est obligé d'être méchant, ne serait-ce qu'en participant à la cruauté par laquelle l'humanité se maintient en vie. La conséquence de la bonté, c'est le naufrage personnel – ou la vie éternelle ? Certainement pas si c'est elle que l'on vise.

La malédiction, c'est la vérité. – S'il était possible, une dizaine, une centaine, un million d'années après la mort, à un quelconque instant où on est devenu poussière, un ver, le néant, de regagner le moi et le souvenir, de revoir le jour de l'amour qu'on est en train de vivre maintenant, et de le comparer à ce rien qu'ensuite on devient, si cela donc était possible, on éprouverait la nostalgie du paradis auquel jamais on n'accédera. Ce qu'on apprendrait alors vaut déjà durant la vie pour chaque soir, chaque fin, chaque moment passager de bonheur, et l'individu qui le sait intègre cette expérience à l'espoir de l'éveil et de la durée permise pour l'espace de l'existence par opposition au néant. Sur l'amour à venir tombe une ombre, la malédiction que rien ne demeure, la malédiction du bannissement. L'amour qui pâlit pour cette raison ne mérite pas son nom. Quant à l'amour qui s'insurge là contre, il est vain. La malédiction, c'est la vérité.

Les consommateurs de culture. – Il n'y a pas seulement un art déchu, provincialisé, il y a aussi des modes de comportement déchus, à demi cultivés. La notion de kitsch est encore trop bien pour la chose. Une de ces attitudes consiste à regarder bouche bée des tableaux aux noms célèbres, à écouter de la prétendue bonne musique, à engranger des lectures, bref à s'approprier, en raison de leur prestige, des produits culturels à moitié compris. La conscience, ou plutôt l'illusion de les savourer, fait partie de l'ensemble. Ce genre de représentation provient sans doute le plus souvent d'une satisfaction narcissique, celle de se trouver en contact avec un objet si réputé, si raffiné, alors qu'un habile rapiéçage pourvu de la même estampille conviendrait tout autant. Ce mécanisme ressemble à l'enthousiasme que déclenche le mot spirituel d'un génie, sans que le destinataire sache le différencier d'une trivialité, ou encore, inversement, à l'incapacité de noter ce qui sépare la vérité, dans la bouche de ce génie, d'une trivialité de petit-bourgeois borné dont, à la lettre, la première se rapproche. La réception des produits culturels comme accumulation de culture et mise à profit du loisir, combien est-elle plate, comparée à l'usage qu'en faisaient les féodaux sous lesquels ils naquirent pour la plupart, instruments de prestige ou pompeuse décoration ; comparée aussi à la fierté des négociants qui voulurent imiter les féodaux et les surpassèrent rapidement. Mais aujourd'hui où la production culturelle s'abolit, comme depuis longtemps, à courir après les prétendues protections du passé, il n'y a plus que l'autre aspect, plutôt un système barbarisant, rusticisant, qui est le destin de l'Europe, une sorte de misérable fétichisation ou réification du spirituel, lequel – attelé à des contextes finalisés – prouva une fois son indépendance et se met à dépérir sur-le-champ lorsqu'on en fait un vil but. La fréquentation de masse des musées ou des théâtres fait partie de ces exercices anodins préparant une vénération de masse d'un autre type.

Grand-Guignol. – Le public du Grand-Guignol au tournant du siècle a probablement fait honneur à la civilisation. Une grande partie de ce public n'avait pas refoulé en elle la cruauté, mais l'avait au contraire si largement surmontée qu'il était possible d'y réfléchir. La paix régnait, et la pensée n'avait pas besoin de s'associer au monde existant. La sensation possédait une distance par rapport à la réalité. Moins le public est civilisé, plus l'émotion devant la cruauté offerte en spectacle devient réaliste. La répulsion excessive devant les souffrances simplement jouées, représentées ou volontairement supportées, comme à la boxe par exemple, laisse conclure à une grande quantité de cruauté non maîtrisée chez les individus concernés. Ils ont peur de se permettre la joie interdite, et ils attendent le prétexte convenable pour la manifester. Mais secrètement ils demeurent toujours aux aguets. Maints d'entre eux déjà opèrent, avec le drame noir, le passage à la réalité : « Oui, disent-ils, il y a du vrai là-dedans, on trouve beaucoup de gredins de ce genre qui découpent leur victime sans qu'elle ait perdu conscience. » La partie du public inclinant à de telles émotions compense de nouveau le déficit de jouissance, dû au refus de s'avouer celle-ci, par l'attrait redoublé qui en résulte. Aux supplices que souffre la victime se joint le plaisir de voir dénoncer le meurtrier comme le diable, à la place duquel, un jour, on torturera soi-même réellement. À la volupté secrète se joint celle de l'anticipation, la furie exagérée contre le meurtre joué tire sa force de l'instinct poussant à le commettre dans la réalité. Selon toute vraisemblance, le plaisir que prit à une nourriture littéraire forte la génération d'après la Seconde Guerre mondiale a plus affaire avec cette ambivalence niaise qu'avec le divertissement des habitués du Grand-Guignol à l'époque où la Première Guerre mondiale n'avait pas encore éclaté.

Guéri par la psychanalyse. – La théorie psychanalytique, dont la force, en tant que théorie, est problématique – son résultat le plus significatif fut de fournir de nouvelles expériences pour la théorie –, repose essentiellement sur le transfert. Le patient acquiert une telle relation au médecin qu'on voit apparaître chez l'adulte ce qui n'existe normalement à ce point que chez l'enfant ou le jeune : un comportement mimétique dans toutes les situations décisives. Au fond, le déroulement de l'histoire de son enfance, le redevenir enfant, ne servent justement qu'à instaurer cet état. La seule chose douteuse ici, c'est que l'analyste ne peut pas se rendre identique au vrai père et encore moins à la mère aimante. Il y a ce qu'on appelle le contre-transfert, c'est-à-dire son propre penchant pour le patient, mais c'est un misérable *ersatz*. La psyché de l'analyste est en règle générale scientifique, pragmatique, rationaliste au sens douteux du terme, et comme justement telle nuance, telle intonation, la gestuelle de la pensée ou du sentiment sont repris par mimétisme, c'est la sécheresse qui, malgré toutes les exhortations à la liberté, se transmet généralement à celui qui est soigné. Auprès du confesseur, les choses parfois ne se passent guère différemment.

Petite leçon de vertu. – Les vertus étaient pour les petites gens ; je pense aux petites vertus comme l'amabilité, la modestie, l'honnêteté, non pas à l'honneur chevaleresque, au besoin d'action et à la bravoure, lesquels appartenaient aux chevaliers et aux marchands. On apprend ce dont on a besoin et les gens modestes avaient besoin de vertus modestes. Mais maintenant c'en est fini des petites gens. C'étaient à vrai dire de grandes gens sans gros capital, *petits-bourgeois** s'occupant d'eux-mêmes, moins bien que les grands, mais s'occupant d'eux-mêmes malgré tout. Ils sont remplacés par les membres d'un collectif, utilisables dans une fonction, chacun représentant le collectif, toujours autre chose que soi-même. Le soi, si faible fût-il, était jadis le support des vertus ; maintenant compte seulement la marge entre des cas limites, extrêmement rares, d'utilisation possible pour une meilleure fonction, et la défaillance. Tout est normé. Plus se diversifient les possibilités du temps libre, musée, football ou croisière en Adriatique, plus les participants sont normés. Les vertus ne sont plus nécessaires, tu dois fonctionner, sans te faire remarquer. *C'est tout**.

Pour la tour d'ivoire. – A-t-on le droit de se plaindre d'un ordre dont on profite, dont le calme et la sécurité sont peut-être dus précisément – fût-ce pour une petite part seulement – à l'injustice de se dénoncer soi-même en tant qu'écrivain ? Existe-t-il une liberté sans terreur – pour les autres –, pour les pauvres, les faibles, les animaux ? L'écrivain qui peut publier participe des conditions qu'il veut transformer. Sait-il quelle serait la conséquence, si un abus gouvernemental, si minime fût-il, disparaissait à la suite de ses attaques ? Serait-ce alors pour le meilleur ou pour le pire ? C'est seulement là où il s'expose au point de n'être plus protégé – comme l'avant-garde de la grande philosophie des Lumières et, plus encore, de ses précurseurs –, c'est uniquement dans la mesure où il renonce à la société que cesse le reproche de la décorer. Aujourd'hui est différent d'hier. Au XVIIIe siècle, la littérature servait à un monde qui pouvait devenir meilleur ; aujourd'hui, toute transformation à laquelle on puisse réellement s'attendre revient à une plus grande décadence. L'adversaire de la terreur totalitaire ne peut que l'accélérer. Les philosophes de l'Antiquité à son déclin se retirèrent de la vie publique. Tout comme alors, il est trop tard.

De l'éducation. – La différence entre une bonne et une mauvaise éducation peut parfois s'expliquer comme suit : lorsque sont remplies les conditions décisives pour la bonne éducation, vient s'ajouter maint élément accessoire. Au nombre des conditions décisives qui doivent être données comptent la sécurité auprès des parents, l'amour et l'intelligence de la mère, la droiture du père, à la fois liée à la tradition et autonome, et donc aussi les concepts qu'il défend. Si importante que soit la disposition subjective de l'éducateur, la doctrine objective, en interaction avec elle, dont il se réclame détermine cependant la spiritualité de l'enfant, à travers les nuances les plus fines que ladite doctrine a puisées justement dans l'époque, dans la classe sociale et dans la compréhension individuelle de cet éducateur. Lorsque la suprême profession de foi est le patriotisme allemand, l'être humain sera tout à fait différent de celui qui grandit avec la foi en l'instauration de la justice dans le monde, prise comme un but réellement désiré ; non pas simplement parce que le contenu est différent ou parce qu'il confère à chaque mot et à chaque geste un caractère différent. Les conditions d'une bonne éducation n'en sont pas indépendantes. Mais compte aussi la foi que l'on professe. Les Juifs de la diaspora avaient fait profession de foi en la justice, en Dieu le juste comme bien suprême, et subi les persécutions. Or ils ont dû fuir en Israël devant l'injustice, et ils y ont fondé un État. Qui pourrait reprocher aux Juifs ce qui a découlé nécessairement de la logique immanente du nationalisme dans le monde entier, de l'uniformisation des États en concurrence entre eux ? De même que l'on devait autrefois devenir citoyen pour pouvoir participer au sein d'un pays, on doit aujourd'hui devenir État pour exister au sein du monde. Mais maintenant précisément la patrie d'Israël prend la place de la justice, un patriotisme déterminé celle d'une attente confuse en faveur de l'humanité. Un Israélien pourrait en bon hégélien m'enseigner que nos vaillants soldats, nos *kibboutzim*, nos pionniers sont la négation déterminée du ghetto, sans laquelle cet espoir serait un discours abstrait, et l'attente du Messie le mauvais infini. Je ne peux pas dire le contraire, mais je ne peux pas non plus me défendre de la tristesse qu'il ait fallu renouveler ce départ vers la terre sainte sans l'avènement de l'époque juste, ni m'empêcher de redouter ici l'absence de toute tentation de contradiction comme dans le modèle prussien dont s'est servi Hegel pour sa démonstration.

Formes de l'égoïsme. – Même les bonnes réactions des hommes, y compris celles de l'individu différencié, sont apprises et servent à la confrontation avec l'environnement au profit de la personne propre. Elles ont beau être aussi désintéressées que possible, mettre la vie en danger, la vie propre de l'individu et celle des autres pour lesquels elle est engagée, elles restent néanmoins portées par la pulsion de l'élévation, de l'accroissement du soi qui se nie. Oui, meilleure est l'action, plus le propre soi en est la finalité immanente. La différence avec les mauvaises réactions est dans le type du soi recherché. Dans les mauvaises, c'est l'étroitesse, la façon solide, chosale, rigide, d'être moi ; dans les bonnes, c'est le moi qui s'est mué en une vie portant en elle-même la suppression de la limite entre soi et une autre vie. Les réactions sont apprises et elles sont en même temps la vérité à laquelle, en dernier ressort, tout apprentissage doit se référer.

À propos d'une théorie de Freud. – La théorie de Freud, à savoir que la mère du jeune garçon est son premier amour et que l'homme tend en outre à voir en même temps sa mère en chaque femme, prend facilement des allures de dénonciation. Je pense qu'il a encore davantage raison qu'il ne l'a pressenti lui-même. L'amour suprême pour la toute jeune femme peut être en soi, une fois sublimé, la suprême restitution du don que l'enfant a reçu autrefois de sa mère aimante. Le regard qu'elle portait sur le fils nouveau-né se reflète sur elle dans cette aspiration à la bien-aimée. L'amoureux ne s'adresse qu'à l'aimée, surmontant pour elle tous les obstacles ; oublieuse de soi, en rêve, dans la parole pure, dans le geste, la mère apparaît à la fois comme l'âme et comme le but de son amour. Lorsque cela n'est pas, lorsqu'elle n'est pas présente tout en étant en même temps innocemment désirée, l'amour demeure sans force et vide. Freud a raison, plus encore que l'amant ne le pressent.

Conseil pour enseignants. – Dans l'enseignement scolaire, il importe beaucoup d'accorder à l'élève la satisfaction d'en savoir plus, de devenir plus malin que d'autres grâce à ce qu'il a appris. Cela ne passe pas par des exhortations et des promesses, qui trahissent l'intention de donner quelque saveur au gavage. Cela vient plutôt – mis à part leur contenu, qui doit s'y prêter (ruse et astuces des démagogues !) – du geste sincère de solidarité et de complicité, des clins d'œil spirituels, de l'accord face à la toute-puissance du monde et de l'incitation silencieuse à lui faire la nique. L'art du comédien et la routine ne servent ici de rien, la faculté d'intropathie chez les élèves est inconsciente et incorruptible. Le maître qui n'est pas entièrement sincère, qui ne fait pas un avec la cause, avec l'élève et son angoisse, doit plutôt s'en tenir à la tradition et finalement à l'autorité. Il sait mieux enfourner qu'éduquer – et cela ne doit pas être non plus sous-estimé, tant qu'il enfourne l'utile.

Mécanismes de défense. – Nombreux sont les mécanismes psychiques pour se défendre de la douleur causée par un événement malheureux qui ne vous concerne pas directement ; fermer les paupières, se mettre la main devant les yeux, ou même rire devant une scène pénible au cinéma ou au théâtre, jusqu'à constater avec les survivants que tout cela est malheureusement la faute du défunt : il existe une longue gamme différenciée de réactions de protection involontaires et irréfléchies. À ces mécanismes correspond la tendance de l'esprit commun, c'est-à-dire du public et de ses producteurs culturels, à caricaturer en les exagérant le geste triste comme la douleur triste. Une grande partie de ce qu'on appelle l'humour s'est de tout temps alimentée à cela. De même que la moindre négligence dans la toilette d'une jolie dame, la moindre platitude chez un esprit lucide deviennent le point de mire de l'observateur, de même, à la plus légère faute de prononciation de l'acteur au milieu de la grande scène grave, toute la salle est secouée d'hilarité, car l'abandon à l'autre vie, l'identification avec ce qui contredit leur propre train habituel ne leur sont pas naturels. Le prétendu rire libérateur dénonce l'abandon à la souffrance étrangère comme contraint et forcé.

De la théorie et de la pratique. – La doctrine de Marx selon laquelle théorie et pratique ne font qu'un est déjà contenue dans la philosophie kantienne. La connaissance y passe pour le produit de l'activité du sujet, le monde pour le résultat d'une constitution, et l'esprit justement, qui le détermine transcendantalement et le reflète empiriquement, se charge aussi de son amélioration pratique. Les mêmes idées, qui dirigent et régulent la connaissance, montrent la direction à la raison pratique, à l'action. L'une et l'autre sont placées sous le même signe, effet d'une seule et même force. L'opinion, la connaissance, s'hypostasiant elle-même ainsi que le monde qu'elle a produit, devient victime de l'apparence nécessaire de son propre résultat, de l'idéologie générale de l'expérience, de même que le sujet considérant l'histoire, œuvre des humains, comme pur destin, persiste dans l'aliénation. Marx doit davantage encore à Kant que ce qu'avait vu Max Adler.

Politique de la santé. – Le médecin aujourd'hui a intérêt, en général, à ce qu'un malade guérisse, aucun cependant à ce qu'il soit bien portant et ne tombe pas malade. Ce qu'on appelle l'honneur de la confrérie peut tout au plus masquer cet état de choses, non le changer, il se fonde sur la situation socio-économique de la majorité des médecins. L'exception psychologique confirme la règle. Elle détermine aussi la relation médecin-médicament. Non seulement la direction dans laquelle se développe la production de substances chimiques est influencée par l'intérêt des médecins, mais en outre les substances chimiques existantes, qui pourraient servir à la conservation de la santé, ne sont utilisées que dans de modestes proportions. L'industrie pharmaceutique doit ici sacrifier maint avantage dans l'intérêt supérieur de son alliance avec le corps médical, et la presse a coutume de soutenir de préférence le médecin, malgré les profits publicitaires. La *publicity* sur les inconvénients des médicaments contre le cholestérol ou la surestimation d'une vitamine artificielle, sans parler de tel somnifère toxique délivré sans ordonnance, est infiniment plus vaste que, par exemple, les informations sur les souffrances inutiles de milliers et de milliers d'insomniaques, qui, ne consommant pas de barbituriques, deviennent tristes, vulnérables et inefficaces. Les réserves, non dépourvues de fondement, envers les médicaments pour le cœur, lesquels, pris à temps, pourraient éviter l'infarctus, paraissent peser infiniment plus que tous ces humains surmenés auxquels ils pourraient permettre d'éviter une catastrophe. Que de tels exemples soient pris au hasard et grossis de manière inexacte, cela prouve précisément ce pour quoi ils sont là, à savoir que le corps médical est peu intéressé à une information détaillée sur le contenu des moyens de conservation de la santé, et préfère, y renonçant, parler de régime plutôt que des pilules qui rendraient ce dernier superflu. Il se pose, face au patient, en grand spécialiste, en magicien moderne, qu'un abîme sépare du profane. De malheureux étudiants, qui de toute leur vie n'auront jamais rien à faire avec la physique, sont martyrisés avec l'algèbre, la géométrie analytique et même le calcul infinitésimal, et pendant ce temps ils n'apprennent pas un iota de la méthode et de la fonction médicales. Le client du médecin ne doit ni questionner ni exiger, son rôle est de souffrir, c'est un patient. Le médecin ne recherche pas ses clients comme le producteur ses acheteurs, c'est plutôt lui que l'on va quérir ; plus la société progresse, plus rapide est le retour des privilèges ; plus le rôle du médecin praticien s'identifie à celui de mécanicien de tests et d'exécutant du spécialiste en opérations, plus il devient exclusivement tout à la fois le mandant et le représentant des pharmaciens. Par rapport au public, il est omnipotent. La société lui donne le monopole. Les milliards vont dans les bombes et les fusées, les hôpitaux et les écoles demeurent insuffisants. Les directeurs ont les coudées franches, sans être sérieusement soumis à la libre concurrence. L'excès de travail dispense d'imagination. Le seul motif de conserver les humains en bonne santé serait que le grand nombre des malades est déjà une charge ; mais les médecins sont tellement tenus en haleine par cela, qu'ils ne peuvent de surcroît penser aux bien portants. En outre, la masse de ceux qui attendent est bonne à prendre, malgré tout. La coutume chinoise : payer son médecin tant qu'on était bien portant et cesser de le faire quand on tombait malade, tel était le rêve féodal du bourgeois ; il lui faut l'oublier aujourd'hui.

La philosophie universitaire et ses représentants. – Les chaires de la faculté des Lettres, celle de philosophie surtout, offrent encore la possibilité de pratiquer, relativement sans obstacles, une vérité différenciée, critique, une information rationnelle, sans tenir compte du public, de l'éditeur, de la promotion et des autorités, et avec la perspective d'un effet à longue portée. La vérité critique comprend la pensée aimante, l'aspiration à ce qui est différent, elles sont même identiques. Mais comme la vérité et l'amour depuis Jésus-Christ et bien avant lui, depuis qu'il existe une société, sont dérangeants et donc dangereux, l'accès aux chaires de philosophie, en particulier dans des époques comme la nôtre, en période de décadence, de régression de l'imagination productrice, doit être réservé aux gens qui ne sont pas dangereux, aux autoritaires, froids et pédants, aux personnes sûres. L'Europe remplit deux des principales conditions pour y parvenir : les mauvais salaires – seuls des esprits limités s'engagent dans une telle carrière – et la vigilance des facultés – elles ne laissent entrer personne qui ne se soumette. Entre la marche des universités et celle de l'histoire, il existe une harmonie préétablie.

Nécessaire vanité. – C'est vrai, l'individu ne peut changer le cours du monde. Mais si sa vie entière n'est pas le sauvage désespoir qui se révolte là contre, il n'arrivera pas non plus à réaliser le petit peu de bien, infiniment petit, insignifiant et vain, dont il est capable en tant qu'individu.

Sentiments de culpabilité refoulés. – Les confessions collectives de culpabilité en Allemagne, après la chute du national-socialisme, étaient déjà fausses pour la raison que le concept intact de collectif avec lequel, ce faisant, elles s'identifiaient, le « nous », témoignait précisément du mode de pensée qui avait permis le national-socialisme. Un sentiment de culpabilité toutefois est réellement présent. Simplement, il s'exprime dans le manque de respect des dirigeants et des dirigés pour tout ce qui a affaire avec ce peuple, dans le cynisme avec lequel le jeu d'intrigues du pouvoir est mené sans la moindre pensée pour un Autre, sans se laisser affaiblir par des traditions politiques honnêtes. Tous s'accordent en ceci que les grands mots sont creux ; dans le meilleur des cas, ils représentent des marques de reconnaissance. Le droit intangible de chaque individu, la dignité humaine, l'État serviteur du citoyen le plus obscur, sont des marques de reconnaissance de philosophes étrangers au monde, sinon de quelque chose de pire. L'absence de toute pensée non instrumentale, le remplacement de l'idée de l'objectivement juste par la conception qui paraît respectivement la plus conforme aux aspirations du pouvoir, le geste sournois envers toute autre forme de pensée, le mépris de soi, telle est la véritable expression du sentiment de culpabilité de ces êtres. Le mal qui est arrivé continuant d'engendrer, il doit donc – comme le dit Schiller – engendrer du mal, malgré tous les sacrifices des individus qui lui ont résisté et lui résistent : l'esprit national[1] est toujours aussi sinistre.

Optimisme de Schopenhauer. – Dans les questions décisives, Schopenhauer était encore optimiste. Les souffrances du monde, même les optimistes officiels, y compris Leibniz et Hegel, ne les ont pas niées, ils n'ont fait qu'y ajouter le conte rassurant de la métaphysique dogmatique. Seul Kant a représenté le *summum bonum* comme une simple espérance. Quand Schopenhauer admet dans des cas particuliers la négation du vouloir-vivre, donc la fin de la souffrance, comme une réalité métaphysique, quand, en d'autres termes, il pose à la fin de son système quelque chose comme un péché originel, à savoir une volonté individuelle se détachant de l'unité universelle et, inversement, son retour dans l'unité, la réconciliation, par une intuition quiétiste, il retombe dans le dogmatisme optimiste. Il veut dire au fond que l'avidité et l'ennui n'échoient qu'à la volonté individuelle, non à la volonté tout court. Mais que signifie alors que je sois capable de conclure depuis mon être à la chose en soi ? Il est vrai que sa métaphysique positive n'identifie pas le salut avec sa propre doctrine ni ne le joue, dans son argumentation, contre la réalité de la misère, comme font les autres ; cependant, l'application de structures catégorielles telles que mon caractère intelligible et le tien, commencement et fin, faute et unité, à l'au-delà justement, devant lequel les catégories sont pourtant impuissantes, est un rêve, même si l'interprétation de tout être intérieur par analogie avec l'expérience de son propre être intérieur est une pensée vraiment éclairante. Leibniz déjà, avec son concept du désir, *l'appétit** qui détermine la monade en même temps que la perception, et Bergson

1. *Volksgeist,* « esprit du temps », est un terme hégélien. *(N.d.T.)*

encore, avec *l'élan vital** et *l'évolution créatrice**, ont vécu de cela. L'optimisme métaphysique de Schopenhauer apparaît le plus nettement dans sa reprise du mythe de la métempsycose, où est affirmée non seulement une différence dans le destin transcendant des âmes individuelles, mais aussi la possibilité réelle d'une fin salvatrice pour certaines d'entre elles. La séparation d'avec l'unité cesse. Il faut une solide croyance pour tenir la catégorie de l'unité pour moins fictive que celle de la multiplicité, la projection du souverain absolu pour plus réelle que celle de l'aristocratie ou celle du libéralisme. Si l'*individuatio* est le résultat de capacités subjectives, alors l'unité n'en est pas moins le produit que la multiplicité ; et il dépend des conditions historiques que telle chose ait été principalement hypostasiée par les deux ou telle autre considérée comme simple apparence. D'après la philosophie critique, les deux sont apparence nécessaire, et la croyance en la fin de la séparation naît de l'intérêt pratique de la raison des sujets tourmentés, incapables de concevoir que la délivrance du malheur infini est inconcevable. Tout ce qu'un être humain peut rêver comme fin de la souffrance, mort et résurrection, tout ce qu'il peut poser comme absolu, amour divin et terrestre, n'est qu'instant fugitif du mauvais infini. Le bon infini est une consolation philosophique douteuse. Ainsi Schopenhauer a-t-il finalement raison contre lui-même. Le quatrième livre de son œuvre principale se révèle comme un dérapage, un lapsus, que les trois premiers sont à même de contredire. Que l'expérience de la quintessence du monde devienne quiétude, c'est là un processus psychologique, non pas métaphysique. La souffrance est éternelle.

Histoire naturelle. – Ce pour quoi des êtres humains, dans la plus profonde conviction, voire selon leur jugement autonome, sacrifient et engagent leur vie possède une signification caduque, relative, hautement empirique, que ce soient les prétendues choses supérieures ou les matérielles, que la jouissance physique et le profit, brutale sensualité du pouvoir. Le sacrifice pour la patrie fait partie dans le meilleur des cas de l'histoire naturelle. Comme les abeilles, les fourmis et autres animaux grégaires, les humains appartiennent à leur tribu, mais ils n'en ont qu'une conscience provisoire bien fugitive. Si un homme demeure fidèle à sa bien-aimée, la mère à ses enfants, le fils à son père, cela correspond à l'évolution des mœurs, comme en d'autres temps et en d'autres lieux, l'exécution des vieux. Le spécifique en cela, c'est l'apparence, dans ce qui est dit supérieur rien ne se situe plus haut que dans ce qui est dit inférieur, il passe, comme s'il n'avait jamais existé, comme l'humanité et comme la terre qu'elle habite. Dans le souvenir des humains, le gredin, pour peu qu'il ait été assez violent, demeure généralement avec le titre de « grand » plus longtemps que le pauvre fou inoffensif, mais le gredin lui-même comme le génie tombe dans l'oubli, bien longtemps avant que l'humanité ne disparaisse par la voie naturelle.

La fin de l'amour individuel. – Qui aime qui, ou l'aime encore, ou ne l'aime plus et pourquoi, tout cela faisait autrefois le contenu de pièces de théâtre, de nouvelles, de romans, qui étaient des chefs-d'œuvre. Aujourd'hui, l'amour individuel est socialement dépassé, bien que non aboli. Cet objet est donc dévalorisé, tombe bien plus bas que dans les livrets à deux sous qui existaient déjà il y a cent ans, et qu'on prenait encore au sérieux. Les lecteurs d'hebdomadaires pressentent déjà que cela appartient au passé. Il arrive encore qu'on abatte le prétendu partenaire quand les choses se compliquent, simplement parce qu'on a la gâchette facile ; cela est perçu comme sensation, comme quelque chose qui porte déjà en soi la fugacité, l'oubli au moment où on l'apprend. Ce qui a de l'importance pour quelqu'un doit le concerner lui-même, et de nos jours c'est tout au plus la carrière, le succès, le pouvoir, le reste est accessoire. La relation sexuelle peut jouer un rôle, elle n'est plus une fin en soi représentant plus qu'elle-même, c'est pourquoi les obstacles sont écartés, l'amour est fade, désérotisé ; il serait mûr pour être programmé.

Une faiblesse de la théologie. – Les tentatives de Tillich[1] et de tant d'autres pour sauver un reste de théologie en parlant de la signification profonde, du sens et des valeurs qui doivent servir de fondements au monde de l'expérience, en particulier aux actions humaines : ces tentatives sont reconnues et louées, dans des pays progressistes – mais pas en France ni en Allemagne par exemple –, comme visant à glorifier l'ordre établi par le truchement de l'au-delà, à une époque où il est foncièrement trop tard pour cela. Mais en elles se révèle finalement la faiblesse de la théologie. Dans la mesure où l'on peut énoncer un Autre que l'ordre établi, il se manifeste bien plutôt dans la vraie négation de celui-ci. Rien n'existe que l'ordre établi, et pourtant c'est cela qui, dès l'instant suivant, est un rien. Aucune action ne possède un autre sens que son intention et son effet et tous deux sont un néant au sein de l'infini, comme la terre entière au sein de l'univers. L'infamie et le martyre disparaissent vite dans le néant, avec le souvenir fugitif qui les distinguait encore, comme toute distinction de ce genre et comme toute chose. Ce qui est vrai, c'est l'angoisse, et la douleur que celle-ci redoute tant qu'elles sont présentes toutes deux, et ensuite c'est comme si elles n'avaient pas existé.

Optimisme socialement nécessaire. – Au sens chrétien et selon la loi de quelques ordres monastiques,

1. Paul Tillich (1886-1965) : philosophe et théologien d'origine allemande émigré aux États-Unis. *(N.d.T.)*

l'ordre établi n'offre pas de raison de se réjouir. Il est marqué par l'injustice et la souffrance atroce. Demeurer conscient de cela jour et nuit allait de soi, dormir dans des cercueils était un symbole, semblable à la coutume juive de porter le linceul au plus grand jour de fête. La pensée du bonheur ne faisait qu'un avec celle de la félicité éternelle, elle se rapportait à autre chose que le monde tel qu'il est. À l'opposé d'une telle mentalité se situent depuis toujours les coutumes nationales. Si dans le Bas-Empire romain les *circenses* servaient au plaisir comme but de la vie, les peuples de l'histoire moderne ont toujours tenu en haute estime une saine gaieté. Sous une autre forme, les vaillantes petites gens qui sont à l'honneur dans les tableaux de Bruegel l'Ancien représentent encore la cible et l'objectif des *mass media* aujourd'hui. Placer les humains dans des dispositions positives, les rendre joyeux et heureux de vivre, telle est la mission de la culture, si épouvantable que soit son fondement : l'organisation de la terre, l'irrémédiable enchaînement historique et la mort dans la douleur, l'angoisse et la misère. Sans l'optimisme des gouvernés, les gouvernements ont la tâche par trop difficile. Mais la mentalité affirmative dans laquelle l'horreur de la réalité n'est pas supprimée ne sert qu'à la perpétuer.

Suum esse conservare. – « En soi », rien n'est bon ou seulement meilleur qu'autre chose, pas même ce qu'on appelle l'amour du prochain, ou encore la justice. Néanmoins, dans des situations déterminées, il existe une bienséance, une générosité, un dévouement, quelque chose comme un comportement juste, qui assurément va en règle générale à l'encontre de ce qu'on appelle ainsi en règle générale. Le seul critère d'une telle justesse est bien sûr le sujet périssable – d'autant plus périssable qu'il est sérieusement capable de réagir juste. Le principe des stoïciens, *suum esse conservare*, exige immédiatement son propre contraire, le sacrifice du propre moi – au moins dans la mesure où *suum esse* signifie la raison authentique. Le sens de cette dernière consiste à ne pas être compatible avec ce monde.

Le pouvoir de l'intérêt. – Ce qui est décisif aujourd'hui, c'est la situation de nos intérêts, c'est-à-dire la constellation toujours changeante des perspectives de pouvoir et de promotion. La différence par rapport à d'autres situations historiques réside dans la clarté des concepts et l'exclusivisme conscient des motivations. Les relations interpersonnelles, amabilité, indifférence et haine, se règlent exactement d'après la constellation, les pulsions ou les convictions contraires n'apparaissent déjà plus ; ce qui n'a pas de rôle instrumental apparaît nécessairement comme émanation de la superstition, de la faiblesse, de la provincialité. Le recul marqué de toute autre qualité dans les relations sociales en est la conséquence nécessaire. Dialectique de la raison ; les valeurs éternelles sont vaine illusion, cependant la vie sans fidélité désintéressée devient aussi insipide que celle-là. C'est la médiation de l'intérêt qui fait la différence, non sa médiation purement conceptuelle, mais le lien non entièrement éclairé entre la relation humaine et l'intérêt qui, n'étant pas réfléchi, ne se réduit peut-être pas non plus à l'intérêt pur.

Fini le rêve. – Le rêve du messie, de l'avènement de la justice sur terre, qui assure la cohésion des Juifs dans la diaspora, est bien fini. Il a connu une infinité de martyrs, causé des souffrances infinies et permis l'espérance. Maintenant les persécutés sont allés sans messie à Sion, ils ont établi comme les autres peuples leur nation et leur nationalisme, et le judaïsme est devenu simple religion. Ceux qui restent dans la diaspora peuvent se décider pour Israël, pour la fusion dans la nation où leurs ancêtres et eux-mêmes ont été amenés par le destin, ou bien ils deviennent nécessairement, en tant que Juifs, des provinciaux, membres romantiques d'une secte, sans substance historique. La diaspora est un arrière-monde. Les Juifs, des reliquats. Leur situation n'est pas sans analogie avec celle du communisme et du socialisme. Avec l'injuste société nationaliste, les sociaux-démocrates ont depuis longtemps signé leur pacte, et les hiérarchies patriotiques des empires communistes surpassent en rigidité la forme de société qui devait un jour être remplacée par le royaume de la liberté. Celui qui s'en tient à la théorie critique peut opter pour l'une des deux formes de nationalisme, le prétendu communiste ou le social-démocrate de l'alliance avec le pouvoir, ou alors devenir provincial, sectateur romantique. Le royaume de la liberté est un arrière-monde. Ceux qui tiennent à la théorie sont des reliquats comme les fidèles du Talmud et de la croyance au Messie.

Liquidations. – Après que la science et la technique eurent détruit la foi et la félicité éternelle, il n'est pas non plus resté grand-chose de la félicité terrestre. En même temps que la faim et le travail, l'amour a été restreint. La facilité plus grande des relations sexuelles ne lui est pas plus favorable que les *Horn & Hardarts* à la gourmandise. Cependant les Églises tentent de s'adapter au monde désenchanté, elles ont de l'indulgence pour ceux qui doutent, renoncent au surnaturel, abandonnent le ciel sillonné de spoutniks, transforment Dieu en symbole, l'espérance en principe et le Paradis en légende. Ce qu'elles veulent conserver, c'est le complément à la législation, la contribution de la religion à la vie ordonnée de la collectivité. Mais quand l'intention devient transparente, la foi a déjà disparu, il incombe à l'État de réguler les mentalités, il doit devenir totalitaire, car c'en est fini de la religion. Je regrette la superstition de l'au-delà, car la société qui peut se passer d'elle, à chaque pas qui la rapproche du paradis sur terre, s'éloigne du rêve qui rend la terre supportable. Dans la jouissance, au sens emphatique, le souvenir du Paradis était encore présent.

Vieillards comiques. – Les personnes âgées développent souvent des prédilections et des dégoûts qui n'ont pas de sens pour autrui, des attachements à des choses et à des circonstances qui sont sans utilité, des sentiments incompréhensibles ; ils deviennent, dit-on, comiques, bizarres, on a pitié d'eux – dans le meilleur des cas. En vérité, la même chose vaut pour la culture en général, dans la mesure où elle doit être plus qu'un simple moyen de vie collective, qu'un instrument de relations sociales, de communication. La différence entre sexe et amour, respect et obéissance, héroïsme et intérêt collectif, la signification objective d'une telle différence, son sens propre et son sens prétendu et supposé absolu sont imaginaires, et les êtres sincères dans le dévouement, désintéressés, sans phrases grandiloquentes sur les valeurs éternelles, ne se distinguent de ces vieillards comiques, des *characters*, comme on dit en américain, que parce qu'ils partagent leurs particularités avec un plus grand nombre de gens ; c'est tout. Mais le bonheur et la tristesse demeurent sincères chez les uns et les autres, l'illusion est sincère, et qui ne vit pas dans l'illusion est un écervelé.

Changement social des intellectuels. – Au temps des Lumières, les intellectuels étaient les messagers des idéaux au nom desquels la bourgeoisie est parvenue au pouvoir. Au temps de son déclin, ils représentent les qualités bourgeoises devenues superflues, isolées, chosifiées dans les classes moyennes : liberté de jugement, imagination, spontanéité. Fonctionnant en tant qu'experts, en tant que spécialistes de la société des managers et de la division du travail, ils éprouvent un changement qui va dans le sens d'une opposition impuissante, historiquement dépassée. Que telle ou telle tendance politique se serve d'eux en deçà ou au-delà de cette sphère professionnelle pour dissuader ou attirer des partisans, cela n'en rend pas ces qualités moins anachroniques : là comme ailleurs, ce qui compte, ce sont d'autres traits de caractère – même en haut. Ce que dans les pays dits développés les intellectuels peuvent fournir, y compris les plus critiques et les plus agressifs, c'est l'ornement, la distraction, du matériau pour le temps libre ; cela remplit les médias, couvre les murs vides et sert le cours des choses, tel qu'il est de toute façon.

[*L'Église, voilà la mesure*]. – L'Église, catholique et protestante, a compensé à travers les siècles les torts que l'exemple des prophètes et du Nazaréen aurait pu causer à la société. En usurpant leur dangereuse doctrine, elle a préservé les gens d'y conformer leur vie, de ne plus adorer d'idoles, de libérer les prisonniers et d'aimer les humains. Elle a orné les salles de tribunal et les chambres de torture avec l'image de celui qui fut crucifié comme agitateur, elle a béni la barbarie à laquelle cette doctrine refusait précisément de participer et voulait mettre fin, dont elle aspirait à s'échapper et à se délivrer. L'Église, c'est la mesure par laquelle l'humanité a entrepris de surcompenser l'expérience de la misère irrémédiable de son existence, la misère comme instrument de la félicité. La tentative touche à sa fin, les actuels dirigeants de l'Église reconnaissent cette mauvaise contradiction ; au fond, ils sont prêts à muer en fonctions symboliques la félicité, et même le dieu au-dessus des étoiles. La société qui s'est autrefois appelée chrétienne est devenue si obtuse que l'expérience des prophètes ne l'émeut plus.

En deçà de la gloire. – Combien d'êtres humains, assez formés, assez productifs dans quelque domaine que ce soit pour y accomplir de grandes choses et qui auraient été utiles à la société, n'ont-ils pas, au lieu de cela, consacré leur temps et leur énergie au bonheur ou aux faiblesses d'un être cher, pour ensuite disparaître anonymement. Ils n'étaient pas moins grands que les seigneurs dont il est question dans les manuels d'histoire, d'art ou de littérature. L'espèce humaine n'est pas meilleure que les individus.

Les yeux ouverts. – Être conscient des innombrables souffrances, des terribles souffrances physiques et morales, surtout des tortures physiques subies à chaque instant sur terre, dans des maisons de redressement ou des hôpitaux, des abattoirs, avec ou sans murs pour les soustraire à la vue, vivre face à tout cela, c'est vivre les yeux ouverts. En dehors d'une telle conscience, toute décision est aveugle, toute démarche assurée est errance, tout bonheur est faux. Mais bonheur et vérité ne font qu'un, comme vérité et tristesse – c'est précisément ce que veut dire le christianisme, dans la mesure où il n'est pas trahi par ceux qui le suivent.

À propos de la théorie des crises. – La critique de l'économie politique a certainement révélé ses propres insuffisances avec les changements survenus dans la situation historique : en bonne part, pour s'être elle-même par trop appliquée au geste strictement scientifique nécessaire aux philologies en détresse pour se maintenir dans le siècle des sciences de la nature ; mais ce n'est pas le cas pour la théorie, qui inclut la science sans s'y abîmer. On ne peut assurément pas lui imputer comme une insuffisance ce que les spécialistes, héritiers des tenants du libéralisme, ces apologètes de la prétendue économie sociale de marché, opposent d'un air supérieur à cette critique, à savoir que la théorie des crises est dépassée ; au lieu de mener à la catastrophe, selon la prophétie courante de la critique, les crises deviendraient plus faibles, historiquement insignifiantes, maîtrisables. Quelle erreur ! Non seulement les éléments de la conjoncture par lesquels la crise est freinée : l'économie de guerre en temps de paix, les prestations pour les fameux sous-développés, qui sont en vérité un autre facteur de l'économie de guerre, et surtout les loisirs florissants, masquent précisément la maladie galopante de la société dans sa forme actuelle, mais ils en sont les symptômes. Tout être doué d'organes spirituels le remarque en chacune de leurs parties, c'est une fièvre qui présente le caractère d'une défense, non celui de la guérison ; reconnaître ces symptômes et les présenter dans leur relation à la totalité, telle est la mission qui incombe aujourd'hui à la théorie.

Le rôle des partis ouvriers. – Dans les États développés, les partis ouvriers jouent un rôle analogue à celui des sous-développés dans le *concert des nations**. Il faut soit les corrompre par une aide financière puisée dans les surplus, soit les tenir en respect par la supériorité des armes. Le profit direct va aux privilégiés, aux permanents syndicaux ou aux Crésus installés.

[*Au siècle de l'administration*]. – Dans la sphère rationnellement administrée vers laquelle tend la vie sociale, toutes les relations personnelles qui ne se laissent pas déterminer dans tous les détails par le mécanisme social et seraient capables de lui résister apparaissent non seulement comme dangereuses, mais également comme absurdes. À quoi bon l'amitié quand toute démarche dans le domaine du loisir ou de la profession, quand tous les buts et les moyens sont tracés à l'avance par le fonctionnel ? L'amour a perdu son fondement. Les besoins sexuels sont depuis longtemps réglés par la raison, leur envol vers le désir n'a plus de moteur, tout comme le rêve du pays de Cocagne chez les bénéficiaires du miracle économique. Une passion érotique pour un seul être humain déterminé, sans parler de fidélité, ne serait pas seulement pathologique, manque d'appétit sain, névrose obsessionnelle ou pire, mais serait en même temps inconvenante, un mode de penser, de sentir et d'agir sur la base d'une fixation sexuelle au lieu d'une réflexion rationnelle. L'époque des histoires d'amour et des tragédies sera aussi lointaine que, pour l'Europe, le sérail, la polygamie, le matriarcat, la horde primitive ou la croyance en un dieu trônant véritablement au-dessus des étoiles.

Négation absurde. – Celui qui dénonce le culte catholique comme pure superstition refuse généralement de se signer avec les autres dans les cérémonies publiques et privées – en raison de ses opinions. Ainsi le non-accomplissement du geste, voire le geste lui-même, n'est pas moins fétichisé par celui qui refuse de le faire que par ses partisans. Au temps où les bûchers fumaient encore, il en allait autrement. La résistance s'adressait à la domination de la terreur, le refus était un signal pour quiconque voulait le mieux, comme de refuser de faire le salut hitlérien dans le IIIe Reich. Moins il y a de sanctions derrière une croyance, plus absurde est sa négation.

Les idéologies après Marx. – La critique de la société a dénoncé comme idéologiques les représentations et les formes culturelles paraissant absolues et immuables, mais en réalité déterminées par le processus de production et de reproduction de la vie sociale dans la forme historique dominante, d'où elles tiraient leur sens. Décrire leur fonction dans le détail signifiait justification et critique à la fois ; elles avaient contribué à réaliser quelque chose de neuf, quand cela représentait le progrès par rapport à ce qui avait précédé, et elles l'aidaient encore à se maintenir alors qu'il entravait déjà la naissance de quelque chose de mieux. Pour le concept de l'individu, seule compte, d'après la théorie marxiste, la justification ; la critique au contraire s'appliquerait seulement à des facteurs de la société qui sont préjudiciables à son épanouissement ; l'individu et sa liberté ne sont idéologie bourgeoise que dans la mesure où, dans la bourgeoisie, contrairement au mythe officiel, ils sont encore préalablement rognés. De fait, cependant, l'idée du sujet autonome se dissout dans l'analyse politico-économique, tout comme le centre de l'univers que la Terre était autrefois censée représenter. De même que la preuve de son conditionnement social et psychique rend transparente l'illusion de ce centre, de même celle du sujet comme substance. La conscience de soi fétichisée règne dans une période de l'histoire de l'espèce, après laquelle elle va se figer et disparaître. La démonstration d'un tel conditionnement relève de la critique, comme toute analyse de catégories idéologiques, et aussi d'une critique portant plus loin, car elle concerne justement un moment qui est partout à la base de la doctrine marxiste, lui indiquant secrètement la direction. L'accusée n'est plus seulement la société dominante, mais la société, l'humanité dans le passé et l'avenir, l'ordre établi, parce que les idées qui, seules, feraient penser que les choses pourraient encore un jour aller mieux sont elles-mêmes idéologies. Restent uniquement le souvenir périssable, le deuil périssable.

Guerre et perversion. – Dans la pornographie perverse d'un Sade et d'un Sacher-Masoch, la cruauté peut consciemment se donner libre cours dans l'imagination et devenir alors jouissance. L'infamie réelle use de la rationalisation. En temps de guerre, laquelle fournit ce type de rationalisation, comme dans les dictatures, la perversion maîtresse d'elle-même devient muette. La cruauté envers l'ennemi comme envers soi-même peut se donner libre cours, sans pourtant parvenir le plus souvent à se satisfaire pleinement. Inconsciente de sa nature sexuelle, elle s'étend comme à l'infini, insatiable. Les fanatiques de la guerre et de la dictature ne connaissent généralement pas la jouissance ; plus ils obtiennent satisfaction, plus ils deviennent avides. L'éducation à la capacité de jouir représente un facteur décisif dans le combat sans espoir contre l'époque totalitaire qui se prépare dans le monde.

L'utopie comme non-sens. – Helvétius et Schopenhauer ont enseigné que dans la vie le pendule oscille entre douleur et ennui. Si l'esprit de l'individu peut encore échapper à une telle alternative, la corrélation décisive qui est à sa base vaut pour la totalité comme pour l'individu. Sans besoin, pas de plaisir, sans deuil, pas de bonheur, sans mort, pas de sens. Plus la négation est minime, plus désolante la réalité. C'est pourquoi justement l'utopie est non-sens, l'idée du royaume de la liberté, qui devait le surmonter, une pieuse automystification. Malgré tout, il ne reste rien d'autre que la tentative de le réaliser. À la fin, la liberté se sacrifie.

Société en transition. – Quand de grands philosophes, Kant surtout, parlaient de liberté, ils voulaient dire avant tout : autodiscipline, reconnaissance pratique des nécessités sociales respectives ; mais pas tellement activité selon ses propres besoins, selon son propre plaisir. Cependant, plus la société passe au stade de l'administration et finalement au stade de la communication prescrite dans ses généralités comme dans les moindres détails, et plus il est possible de renoncer à la liberté philosophique, cette autonomie, plus elle se révèle une transition, comme toute autonomie bourgeoise. L'activité en vue des intérêts matériels, jadis en liaison avec cette dernière, ou bien coïncide avec l'activité prescrite, ou bien perd sa dernière apparence de rationalité, elle devient effrénée, fournissant l'impulsion pour de nouveaux développements de l'administration, ainsi qu'une substitution mieux planifiée du loisir normé à la liberté. Un symbole de ce processus est la diminution, avec le progrès technico-économique, du tabou de la sexualité, et la montée des naissances, poussant encore plus loin non seulement les mesures contraignantes, mais aussi l'administration elle-même. La liberté comme arbitraire stimule une évolution historique qui prive de tout sens la liberté comme autonomie. Le sujet devient un concept romantique.

Les extrêmes se touchent*. – La formule blasphématoire : *les extrêmes se touchent** atteint l'essence du monde. Une intellectuelle juive au-dessus de tout soupçon écrivit *en passant**, longtemps après son retour d'Amérique, que la clinique de Mayo l'avait fait penser à Auschwitz. L'opposition entre salut et perdition n'est pas absolue dans la réalité. Hôpitaux les plus récents, tests, opérations, docilité du patient devenu objet, tout cela, qu'on ne peut détacher historiquement de l'époque maintenant dépassée d'avant l'invention de l'anesthésie ni de la violence des guérisseurs sur les foires du Moyen Âge – car c'en étaient les étapes préliminaires –, demeure objectivement relié aux institutions de torture les plus récentes, par l'expérimentation sur les animaux et la vivisection. Resterait encore à développer à quel point le progrès technique, en amenant nécessairement l'intégration de l'individu dans le collectif, suit la même voie que celle qui conduit à la société national-totalitaire[1], fait que l'individu autonome devient impensable et la réalité des États, celle des hordes. Cela signifierait que la clinique de Mayo participe du conditionnement d'Auschwitz. *Les extrêmes se touchent**.

Historicité de la morale. – Au siècle dernier, on qualifiait de moraux les comportements, autrefois garantis par la religion, jugés socialement souhaitables, voire nécessaires dans l'ère libérale des Lumières, sans qu'il soit utile de recourir à la contrainte de la loi. Cela comprend en premier lieu la loyauté en affaires comme dans les relations privées, mariage, amour, amitié, et même vis-à-vis de l'étranger. À l'époque

1. *Völkisch-totalitär* en allemand. *(N.d.T.)*

déjà, cela n'avait pas de fondement logique dans le sujet, pas de motivation raisonnable. À propos de l'honnêteté par pure morale, Helvétius – ou un penseur analogue – a formulé sa pensée comme suit : celui qui, sachant qu'il ne peut être découvert, ne vole pas un richissime est un fou. Quand, avec le déclin du libéralisme, dans un monde de plus en plus administré, les fondements sociaux du comportement moral s'affaiblissent, que les réactions de conformisme – tout ce qui s'impose encore aujourd'hui – fonctionnent pour ainsi dire automatiquement, de telle sorte que passer outre, c'est déjà se rendre criminel, alors la morale est désormais de l'histoire, et la loyauté une catégorie romantique. Devant la fragilité de toutes choses, se dévouer entièrement à un être humain – le bonheur suprême allant à l'encontre des intérêts matériels propres : c'est là une illusion résultant d'un résidu de formes sociales antérieures. Le psychanalyste aura le dernier mot ; la morale, ça se soigne. Désespoir et félicité tout particulièrement.

Le sens de la vie. – Par ce qu'on appelle le sens de la vie, on entend d'habitude le sens inhérent aux actions de l'individu, dépassant sa propre existence. Dans la religion chrétienne, le but était situé au-delà du domaine spirituel terrestre, dans l'au-delà précisément. Avec la décadence de l'ère chrétienne, la place de la transcendance théologique est occupée de façon croissante par l'idée de nation. La vie individuelle prend sens dans la mesure où elle se réfère à ce qui dans la nation survit à l'individualité. La civilisation chrétienne revient à la pensée du judaïsme, avec la seule différence que la réalisation du concept de nation n'est plus liée à la justice pour tous les peuples, identique à la volonté de Dieu, en dépit de tout le mal que les Églises se donnent en temps de paix comme en temps de guerre pour nier cette contradiction. En vérité, cet égoïsme qui va au-delà de sa propre vie est en passe de s'adapter à la réalité, il travaille pour sa propre tribu dans ses querelles avec les autres. Même si les tribus, les nations s'unissaient un jour, il caractériserait encore – se conformant à la réalité, et lié à l'ordre existant – l'espèce la plus dangereuse pour toutes les autres catégories d'animaux et capable à chaque instant de se désintégrer à nouveau en essaims hostiles. De plus en plus, ce qui s'appelle le sens de la vie s'harmonise avec ce qui est présent de toute façon, les humains s'adaptent à la science, au factuel – y compris dans leurs aspirations. La différence entre individu et collectif est surmontée au profit du collectif, l'individu qui est différent disparaît, comme disparaît l'Autre, qui avait autrefois signifié pour lui l'opposition au monde. *Modern man gets rid of his illusions and becomes reasonable, i.e. he accepts and uses his reason as one of his natural organs like his hands and feet, as an instrument.* Tout le reste est silence, non, tout le reste est néant.

La fin de la philosophie pratique. – Avec la régression de la foi religieuse, la philosophie reçoit la mission de réfléchir à la vie juste. Ce qui caractérise l'époque, au contraire, c'est que la philosophie pratique perd continuellement de son importance et de son intérêt, et même qu'entre la pensée théorico-philosophique et la pratique, il est de moins en moins possible d'établir une relation quelconque. Le néo-kantisme déjà, sans parler de l'école viennoise, de la phénoménologie de Husserl, de l'ontologie fondamentale et de l'existentialisme qui s'y réfère, si grands que soient les services rendus par certains auteurs à Hitler ou Castro, sont de par leur propre sens neutres, ce qu'on appelle des philosophies premières qui n'entraînent pas nécessairement des types de comportements déterminés. Ce n'est pas à tort que Max Scheler, qui ne pouvait s'en défendre – ne parlons pas de Hartmann –, paraît de deuxième ou troisième ordre ; en partant des positions officielles, pour Scheler celle de la phénoménologie, ça ne marche pas. Cette impossibilité a un fondement social. La loi de l'époque est l'affirmation de la nation, à l'Ouest comme à l'Est, affirmation d'un totalitarisme déjà établi ou d'une évolution dans cette direction. Non seulement la philosophie pratique posait d'abord le sujet autonome, mais encore elle lui prêtait la décision dernière : celle-ci est aujourd'hui bien trop étroitement dessinée à l'avance pour qu'elle requière encore la spéculation. On peut tout au plus passer de son propre camp à celui de l'adversaire ou sympathiser avec lui. La décision de le faire nécessite une politisation, non la philosophie, qui atteint un nouveau et ultime degré d'abstraction. Au lieu de prendre la place de la théologie, elle se met à sa remorque.

Du concept d'individu. – Plus l'individu est obligé, pour se préserver, s'épanouir, se cultiver, se maintenir dans sa liberté, d'entrer en opposition avec la nation, avec le collectif, à contre-courant de la tendance de l'époque, moins cet individu, son aspiration à la satisfaction matérielle et au pouvoir pour lui-même ont d'importance. Dans la mesure où il s'intéresse exclusivement à soi, il est un élément de la masse, et conformisme, docilité représentent le comportement adéquat. Même dans le chef brutal qui ordonne le meurtre, la masse se reconnaît ; si dure que soit sa domination, ce chef est l'un des siens ; en ayant toujours à la bouche le nombre, son propre peuple, il pense à sa propre position, et tous le sentent et l'approuvent, il est leur propre symbole. Quant à l'individu authentique, au contraire, ce n'est pas tellement dans la poursuite des intérêts directs qu'il se sent en union avec d'autres, mais bien plutôt dans la misère des exclus, des malades, des persécutés, des condamnés, des bannis, chacun d'eux étant, au sens douloureux, désespéré, un individu. Il sent et il agit en pensant à eux – en dernière instance par un effet de sa propre peur, laquelle cependant peut devenir si puissante qu'il se sacrifie et partage leur destin. La peur n'est pas une noble aspiration à une vie bonne et au pouvoir, elle peut elle aussi, en vérité, conduire au conformisme, mais également, si elle est réfléchie, briser le conformisme et fonder la solidarité sans laquelle l'individu n'est pas pensable.

Le phénomène des Beatles. – L'enthousiasme farouchement désespéré pour les Beatles n'est pas plus antipathique que le mépris pseudo-cultivé qu'on affiche à son égard. En tout cas, il est plus facile d'analyser cette condamnation en apparence cultivée que cet enthousiasme. On a écrit bien des choses pertinentes à ce sujet, peu cependant, autant que je sache, qui soient en rapport avec cette dévotion pour le phénomène que constituent les quatre musiciens. Qu'ils soient minutieusement dirigés par un ou plusieurs producteurs expérimentés ne fait pas grand-chose à l'affaire : il s'agit de la structure même, en ses différents éléments, jusque dans ses détails, qu'en général aucun ou aucune des enthousiastes n'est capable de formuler. À moi, ils me semblent exprimer, parmi beaucoup d'autres choses et comme nul autre ensemble, la position complexe des jeunes vis-à-vis de l'ordre existant, et en outre la tentative d'y vivre sans y adhérer complètement, ce qui s'exprime dans le *yeah*, *yeah* comme sur leurs visages. Bien que cette sauvage réaction de masse, du reste déjà en train de retomber, rappelle beaucoup l'effet produit par les démagogues, je doute que dans l'un et l'autre cas les gens particulièrement engagés et la nature même de l'engagement soient identiques. Cela ne veut pas dire qu'on n'ait que du bien à attendre d'un tel entraînement.

Nous, les nazis. – Il ne faut pas cesser de le répéter : l'aveu de culpabilité des Allemands après la défaite du national-socialisme en 1945 a été un magnifique procédé visant à garder sain et sauf le sentiment de communauté nationale dans l'après-guerre. Préserver le *nous*, c'était là l'essentiel. Mais on n'expliquait même pas que *nous* aurions dû nous indigner, au moins nous allier avec ceux qui ne collaboraient pas, qui aidaient les persécutés, mais nous avions bien évidemment peur. Les autres ne sont pas les nazis, mais les Américains, et la Résistance. Quelle infinie froideur et quelle étrangeté ont caractérisé les misérables célébrations du 20 juillet ! L'aveu de culpabilité était plutôt : *nous* et les nazis ne faisons qu'un, la guerre est perdue, *nous* devons faire amende honorable, sinon nous ne referons pas surface assez vite. C'est seulement lorsque les vainqueurs voulurent en tirer les conséquences que l'on eut recours au mensonge éhonté, affirmant le contraire de la faute : *nous* n'en avons rien su, au lieu de *nous* ne voulions pas le savoir. Et même on employait encore le *je* pour le *nous*. Je n'étais pas nazi, au fond nous tous ne l'étions pas. Le *nous* est le pont, le mal qui rendit possible le nazisme. La différence entre l'individu et le collectif est aplanie, celui qui la maintient est dehors, ne fait pas partie de *nous*, c'est vraisemblablement un communiste. Comme si là-bas il n'en allait pas au moins de la même façon. Quiconque, en politique et en beaucoup d'autres domaines, parle de soi, et dit *eux* pour désigner ses concitoyens, passe à leurs yeux, même si les interlocuteurs ne le réalisent pas, pour un traître – par hasard seulement pour un être convenable.

1966-1969

Le rescapé. – Des gens comme moi, non pas simplement comme moi au sens général, mais au sens spécifique, donc des Juifs, qui ressemblaient à des Juifs et pensaient comme des Juifs, comme mon père et ma mère et moi-même, furent – au camp de concentration, justement parce qu'ils étaient ainsi, par milliers et milliers, au terme d'une terrible angoisse prolongée des années, après d'indicibles humiliations, d'inconcevables travaux forcés, après mille coups et mille martyres – lentement torturés à mort parce qu'ils étaient comme mon père et ma mère et moi-même, parce qu'ils ressemblaient à des Juifs et pensaient comme des Juifs – maintenus des années dans une terrible angoisse et finalement martyrisés à mort. Et je dois me compter pour avantage ce que je fais; je dois, moi nullement meilleur, m'amuser – qui dois-je amuser ? – moi, le Juif, l'homme qui est encore là, qui peut finalement s'amuser, se croire, tirer quelque vanité de lui-même, se grandir. Comme si pour chaque émotion, pour chaque parole, à plus forte raison pour chaque action dont je voudrais tirer quelque vanité, les non-Juifs n'avaient pas été mués en Juifs, en ennemis de l'État et en intellectuels, voués à la même mort innombrable, douloureuse. Et maintenant qu'il n'en coûte rien, je suis censé y prendre mon plaisir. Je suis censé trouver la satisfaction envers moi-même, la paix devant moi-même, puisque ma vie témoigne du hasard non moins absurde qu'immérité, de l'injustice, de l'aveuglement de la vie en général, puisque enfin je ne peux qu'avoir honte d'être là.

Amour du prochain et égoïsme. – Dans le christianisme, l'individu devait se dépasser et s'abolir en se donnant et se livrant aux plus proches et aux plus humbles par amour du plus haut. Le sauvetage de l'égoïsme, par renvoi au « comme toi-même » à la fin du commandement, n'est qu'une astuce de théologiens sophistes pour marquer leur familiarité avec l'ordre existant. L'autonomie du sujet dans le sens de l'Évangile ne fait qu'un avec sa négation.

Le sujet dans la société industrielle. – Dans la société industrielle, mieux, avec le début de la science moderne, la dialectique du sujet change de sens. Plus la pensée cherche à saisir la nature, plus elle doit la suivre et la méditer, descendre du ciel, rendu nuageux par une projection naïve, *down to earth*, vers la terre. Chaque avancée de la science, et à plus forte raison de la technique, est à la fois un acte d'adaptation et d'intégration. Au fur et à mesure que les hommes maîtrisent la nature, les différences individuelles caractérisant leur pensée sont désavouées par la science exacte, qui est la même pour tous. Quelque violemment que les collectifs se dressent les uns contre les autres pour des intérêts de puissance, les individus qui en font partie, dans la mesure où ils pensent selon la science et exercent leur technique, sont interchangeables, eux. L'épanouissement des sujets dans leurs diverses dimensions respectives, l'autonomie des multiples individus, leur concurrence, dont l'autonomie a tiré sa légitimité, furent bien utiles à la société pour enlever toute entrave à la science et à la technique ; avec la victoire de la technique, mieux, avec son progrès, avec la domination de l'homme sur la nature, avec son indépendance, son autonomie, l'autonomie régresse, se nie elle-même. Ce qui s'accomplit à l'ère bourgeoise s'achève dans le monde automatisé. Le sujet, en se réalisant, disparaît.

Déclin du mariage bourgeois. – Dans l'institution aujourd'hui déclinante du mariage bourgeois, l'homme, jadis, s'occupait du gagne-pain et la femme du ménage. L'homme passait pour le soutien de famille, donc pour le maître, la femme, elle, pour l'élément passif, pour un objet, qu'il fallait entretenir. La fausseté profonde d'un tel jugement ressort bien à présent, car si la civilisation a perdu de sa substance, c'est dû notamment à la mutation de la fonction féminine. Le travail de la femme, nuancé à l'infini, la plupart du temps plus subtil et à la fois plus exténuant que celui de l'époux, s'automatise comme ce dernier ; ce qui en reste paraît pure tracasserie. La femme est égale en droits, ou plutôt égalisée par un processus depuis longtemps régressif. Le cliché, grimace mensongère, de l'épouse onéreuse et de la belle-mère malveillante est là pour consoler d'avoir perdu la possibilité de ce bonheur que recelait parfois le mariage. Impossible néanmoins de revenir aujourd'hui en arrière. *Exit* la femme d'autrefois – comme l'amour. Vive la *ratio*. Les « soucis de la ménagère » ayant disparu, les hommes se montrent encore plus froids, et les femmes les imitent.

Faire subir un test médical aux marchandises. – En Amérique, une organisation de consommateurs, soucieuse de la qualité des articles et de tout ce qui s'y rapporte, fait connaître au public ses critiques et autres idées à ce sujet. Elle possède des laboratoires pour examiner les marchandises offertes, et en général tout ce qu'il faut pour se former un jugement exact. Dans d'autres pays, en République fédérale également, on a copié, bien que fort tard, cette initiative hautement rationnelle. De très nombreuses suggestions s'imposent, et d'abord la proposition, si elle n'a déjà été anticipée, de renforcer les consommateurs face aux spécialistes, par exemple dans le secteur de la médecine. On aurait besoin de rapports sur les prestations des diverses branches de la pratique médicale ; d'une discussion ouverte à propos des bons et des mauvais services rendus, améliorables en fonction de l'état de la science ; d'études indépendantes sur les hôpitaux et bien d'autres choses. Tout cela fut rendu impossible jusqu'à maintenant par la résistance brutale de la corporation et de sa prétendue éthique, déclarant les consommateurs trop stupides.

Comme les brasseries ou les conserveries aimeraient bien procéder ainsi ! Et comme les médecins ont poussé loin la tendance à traiter le public en mineur et à empêcher, dans la mesure de leurs forces, avec leurs phrases creuses sur la relation de confiance *and what not*, qu'il ne s'oriente. Ils n'admettent pas encore le moindre droit de parole vis-à-vis de l'industrie pharmaceutique, ainsi pour ce qui touche à la rédaction du mode d'emploi des médicaments. Les indications sur ceux-ci se réduisent le plus souvent à une simple expression : « Selon la prescription du médecin. » Les organisations de consommateurs ont avec la médecine un vaste champ – depuis l'information que le patient doit commencer par demander au dentiste avant de lui confier la grande tâche, jusqu'aux statistiques comparées de la mortalité dans les opérations chirurgicales. Mais cela nécessiterait un combat non moins acharné que celui pour le droit de vote des Noirs.

Fête funéraire. – Les fêtes répondant à la tradition continuent toujours à être organisées ; les participants, d'habitude, les assument comme une obligation pesante. L'accord tacite sur les usages rebattus lie les présents, orateurs compris le plus souvent. Dans les funérailles s'y associe encore la recherche d'une surcompensation à la pensée de la mort ou même au regret du défunt. En règle générale, elle s'exprime par une manifestation légèrement voilée de supériorité. Du genre : si le défunt avait pu vivre plus longtemps ! mais il a trop bu, trop fumé, trop travaillé, il n'a pas vécu raisonnablement, il n'a pas suivi le médecin, il n'a pas assez fait ceci ou il a trop fait cela. S'il était parvenu à un grand âge, que demander de plus, finalement ? Deuil et nostalgie de l'être unique, maintenant disparu ; ceux qui n'appartiennent pas à ses intimes s'épargnent jusqu'à la moindre douleur.

Le vrai conservateur. – Le vrai conservateur n'est pas moins éloigné du nazi et du néo-nazi que le vrai communiste du parti portant ce nom ; il n'est pas sans ressembler au chrétien dans son rapport à l'Église au temps de la Réforme et de la Contre-Réforme. Les nazis et les communistes de parti sont les serviteurs de cliques infâmes qui ne veulent rien d'autre que la puissance et son extension sans fin. Leurs authentiques ennemis, l'objet de leur haine, ne sont nullement, comme ils le prétendent, les totalitaires du côté adverse, ce sont ceux qui prennent au sérieux la société meilleure, la société vraie. La ligne de démarcation passe entre le respect et le mépris du vivant, non pas entre ce qu'on appelle gauche et droite, opposition bourgeoise déjà périmée. Les cliques peuvent bien se combattre quand leurs intérêts l'exigent, leurs adversaires réels, ce sont les individus conscients d'eux-mêmes.

Dans l'appareil. – La bourgeoisie de la période libérale se caractérisait par le nombre relativement élevé d'existences indépendantes. Le processus économique opéra une concentration du pouvoir entre les mains de monopoles, aujourd'hui entre une certaine quantité de rackets dans les diverses couches d'industriels, de spécialistes et de politiques, poussant, par le canal d'une structure hiérarchique, à une gestion rigidement organisée, qui correspond elle-même à la société automatisée. À l'Ouest comme à l'Est ne compte alors qu'une seule chose : lequel ou lesquels de ces rackets se trouvent aux leviers de commande ? Mais eux-mêmes n'ont qu'une liberté minime. L'appareil, mis à part l'intégration des concurrents, restreint l'épanouissement de la productivité propre.

Pour l'Amérique. – Celui qui à l'Ouest, y compris aux États-Unis, condamne non pas la guerre du Vietnam mais – à cause d'elle et d'autres événements douloureux, cruels, troubles raciaux par exemple – les États-Unis eux-mêmes comme pires que n'importe quelle autre nation, celui-là se contredit. Qu'il ait le droit de s'exprimer sans aller croupir en prison ou se faire torturer à mort, il le doit à l'existence et à l'affirmation de ces derniers : sans eux le monde serait déjà partagé entre des Hitler orientaux et occidentaux. Il peut bien vouloir la société meilleure, la société vraie, sa critique de celle qui est doit inclure néanmoins la fidélité à la liberté qu'il s'agit de préserver et de développer, si la violence qu'il accuse ne doit pas devenir le sens, étranger à lui-même, de son propre discours.

À propos de l'euthanasie. – Il y a tant de bureaux, et tant de personnes périssent misérablement et douloureusement de maladies incurables – dans les pays industrialisés, on ne dira rien des autres. Les moyens de mourir dans une bienheureuse ivresse, ou en beauté ou en paix, et non dans les tourments de l'agonie, ces moyens-là existent, infiniment bienfaisants. Pourquoi, lorsqu'on souffre sans remède, voué à expirer, n'y a-t-il pas de bureau où s'adresser pour autoriser un médecin à en faire usage sur demande ? L'objection usuelle – parents et docteurs risqueraient de commettre des bêtises – est parfaitement nulle, ils peuvent de toute manière contrevenir aux principes juridiques actuels, et encore plus facilement si c'est par égoïsme, mais beaucoup moins commodément si c'est par humanité. La véritable raison pour laquelle rien ne se passe est le recul de l'importance sociale reconnue à l'autonomie du sujet, et spécialement aussi le manque d'intérêt des rackets médicaux et autres.

Sur la critique de l'économie politique. – La doctrine de Marx et d'Engels, voulant que la lutte pour des salaires plus élevés et pour un temps de travail plus court mette finalement un terme à la préhistoire de l'humanité, relève d'un messianisme pitoyablement sécularisé, auquel le messianisme authentique est infiniment supérieur. En revanche, la critique de l'économie politique représente un fondement hautement rationnel pour comprendre l'évolution sociale. Parce que le libéralisme menait à des crises économiques dont il ne pouvait venir à bout lui-même, la centralisation et la concentration du capital allèrent si loin que les rackets dirigèrent le tout de façon plus ou moins planifiée, les rackets capitalistes à travers la confrontation entre eux et avec les syndicats, et ceux rassemblés dans la nation à travers la confrontation avec les autres nations. C'est pourquoi précisément les sociétés occidentale et orientale se ressemblent de plus en plus, bien que les rackets dominant à l'Est, dans leur environnement peu développé, jouissent d'une sécurité bien moindre que leurs homologues capitalistes à l'Ouest, l'Ouest qui pour cette raison peut encore préserver la culture, bien qu'elle s'effrite. L'interprétation des phénomènes économiques, politiques, culturels, sans les catégories précises de la critique, demeure superficielle. Quant à la prétendue science économique, elle n'a rien à mettre à côté.

Sur la politique en République fédérale (13 novembre 1966). – Sur la politique en République fédérale et le rapport des masses à celle-ci, il y a bien des choses tristes à dire. Que partout en Allemagne, et pas dans les seuls rangs du NPD[1], retentisse l'appel à l'homme

1. NPD (Nationalpartei Deutschlands) : Parti national d'Allemagne, néofasciste. *(N.d.T.)*

fort, au lieu qu'on reconnaisse au moins ce mérite à Erhard de ne pas en être un, aussi critique qu'on puisse être à son égard, cela prouve le penchant indéracinable pour l'idéologie du chef. Dans d'autres pays, devant l'aspect de plus en plus problématique de la démocratie, et je parle de pays hyper-, sur- aussi bien que sous-développés, il se peut, pour des raisons très diverses, que le cri en faveur de la force trahisse seulement la bêtise de la société à venir; mais en Allemagne, il signifie en même temps qu'on porte le deuil, inconsciemment ou consciemment, de l'époque où régnait le meurtre de masse : « Un seul peuple, un seul Reich, un seul Führer[1]. »

La communauté des Juifs. – Le judaïsme, où l'on se retrouve dans la pratique des commandements, avec l'idée du peuple médiatisée par la pensée de Dieu, a offert en l'espèce de la communauté – du moins jusqu'à la nouvelle création de l'État hébreu – un soutien, qui est aussi peu assimilable au naturalisme qu'à la résurrection de l'individu. L'histoire infiniment vénérable de la fidélité à la confession, face à la haine et à la persécution, dispensa les Juifs du ressentiment qui envahit au plus profond les masses chrétiennes trahissant la leur. La participation relativement minime des personnes juives à la criminalité est une des nombreuses conséquences d'un pareil soutien, l'aptitude au bonheur dans lequel ne sont oubliés ni la souffrance ni le deuil en est une autre.

Keep smiling. – Des symptômes infiniment nombreux attestent le recul de ce qui porta un jour le nom de civilisation. Beaucoup d'entre eux se rapportent à l'imagination, au comportement gravé dans la substance psychique et socialement respecté. Qu'on pense à l'amabilité de l'individu non plus seulement pour

1. Formule bien connue du régime nazi : « *Ein Volk, ein Reich, ein Führer* ». *(N.d.T.)*

ceux de son état, mais pour l'autre en général. Dès le début de l'ère bourgeoise, l'exigence d'amabilité dépassa les capacités. La proximité du noble vis-à-vis de ses pairs, non pas visée de l'extérieur mais réellement ressentie, était devenue dans certaines limites une seconde nature ; celle de bourgeois à bourgeois tend déjà vers le simple geste, donc une culture de pure apparence ; dans la période de la prétendue égalité de droits entre couches sociales, groupes d'âge et sexes, le sentiment correspondant s'affadit. Aux États-Unis, le processus est autre qu'en Europe. Là-bas, la proximité, entre les Blancs du moins, est une grande tradition, en fin de compte inconsciemment chrétienne, qui s'appuie sur les débuts de l'immigration. Elle ne pénétra jamais bien profondément, mais elle a survécu dans une certaine mesure. En Europe, avant tout sur le continent, l'amabilité envers l'autre fut imaginée plus tard ; aujourd'hui, la froideur inabordable s'étend déjà étonnamment. À la civilisation se substitue un mode de réaction déterminé par la fonction et non entravé par l'émotion, comme cela convient présentement à la dynamique sociale.

Ordonnance obligatoire. – Un petit exemple de l'indifférence des médecins envers les souffrants est fourni par les innombrables remèdes contre les refroidissements, la grippe et autres maux de ce genre. La plupart contiennent, à côté de la vitamine C, une adjonction de caféine. Je n'en connais pas un seul qui renferme des barbituriques ou simplement un calmant pour que le malheureux puisse au moins dormir. L'industrie chimique n'aurait sûrement rien contre, mais la médecine, elle : grands dieux, surtout laisser le moins d'initiative possible au patient, puisqu'on le nomme ainsi ; le choix des médicaments sans ordonnance est de toute façon trop grand, les malades pourraient devenir des sujets en face du médecin, au lieu de rester docilement des objets. Ce n'est nullement le patient qui en souffrirait, comme le prétend la médecine, mais la bonne affaire. Merveilleux qu'on puisse rationaliser tant de choses en arguant de la prétendue toxicomanie. Comme s'il n'était pas plus facile de remédier à celle-ci que de combattre l'insomnie par la caféine et la vitamine C.

La philosophie comme divertissement. – Si Kant a raison de dire que le monde, puisqu'il est constitué par la faculté subjective, est pur phénomène, alors le raisonnement s'applique aussi à la différence entre le phénomène et la chose en soi, à leur relation mutuelle, aux caractères intelligibles et empiriques, et à toute sa philosophie. Celle-ci s'abolit elle-même, et le positivisme garde le dernier mot. La philosophie est divertissement, comme la musique, mais par là justement plus sérieuse que la science.

Regard dans le dictionnaire de conversation. – Caractéristique de la situation intellectuelle aujourd'hui est le dictionnaire de conversation. Depuis un demi-siècle, il y a tant de données, tant de notions, de conquêtes à enregistrer, dans le secteur technique surtout, que les catégories d'importance théorique ne se présentent plus que sous une forme radicalement raccourcie. Les titres nouvellement admis, en outre, sont seulement accompagnés d'abrégés sommaires, les précisions ne concernant que le spécialiste. La technique agit en retour sur les domaines de la pensée. Qui veut s'informer de plus près sur des sujets historiques, religieux, philosophiques, doit se reporter au manuel correspondant ou à la monographie spécifique. Il en va ainsi pour ces derniers autant que pour le dictionnaire. Qu'on veuille bien comparer les ouvrages de référence modernes relatifs à la zoologie avec *La Vie animale* d'un Brehm. Plus exactes sont les connaissances, moins le profane y a part. Sa culture recule avec l'augmentation du matériau scientifique garanti ; plus est minutieusement labouré le champ du spécialiste, plus il se rétrécit, ce champ auquel se réduit de manière croissante la formation de l'intéressé. L'esprit se dissout.

La vraie critique de la raison pratique. – Emmanuel Kant nomme le surmoi raison pratique, pour susciter l'apparence que la morale est innée aux hommes. Sa théorie n'est en rien plus plausible que la médiocre croyance au commandement de Dieu. L'une et l'autre, devant la raison dite pure, à savoir théorique, et la faculté de l'entendement qui en relève, apparaissent comme une simple supposition, hautement douteuse, et le meurtrier en petit ou en grand, le Führer, pour autant qu'ils réussissent, ne sont pas moins rationnels que le saint. Telle est la vraie critique de la raison pratique.

Contre l'extrémisme de gauche. – L'attaque contre le capitalisme, aujourd'hui, doit assumer en même temps la réflexion sur le risque totalitaire en deux sens. Tout autant que de la tendance au fascisme dans les États capitalistes, il faut qu'elle soit consciente du basculement de l'opposition extrémiste de gauche dans un totalitarisme de la terreur. Voilà précisément ce qu'on ne pouvait évoquer au temps de Marx et d'Engels. Aujourd'hui, une résistance à l'injustice sociale inclut nécessairement la préservation des aspects libéraux de l'ordre bourgeois, qui ne doivent pas disparaître, mais au contraire s'étendre à tous les individus. Sinon, le passage au communisme n'est en rien plus avancé que le passage au fascisme, il en représente la version adaptée aux États industriellement arriérés, un rattrapage plus rapide des conditions de vie automatisées.

Religion et société. – Dans la Torah, l'Éternel s'adresse au peuple et à l'individu dans les mêmes termes. « Aime ton prochain, car il est comme toi-même », se rapporte au collectif aussi bien qu'au particulier. En attribuant une âme immortelle à tout être humain, contrairement à l'animal, le christianisme a élevé l'individu à une essentialité décisive. L'actuelle culture judéo-chrétienne aurait reçu pour mission de réunir les deux, le peuple et l'individu, sans distinction de personne ni de lieu, d'aimer les autres peuples et individus et d'organiser le monde selon les commandements. Au lieu de cela, la société s'automatisant intègre à son ordre les individus en tant que sujets autonomes et idolâtre le collectif, en premier lieu la nation. L'Éternel et son commandement se dissolvent.

Primat de la politique étrangère. – Le rôle de plus en plus important que la politique étrangère joue dans les consciences est un facteur supplémentaire dans le processus de réduction du sujet individuel. Essentielles sont les nations, l'homme y pense avant d'aller dormir, il se soucie bien moins de sa relation avec des individus auxquels il peut faire lui-même du bien ou du mal. En tant que personne, il existe de moins en moins; en tant que membre d'un pays donné, il prend part à ce dont débattent les médias. C'est là un des aspects négatifs des moyens de publication cherchant à se mettre au service de la personne. La mort sur le champ de bataille symbolise ce qui, dans la paix comme dans la guerre, se produit dans chaque foyer sans effusion de sang, la disparition du sujet. Celui-ci, en éprouvant son total conditionnement, vient à soi sous la forme de l'impuissance qui le caractérise dans la société.

[*La démocratie ennemie de soi-même*]. – Plus une démocratie est démocratique, plus sûrement elle se nie elle-même. Chaque fois que s'ouvrent des périodes sérieusement critiques, les forces radicales de droite et de gauche vont se servir des droits démocratiques à leur disposition pour introduire une domination particulière, ou plutôt totalitaire. Démocratie, c'est le nom d'un État régi selon la volonté du peuple. Toutefois, la volonté du peuple, dans la mesure où cela existe, n'a pas grand-chose à voir avec la raison, elle est plus encline au suivisme qu'à l'autonomie, sans parler des mécanismes politiques, des tactiques électorales et des manipulations. Quiconque dit oui à la démocratie, qu'il se méfie d'elle. De même que la liberté des humains, dont elle fait partie, elle a toujours été ennemie de soi-même.

Attachés à la même corde. – L'être humain qui s'adapte à l'évolution sociale prend au sérieux les objectifs conformes à la réalité, aux faits et à son propre avancement, le reste est niaiserie. Pour avancer, il faut quelquefois aussi les plaisirs sexuels, la gymnastique, les loisirs. Se consacrer à quelque chose qui ne soit pas finalisé de la sorte lui paraît illusion, névrose, maladie ; le voici froid. La jeunesse d'aujourd'hui – étudiants contestataires, marginaux, hippies – semble au contraire dominée par des sentiments, des aspirations, des idéaux. Néanmoins, elle représente la même chose : l'absurdité de toute croyance qui ne serait pas pragmatico-positiviste, le démasquage du sens, de tout sens non instrumental comme le romantisme, la sentimentalité. Ses méthodes symbolisent le mépris de l'amour fétiche ; elle dénonce l'Autre en tant que bavardage traditionnel, elle en est la négation. Le tapage qu'elle fait est la négation du non-réaliste, de la même façon que l'abstrait, ce négatif de l'art moderne, est la négation de la transfiguration. La révolte des écoles et des universités, comme celle de la peinture et de la musique, est profession de foi en faveur du réalisme qu'elle nie.

À propos du mouvement étudiant. – L'explication purement psychanalytique de la puberté se rapporte, si je ne me trompe, à l'intégration achevée de l'exigence paternelle dans la substance psychique de l'adolescent. Ce dernier mesure alors le père à la propre morale de celui-ci et se révolte contre sa personne. Je pense qu'il faudrait ajouter, si Freud ne l'a déjà exprimé, que la force physique et intellectuelle du jeune, ayant atteint certaines proportions, a pour effet, comme dans beaucoup d'espèces animales, la négation de la dépendance, la rupture avec l'ancien. Ce facteur justement devient d'autant plus décisif que régressent les relations traditionnelles dans la famille et, avec elles, la conscience morale.

Foi et savoir. – Quiconque, même de très loin, s'en tient solidement à la tradition théologique doit en même temps avoir la franchise de reconnaître la contradiction entre une telle fidélité et non seulement la science, mais aussi le mode de pensée approprié à la réalité. Toute affirmation que telle chose est ainsi ou autrement, ici ou là-bas, maintenant ou dans le passé ou dans l'avenir, signifie que je peux ou que d'autres peuvent le constater, et le cas échéant le rectifier, en se fondant sur des sources ou des calculs fiables ou sur le témoignage de leurs propres yeux. La théologie est en contradiction avec la connaissance, elle se déduit des couches de la conscience où la perception s'est complétée par des instincts, des pulsions, des émotions qui ne sont plus accordés à l'état actuel de l'expérience assistée par des machines. La connaissance est, en dernière analyse, finalisée, la théologie veut être libre de toute finalité terrestre, elle se trouve plus haut et plus bas que toute forme de savoir.

Après Auschwitz. – Nous, intellectuels juifs, rescapés de la mort dans les supplices hitlériens, n'avons qu'un seul devoir : agir pour que l'effroyable ne se reproduise pas ni ne tombe dans l'oubli, assurer l'union avec ceux qui sont morts dans des tourments indicibles. Notre pensée, notre travail leur appartiennent : le hasard par lequel nous y avons échappé ne doit pas mettre en question l'union avec eux, mais la rendre plus certaine ; toutes nos expériences doivent se placer sous le signe de l'horreur qui nous était destinée comme à eux. Leur mort est la vérité de notre vie, nous sommes ici pour exprimer leur désespoir et leur nostalgie.

La marche de la philosophie. – La marche de la philosophie, depuis la vaste doctrine universelle théorique et pratique jusqu'à la misérable discipline spécialisée, est la répétition de la marche de la religion et de la théologie. Dans les deux processus se produit la même chose, la disparition d'une relation consciente de l'être humain à la totalité, voire d'un souci sérieux pour la vie et l'univers. Tout se dissout en connaissances et réactions partielles, sans réflexion sur une quelconque relation des parties à ce dont elles font partie, à moins qu'il ne s'agisse de « la » science comme profession. Le chemin vers le néant – vraisemblablement parce qu'il ne reste rien d'autre. L'humain devient vraiment un animal – peut-être un animal complexe, plus habile. Peut-être.

Sans illusion. – La connaissance de la réalité par l'entendement est liée au jugement porté sur l'espèce humaine. La différence par rapport aux espèces animales concerne exclusivement la biologie. À l'échelle de l'univers, elle est absolument négligeable, c'est-à-dire nulle. Un génie humain se distingue par des dons et des performances particuliers, comme une fourmi qui serait la première à subodorer un objectif utile, à trouver un chemin qui joue un rôle dans l'ascension, le bien-être, la survie, le progrès de l'espèce, de la tribu ou du groupe. Vue de la planète la plus proche, de la voie lactée ou bien au bout de quelques millénaires, la différence des exemplaires comme des espèces est négligeable, sans parler de l'infini, si ce concept a encore un sens. C'est avec ce savoir-là que commence la conscience de soi, dans la mesure où elle renonce aux illusions.

Fin avec épouvante. – Dans la mesure où un être humain est capable de prendre tout à fait au sérieux l'idée de la finitude de chaque être vivant, il éprouve la relativité de sa propre vie, l'inanité, en dernière analyse insurmontable, d'une différence entre lui-même et toute créature sensible. Quiconque est, à juste titre, satisfait de n'avoir pas eu à subir l'horrible au cours de son propre destin, est amené, par la pensée de la finitude, à limiter, voire effacer cette gratitude par la conscience de l'horrible dans la vie et la mort d'autres personnes, hier, aujourd'hui et demain. La différence naît tout simplement de l'hypostase de ce moi finalement fictif, de l'absolutisation de l'apparence, qui est niée même chez les animaux grégaires, les essaims d'abeilles et de fourmis. L'intelligence de cela pourrait justement compenser l'effroi devant l'évolution de la société humaine vers l'automatisation, et finalement vers une structure générale de l'espèce au fonctionnement bien huilé. La rationalisation signifie une double chose : la fin de l'illusion et de l'esprit.

Sans amour. – L'amour érotique pâlit, et avec lui les relations positives des humains, entre eux comme avec tout ce qui dans l'existence n'a pas de finalité rationnelle. L'amour érotique était le fondement de l'art, des idées visant un Autre que la réalité empirique, le fondement de l'imagination. Dans la famille édifiée sur l'amour, l'enfant éprouvait ce bonheur et cette tristesse, cette aspiration, toutes choses – depuis longtemps devenues fort rares – qui sont maintenant tout à fait révolues. Ni le besoin matériel ni la collaboration pragmatique ne peuvent le remplacer. Sans l'amour qui était dû en dernier ressort à l'érotique, la communauté engendre la profession de foi collective, qui tend vers le fanatisme.

De la théorie critique. – L'interdiction juive de représenter Dieu, et l'interdiction kantienne d'aller errer dans des mondes intelligibles, contiennent en même temps la reconnaissance de ce dont la détermination est impossible, l'absolu précisément. Cela ne vaut pas moins pour la théorie critique, dans la mesure où elle déclare : le mauvais, d'abord dans la sphère sociale, mais aussi dans la sphère individuelle, celle de la morale, peut être désigné, mais non le bien. Le concept de négatif, que ce soit le relatif ou le mal, contient en soi le positif en tant que son contraire. Dans la pratique, de la dénonciation d'une action dite mauvaise découle au moins l'orientation vers une action meilleure. L'insistance sur la différence qui sépare la vérité respective des deux jugements se fonde sur divers facteurs : l'un des principaux réside dans la relation à l'histoire, au temps en général. Le mauvais vaut essentiellement pour le présent, le bon doit à chaque fois faire ses preuves comme tel ; anticiper la preuve dépasse les capacités du juge, représente l'absolutisation d'une hypothèse – sans compter l'impossibilité métaphysique liée à une telle absolutisation. L'analyse critique de la société désigne l'injustice régnante ; la tentative pour la surmonter conduisit maintes fois à une injustice plus grande. Martyriser à mort un être humain est un crime pur et simple, le sauver si c'est possible est un devoir humain. Si l'on veut définir le bien comme la tentative d'éliminer le mal, alors on peut le déterminer. Telle est justement la doctrine de la théorie critique. L'inverse cependant, à savoir définir le mal par le bien, serait – même en morale – une impossibilité.

Ad pessimismus. – La logique immanente de l'évolution sociale tend vers l'état final d'une vie totalement technicisée. La domination des êtres humains sur la nature atteint de telles proportions que disparaît la pénurie, et avec elle la nécessité de la domination de l'homme sur l'homme. La fin cependant est totale désillusion, tarissement de l'esprit dans la mesure où il se distinguait de la raison instrumentalisée. La misère matérielle était la condition de l'injustice et de l'oppression, en même temps que de l'aspiration et de l'imagination. L'espèce humaine accomplit sa destination en atteignant le statut d'une race animale particulièrement habile et raffinée. Par la science, elle parvient à la technique, à l'automatisation, et réussit finalement à faire passer les méthodes exactes dans la substance psychologique, tels des instincts et des savoir-faire héréditairement transmissibles. Le processus peut être interrompu par des incidents; le refuser, ne pas y participer au lieu de contribuer à le faire avancer, relèvera finalement de la folie romantique, de la superstition, de l'évolution manquée de quelques exemplaires isolés de l'espèce. Tout cela participe de la dialectique de la raison, du renversement de la vérité en une conformité inconditionnelle à l'absurde, à la réalité pure et simple.

La fin d'une illusion. – Freud enseigne que la culture est le résultat de la sublimation. S'il a raison, le processus actuel refusant la feuille de vigne dans les médias, les manifestations publiques, jusque, très largement, dans la mode, est en même temps l'abolition de la culture. La négation sexuelle est en régression et n'a plus besoin d'être surmontée au moyen de l'imagination transformatrice. Avec l'interdiction cesse l'aspiration, et avec cette dernière, la représentation, l'idée de tout ce qui est autre, et à la fin, l'amour même. C'est non seulement la religion, mais l'esprit qui devient victime de l'instrumentalisme. La fin d'une illusion concerne tout ce qui dépasse la réalité nue.

L'erreur de Kant. – Selon la théorie transcendantale de Kant, le monde connu de l'être humain, dans lequel, d'après sa représentation, se déroulent sa propre vie et celle des autres, est le monde du phénomène, c'est-à-dire un produit organisé par le fonctionnement de l'intellect humain. Jusque-là, Kant est en accord avec Hume, donc finalement avec le positivisme. Il croyait cependant dépasser Hume, et cela est décisif pour sa philosophie, en expliquant le phénomène comme l'apparence du vrai, de l'intelligible, un relatif qui témoigne de l'absolu. Il n'a pas réfléchi qu'une telle affirmation n'est à son tour que représentation, due aux mêmes catégories que le phénomène en tant que tel ; simplement, les énoncés empiriques ont des fonctions pragmatico-biologiques, les spéculatifs, eux – et la relation entre le relatif et l'absolu en soi est déjà spéculative –, se révèlent, à y regarder de plus près, inadéquats, irréels, une activité ludique au sein de la réalité. Kant lui-même a déclaré que la pensée devait se refuser à « errer dans le royaume de l'intelligible ». Sa philosophie ignore l'interdit, devient non critique chaque fois qu'elle s'imagine aller au-delà du simple phénomène, voire quand elle veut représenter le phénomène non plus dans sa propre immanence, c'est-à-dire indépendamment de processus anthropologiques, non plus donc de façon pragmatique, mais dans sa relation à quelque chose de différent, au-delà de lui, donc de façon métaphysique. La nostalgie de ce qui se dérobe à la raison instrumentale de la science ne se dépasse pas par la science, quand bien même elle se qualifierait de méta-science.

Do ut des. – Il est facile, et même correct dans la plupart des cas, de dire des gens amicaux que leur amabilité est commandée par l'intérêt. Cela vaut néanmoins aussi pour notre propre amabilité, inconsciemment, à moitié ou tout à fait consciemment. L'amour romantique comporte encore la tendance à récolter un amour en retour, et finalement jouissance et satisfaction. L'amour du prochain dans le christianisme, en tant qu'accomplissement du commandement, était lié à l'attente d'une récompense, du moins à la peur de la punition liée à la désobéissance. Tout cela ne peut effacer la positivité de l'amabilité. Le dévouement du serviteur à son maître, aussi fortement dicté de l'extérieur qu'il eût été, pouvait encore avoir un effet en retour sur sa disposition intérieure. Un renversement dans le contraire se produit dans les cas où haine consciente et agression latente se dissimulent derrière une amabilité extérieure. Une quantité infinie de relations est tout près d'opérer ce renversement, sans toutefois y tomber complètement. Il s'agit de reconnaître ce qui est positif en tant que tel, même dans des situations douteuses, et si possible de le développer. L'intérêt qui est à l'origine de l'amabilité régressera de toute façon dans la société de plus en plus rationnellement administrée, étant donné que les relations spécifiquement personnelles perdent de plus en plus leur signification sociale, parce que les règles du comportement obéissent à des déterminations finalisées, lesquelles – du moins selon la logique immanente du processus historique – s'intègrent sous forme d'instinct à la substance psycho-physiologique.

L'art comme ornement. – Pourquoi l'art se réduit-il à l'abstraction ornementale ? Parce que les émotions qui trouvaient en lui au XIXe siècle une expression achevée – que l'on pense aux poèmes de Justinus Kerner[1], mais aussi à la musique, à la peinture et à la littérature en général – sont déjà périmées ; elles passent pour romantiques et sentimentales. Leur déclin est un symptôme de la perte de sens et de la négation, historiquement nécessaire, de l'individu. La mentalité correspondant à un tel processus est le positivisme, dont relèvent maintenant, dans la période de transition, le mépris, la haine envers l'amour et la tristesse, envers tout sentiment non pragmatique en général. Historiquement, cette répugnance n'est pas moins justifiée que le rejet, tout aussi douteux, de la théologie et de la religion.

Antinomies de la théorie critique. – La théorie critique aujourd'hui doit se rapporter au moins autant à ce

1. Auteur (1786-1862) de poésies devenues populaires. *(N.d.T.)*

qu'on appelle à bon droit le progrès, à savoir le progrès technique, et ses effets sur les humains et la société. Elle dénonce la dissolution de l'esprit et de l'âme, la victoire de la rationalité, sans la nier simplement. La théorie critique reconnaît que l'injustice est identique à la barbarie, mais que la justice, elle, est inséparable de ce progrès technologique par lequel l'humanité évolue vers une espèce animale raffinée, qui rabaisse l'esprit au rang d'un phénomène propre à sa période infantile. Imagination, nostalgie, amour, expression artistique deviennent des moments de l'infantilité. En témoignent aujourd'hui déjà non seulement les sciences de la nature, mais aussi la psychanalyse.

[*Différence entre la théorie critique et l'idée de foi*]. – Mon idée d'exprimer le concept d'un être universel et tout-puissant face aux sciences comme au contexte général d'aujourd'hui, non plus comme un dogme, mais comme une aspiration engageant l'être humain, à telle enseigne que les événements épouvantables, l'injustice qui a régné jusqu'à présent dans l'histoire ne devraient pas constituer le destin ultime, définitif des victimes – cette idée semble proche de la solution réformatrice du problème par le rôle central de l'idée de foi. La différence essentielle consiste en ceci qu'on a prêté à la foi beaucoup trop de représentations difficilement acceptables, comme par exemple celle de la Trinité, et que, entachée d'une contrainte à peine admissible de nos jours, elle est malgré tout redevenue dogme. D'où la tendance à une agression qui se conçoit comme religieuse.

Par delà l'idéologie. – Préparée par Hegel et par d'autres, commence avec Marx une nouvelle époque de la pensée philosophique ; il ne s'agit plus de la vie de l'individu, de chaque individu, de sa relation à la réalité empirique et transcendante, de son devoir, de sa signification, mais chaque fois d'un collectif, la société, une société déterminée, d'un collectif ou de plusieurs collectifs, de leur passé, leur présent et leur avenir, de ce qu'ils veulent ou doivent ou devraient ; la pensée et l'action du sujet sont axées sur un grand nombre, en dernière instance sur la politique. Sans nier l'importance de celle-ci, la pensée véritable doit, à mon avis, aujourd'hui aussi avoir une attitude critique vis-à-vis d'une telle limitation, ne pas abandonner l'impulsion de la grande philosophie. Si socialement conditionnée que soit la réflexion de l'individu, si grande que soit pour elle la nécessité de se rapporter au social, aux actions politiques, elle demeure cependant la pensée de l'individu, qui n'est pas seulement l'effet de processus collectifs, mais qui fait aussi de ces derniers son objet. Réfléchir à cela ne participe pas moins de la liberté, même hautement limitée, de l'esprit que de réfléchir à son conditionnement social, c'est-à-dire à sa dégradation au rang d'idéologie, ce nom qui sert aujourd'hui déjà aux soi-disant marxistes pour désigner leur propre profession de foi.

Pour le non-conformisme. – Reconnaître que la société se trouve sur le chemin qui mène du libéralisme, caractérisé par la concurrence entre les chefs d'entreprise individuels, à la concurrence entre collectifs, sociétés par actions, unions et blocs commerciaux et politiques, ne débouche pas nécessairement sur le conformisme. L'importance de l'individu est en voie de disparition, cependant il est capable d'intervenir dans l'évolution de façon critique, théoriquement et pratiquement, en contribuant par des méthodes actuelles à la formation de collectifs inactuels, capables de préserver l'individu au sein d'une authentique solidarité. L'analyse critique des démagogues serait un élément théorique ; l'union de personnes qui les démasquent psychologiquement, sociologiquement et technologiquement un élément pratique du non-conformisme dans le temps présent.

CHRONOLOGIE

(Quelques repères bio-bibliographiques)

14 février 1895 Naissance à Stuttgart-Zuffenhausen de Max Horkheimer, fils d'un fabricant de textiles.

1912-1914 Après avoir quitté le lycée en seconde, il fait un stage d'apprenti de commerce.

1919 Baccalauréat à Munich comme candidat libre, en même temps que son ami Friedrich Pollock.

1919-1922 Études universitaires à Munich (Max Weber), à Fribourg (Husserl, Heidegger) et à Francfort, en philosophie, psychologie et économie politique.

1922-1925 Assistant de Hans Cornelius à Francfort, auprès de qui il passe sa « promotion » et son « habilitation » sur la *Critique du jugement* de Kant.

Début de son amitié avec Felix Weil et Theodor W. Adorno.

1926-1930 Maître de conférence à Francfort.

1930 Professeur titulaire de philosophie sociale *(Sozialphilosophie)*.

Devient directeur de l'Institut de recherche sociale, succédant à Grünberg qui était à sa tête depuis la fondation en 1924.

Publie *Débuts de la philosophie bourgeoise*

de l'histoire (Anfänge der bürgerlichen Geschichtsphilosophie).

1931 L'Institut de Francfort ouvre des « filiales » à Genève et à Londres.

1932 Premier numéro de la *Revue de recherche sociale (Zeitschrift für Sozialforschung)*, la revue de l'« école de Francfort ».

1933 Horkheimer perd sa chaire à l'avènement du nazisme et se réfugie en Suisse ; l'Institut et sa bibliothèque sont confisqués, la revue est publiée à Paris.

1934 Horkheimer part pour les États-Unis. L'Institut de recherche sociale est rattaché à la Columbia University de New York, où la revue paraîtra jusqu'en 1941. *Crépuscule, notes en Allemagne, 1926-1931 (Dämmerung, Notizen in Deutschland)* paraît en Suisse sous un pseudonyme.

1936 « Égoïsme et émancipation. Contribution à l'anthropologie de l'ère bourgeoise » (« Egoismus und Freiheitsbewegung. Zur Anthropologie des bürgerlichen Zeitalters »), in *Zeitschrift für Sozialforschung*. Préface au recueil *Autorité et famille (Studien zur Autorität und Familie)*, ensemble de textes parus antérieurement dans la revue.

1937 « Théorie traditionnelle et théorie critique » (« Traditionelle und kritische Theorie »), in *Zeitschrift für Sozialforschung*. Avec Herbert Marcuse : « Philosophie et théorie critique » (« Philosophie und kritische Theorie »), *ibidem*.

1939 « Les Juifs et l'Europe » (« Die Juden und Europa »), in *Studies in Philosophy and Social Science* (titre pour les derniers numéros parus en langue anglaise de la *Revue de recherche sociale*).

1940 Horkheimer s'installe en Californie.

1943-1944 Il devient président du Comité juif américain *(American Jewish Committee)*.

1947 *Eclipse of reason*, titre anglais de *Critique de la raison instrumentale (Kritik der instrumentellen Vernunft)*. Avec Adorno : *Dialectique de la raison (Dialektik der Aufklärung)*.

1949 Dirige avec Samuel H. Flowerman la collection *Studies in Prejudice* : cinq volumes parus de 1949 à 1950.

1949-1973 Retour en Allemagne. Professeur de philosophie et de sociologie à l'université de Francfort dont il est le recteur de 1951 à 1953 ; il y enseignera jusqu'à sa retraite en 1959.

En 1951, réouverture de l'Institut de recherche sociale à Francfort, sous sa direction.

De 1954 à 1959, il est également l'hôte de l'université de Chicago.

1961 : « L'actualité de Schopenhauer » (« Die Aktualität Schopenhauers »), in *Schopenhauer-Jahrbuch für das Jahr 1961*.

En 1970, réédition de « Théorie traditionnelle et théorie critique » (« Traditionelle und kritische Theorie »), accompagnée d'une nouvelle préface de Horkheimer datée d'avril 1968.

En 1971, Horkheimer reçoit le prix Lessing à Hambourg. Depuis sa retraite, il réside à Montagnola, près de Lugano, où il meurt le 7 juillet 1973.

En 1972, *Sozialphilosophische Studien (Études sociophilosophiques)*, recueil d'essais, discours, exposés, datant de

1930 à 1972, comportant le texte d'un article de 1971 : « Le pessimisme aujourd'hui ».

En 1972, *Gesellschaft im Übergang (Société transitoire)*, recueil d'essais, discours, exposés, datant de 1942 à 1970, comportant le texte d'un discours de 1970 : « La théorie critique hier et aujourd'hui ».

1974 *Les Notizen 1950 bis 1969 und Dämmerung, Notizen in Deutschland (Notes de 1950 à 1969 et Crépuscule, notes en Allemagne)* paraissent à titre posthume.

Années 1980 à 1990 Publication des *Œuvres réunies*, par Alfred Schmidt et Gunzelin Schmid Noerr chez S. Fischer, Francfort, notamment le volume 6 comprenant les *Notizen 1949-1969,* deuxième édition revue et corrigée des *Notizen 1950 bis 1969* parues en 1974.

TABLE[1]

1. Les titres entre crochets n'ont pas été choisis par Horkheimer.

1953-1955

1956-1958

1959

1959-1960

1961-1962

1966-1969

Achevé d'imprimer en mai 2009
sur les presses de Normandie Roto Impression s.a.s.
61250 Lonrai
pour le compte
des Éditions Payot & Rivages
106, bd Saint-Germain - 75006 Paris

Dépôt légal : mai 2009
N° d'imprimeur : 09-1776

Imprimé en France